中华文明探源
辽宁考古科普丛书

石坚◎主编

找寻失落的记忆

走近考古 考古辽宁

华玉冰 等◎编著

沈阳出版发行集团
沈阳出版社

图书在版编目（CIP）数据

找寻失落的记忆：走近考古　考古辽宁 / 华玉冰等编著. —沈阳：沈阳出版社，2024.1

ISBN 978-7-5716-3843-6

Ⅰ. ①找… Ⅱ. ①华… Ⅲ. ①考古学 Ⅳ. ① K851

中国国家版本馆 CIP 数据核字（2024）第 052477 号

出版发行：沈阳出版发行集团 | 沈阳出版社
（地址：沈阳市沈河区南翰林路10号　邮编：110011）
网　　址：http://www.sycbs.com
印　　刷：辽宁泰阳广告彩色印刷有限公司
幅面尺寸：170mm × 230mm
印　　张：17.5
字　　数：260千字
出版时间：2024年3月第1版
印刷时间：2024年3月第1次印刷
责任编辑：萧大勇　张　晶　黄　莹
封面设计：琥珀视觉
版式设计：书林文化
责任校对：李　巍
责任监印：杨　旭

书　　号：ISBN 978-7-5716-3843-6
定　　价：68.00元

联系电话：024-24112447
E-mail：sy24112447@163.com

《中华文明探源——辽宁考古科普丛书》

编　委　会

《找寻失落的记忆
——走近考古 考古辽宁》

编 写 组

主　任：华玉冰

编　写：李　霞　王　宇　仲蕾洁
任重重

《中华文明探源——辽宁考古科普丛书》

序　言

中华文明是世界四大文明之一，延绵至今未曾中断，在人类文明史上占有独特而重要的地位。2022 年 5 月 27 日，习近平总书记在十九届中共中央政治局第三十九次集体学习时讲话强调："中华文明源远流长、博大精深，是中华民族独特的精神标识，是当代中国文化的根基，是维系全世界华人的精神纽带，也是中国文化创新的宝藏……中华文明起源，不仅是我国学者潜心研究的重大课题，也是国际学术界持续关注的研究课题。经过几代学者接续努力，中华文明探源工程等重大工程的研究成果，实证了我国百万年的人类史、一万年的文化史、五千多年的文明史。"

中华文明的优秀基因融入了中华民族的血脉，塑造了中华民族的思想品质和价值观。研究阐释中华文明起源、形成和发展的历史脉络，做好我国"古代文明理论"和中华文明探源工程研究成果的宣传、推广、转化工作，加强对出土文物和遗址的研究阐释和展示传播，彰显中华文明的成就和对人类文明作出的伟大贡献，对于增强民族历史自信和文化自信，实现中华民族伟大复兴具有重大现实意义和深远历史意义。

中华文明探源工程自 2004 年启动以来，以辩证唯物主义和历史唯物主义为指导，以考古发掘和多学科结合研究为基本方法，开展了广泛系统深入的研究，使我们对中华文明的起源、形成、发展的历史脉络，对中华文明多元一体格局的形成和演化进程，对中华文明的特点及其形成原因等，都有了更为明晰的认识。这为辽宁实施中华文明探源工程提供了遵循方法。

习近平总书记深刻阐述和概括了中华文明的五种突出特性：连续性、创新性、统一性、包容性、和平性。这五种特性在辽河文明中表现得尤为明显，体现出密不可分的关系。辽宁沃野辽阔、物产富饶；南濒大海，西接草原，既是东北与华北连接的咽喉之地，又是多民族聚居融合之地，也是东西文化的交汇之地。距今50万年前的人类活动，距今26万年的古老型智人化石表明，辽宁是东北亚古人类的连续演化区。辽宁新石器时代考古发现表明，作为中国六大文化区系之一，这里是中华文明的重要起源地。辽宁从来都不是文化荒芜之地，这里是旧石器时代晚期以后先进文化勃兴的沃土，是华夏民族记忆中的北土、文化的北延。在漫长的嬗变、发展过程中，辽宁逐渐形成了特有的文化面貌和文明进程。

自新石器时代晚期以来，来自中原、西方、北方草原等不同区域的族群及其文化汇聚在这里，这里成为多族群活动、多文化融合的舞台。在中华民族及中华文明形成与发展的漫长历史进程中，辽宁始终是极具标志性的重要地域。辽宁也因此保留着大量的文明遗存和文化遗迹，这些遗存、遗迹记录了辽宁曾经的文明传承和文化成就。把这些呈现、普及给大众，功在当代，利在千秋。

辽宁最具标志性的考古发现是距今5000年前后，地处辽宁西部的红山文明在中国诸多传统文化区中最早显现出“文明的曙光”，成为中华文明有明确谱系可追寻的“直根系”。红山文化不仅体现了古人的智慧和中华民族源远流长的和平、求同、共生的民族精神追求，且开创了中华文明起源的“红山模式”。

2023年是辽宁全面振兴新突破三年行动的首战之年。辽宁省社科联以传承发展辽宁历史文化为着力点，全面推进中华文明探源工程，在认真组织调研、征求相关专家学者意见的基础上，组织省内权威专家学者编写了《中华文明探源——辽宁考古科普丛书》，通过

《找寻失落的记忆——走近考古 考古辽宁》《红山古国 文明曙光》两分册，揭示辽宁考古学文化的丰富内涵和对中华文明起源、发展作出的重大贡献，展现辽宁考古的丰硕成果，提升辽宁大众的历史自信与文化自信，为打好打赢新时代“辽沈战役”注入新的精神动力。

辽宁厚重的文化积淀为《中华文明探源——辽宁考古科普丛书》的编写提供了丰富的内容支撑。丛书力求以生动呈现、全面普及建立在考古学基础上的辽宁史前文化为出版宗旨，系统阐释辽宁文明的丰富内涵和起源发展的艰辛历程，揭示辽宁文明是中华文化的重要来源及其不可分割的组成部分，进而丰富中华民族文明史，并为中华文明起源、形成和发展过程的研究提供“辽宁范式”。

《中华文明探源——辽宁考古科普丛书》出版过程中，组织者、编写者、出版者及相关部门倾力尽智，几易其稿，确保历史脉络清晰、考古遗存完备、史料丰富完整、评价明晰准确、语言生动流畅、科普效果突出、时代价值阐释精当充分，在此一并表示衷心感谢。由于丛书编写时间紧、人员多，在写作风格和内容衔接等方面，还存在诸多不足，期盼读者批评指正。

辽宁省社会科学界联合会

2023 年 10 月

前　言

2022年6月21日，在朝阳市召开的“红山文化研究工作推进会”上，辽宁省社会科学界联合会委托我们撰写一部有关“考古”的科普读物，个人认为很有意义，故承担下了任务。撰写此书于我们很有压力，因为相关科普书籍从国外翻译过来的以及由国内作者撰写的已有很多，都出自考古研究大家，语言平易，可读性也很强，但仍未能普及至公众，甚至一些初学考古专业的学生都不能通晓。因此，再写一本类似的书，能否达到“普及”的效果，心有惴惴。

一

尽管有压力和不安，但仍然认为写本科普考古的书籍有很大的必要性，这主要基于以下两大方面的原因：

一是，公众很少知道什么是考古，为什么考古，怎样考古。我们在工作中经常遇到“挖出来什么好东西了”“能不能帮我看看这个文物值多少钱”“破砖乱瓦有什么用”等问题，很多人对考古工作不理解，对文化遗产保护的自觉性不强，甚至人为破坏文化遗产的乱象时有发生。

什么是考古，涉及考古学的性质问题。从“考古”这一词汇的字面含义来说，是对过去人类生活的探索与研究，现今发展为主要以调查、发掘等手段获取实物资料来研究人类历史的学科。

为什么考古，涉及考古工作的价值与意义。习近平总书记作出了明确的定位：“考古工作是一项重要文化事业，也是一项具有重大社会政治意义的工作。”任何民族与国家都有维系其发展与壮大的根脉，这个根脉就是历史与文明，早期人类历史与文明研究主要依赖考古工作。

怎样考古，涉及考古工作理论、技术、方法及多学科合作问题。考古研究的对象包括古代人类活动遗留下来的各类工具、武器、艺术品、遗址、墓葬、建筑物、人类骨骸等，涉及面广，需要各类人文学科、自然学科合作研究。

考古遗存是宝贵的文化遗产，它们多掩埋于地下，必须采用科学手段发掘出来，才能获取人类过去政治、经济、文化和宗教等各个方面的信息，一旦脱离原埋藏状态，其价值会大大丧失，而且留存至今的少之又少，所以要倍加珍视保护。

上述内容属于知识层面的，应予以普及，以便促动全社会对考古事业的重视，吸引年轻人积极投身考古工作，激发公众保护文化遗产的热情与自觉，有效制止各类文物违法犯罪。

二是，公众多不了解自己家乡古代各民族的历史及其在中华民族形成过程中的地位与作用。辽宁在中华民族形成过程中有重要的地位，现今的人们多数是移民过来的，不清楚我们与古人之间的血缘与文化联系。一些城市被认为是新兴的，实际上却割裂了数千年的历史沉淀，缺乏文化自信。

辽宁有“六地”红色文化，为新中国成立与发展作出了突出贡献。史前及历史时期，辽宁先民在中华文明发展进程中同样发挥了重要作用。考古发现表明：距今约 26 万年的金牛山人，体质特征领先同时期其他地区古代人类；红山文化根植东北，是“中华文化的直根系”，于距今 5000 年前后最早见到了文明的曙光；姜女石具有国门性质的建筑群址，既是秦汉帝国一统华夏的见证，更是其文化的标识与象征。

习近平总书记深刻阐述和概括了中华文明的五种突出特性：连续性、创新性、统一性、包容性、和平性，五种特性密不可分，在辽河文明中表现尤为明显。新石器时代晚期以后，来自中原、西方、北方草原等不同区域的族群及其文化汇聚辽河流域，这里成为多族群活动的舞台，他们交替占据舞台中心。但各种文化很快便能融合到一起，并达到一个新的高度，核心文化传承连续不断，在东北亚文化交流中一直发挥枢纽作用。究其原因，关键是在包容的基础上，物质、制度、精神文化层面都有创新。

上述内容属于乡土教育的范畴，只有了解家乡的历史、乡史与国史的关系，古人与今人的关系，才能增强文化的自豪感与民族的凝聚力。在这方面，以往的“普及”显然是留有遗憾的。

二

基于上述思考，我们将本书设定为上、下两篇。

上篇，走近考古，主要普及考古常识，共三章。

第一章，考古学简史，此章通过扼要介绍中外考古学的产生背景、发展历程，使读者了解考古的由来，考古与金石学、古物学的关系，考古工作的性质、主要任务等。第二章，考古怎样研究历史，重点介绍考古研究的主要理论、方法、技术，凸显获取考古研究资料的科学性以及保护文化遗产的重要性。第三章，考古中华远古往事，含人类起源、中国人起源、中华文明探源等问题，这也是考古工作对人类历史研究所作的最大贡献之一。本章承上启下，为下篇介绍辽宁考古发现的价值做必要的铺垫。

下篇，考古辽宁，扼要介绍辽宁考古的重大贡献，共三章。

本书将辽宁历史分为三大时期，以中华文明形成与发展为视角，归纳出了不同时期辽宁文化的突出特点并作为介绍的主线。第一章，中华文化直根系，含旧石器时代、新石器时代，这是辽宁历史辉煌的时段，主要体现在远古文化在东北亚地区具有持续的先进性，奠定了“尚玉”“崇礼”等中华传统文化的基础，并在中国范围内最早开启了具有自身特点的“古国文明”。第二章，秦汉帝国门户，涵盖时段为夏至西汉，以汉民族、汉文化形成过程为核心脉络，介绍了辽宁的考古发现。进入夏纪年以后，辽宁古文化具有多样性，存在诸多统辖多个古国的“方国”，与中原族群及文化保持着密切的联系。西周分封，在辽宁也有其一，伴随燕文化占据东北南部，最终实现“华夷融合”，秦汉帝国建立水到渠成。第三章，多民族国家形成的活化场景，拣选了汉代以后活跃于辽宁的主要民族的重要遗存予以介绍，概要梳理了各民族文化融合，打破长城壁垒，中华统一国家与中华民族的形成过程。

为了增强本书的可读性，在写作体例上我们做了统一规范：每章节前面均有一小段统领各部分内容的文字概述，其下尽可能以案例或小主题的形式予以详细说明，章节后再附小结，确保全书逻辑关系清晰，具有系统性。

希望本书能诠释初心，达成所愿！

华玉冰

2023 年 10 月

目录

contents

上篇
走近考古

下篇
考古辽宁

上篇 走近考古

考古学科的出现很大程度上是由于人类的好奇心，比如：人类是怎么来的？人类刚出现的时代是否如“伊甸园”那样美好，属于黄金时期？世上惊人的创造物是怎样产生的？有没有“巨人”“神人”？因为时代久远，没有文字记录，最初的人们往往根据常识并通过想象来解释。因为好奇心，很早的人们便开始收藏古物，研究古物。人类研究古物曾达到很高的水平，目的也是研究历史，但并不属于考古的范畴。考古学科形成的主要标志是采用科学的方法获取埋藏于地下的人类留下的资料，并用科学的方法将资料系统化并加以解释，只有这样才可以实现历史研究的目的，这一过程极为漫长。

如今，考古学已经成为一门以人文科学为基础、广泛采用自然科学研究方法和技术的交叉学科，研究对象不仅限于地下遗物，还有和人类活动相关的自然遗存。透物见史，考古通过遗迹、遗物研究其背后的隐藏信息，包括它们的年代、当时人类的生活环境、生业经济、交流互动、宗教信仰等，将这些散落的、琐碎的历史片段拼接起来，再现一个横跨数百万年的历史画卷。自20世纪初考古学传入中国以来，几代考古工作者怀着高度的历史责任感，围绕“重建中国史前史”这一宏伟目标，通过中华文明探源工程等项目，取得了丰硕的研究成果，实证了中华民族至少有“百万年的人类史、一万年的文化史、五千年的文明史”。

而且，保护遗产、利用遗产也成为考古及考古工作者的重要任务。

第一章　考古学简史

“考古”一词最早出现在北魏时期，并非名词，而是动词“考”加上名词“古”形成的词组，多指对古代事物、文献、音韵词义等的考察、考订。英文中与考古学大体相当的“Archaeology”一词，源于希腊文“古老的、古时的、古代事物”等加上“缘由、原因”等词意，泛指对古代以及古史的研究。

可见，无论是中文还是希腊语，都表明了很早以前人们就开始了对过去、对更早的人类究竟过着怎样的生活的研究与探索，但与现代考古学都有一定的区别。

如今的考古学，主要以调查、发掘等手段获取实物资料来研究人类历史。以古代人类活动遗留下来的遗迹、遗物，自然遗存，以及人类本身为研究对象，包括各类工具、武器、艺术品、遗址、墓葬、建筑物、人类骨骸等，了解人类过去的生活、文化、经济、政治和宗教等各个方面的信息。考古学属于人文科学范畴，但需要运用多门学科的方法和技术，如生物、地质学、物理、化学、计算机技术等，与许多学科都有交叉。

那么，古代人对古代事物的考究，与有着明确的研究目标、一定的学术领域和周密系统理论方法的考古学之间究竟有着怎样的联系呢？考古学家们的看法不一样，一种认为两者毫无关联，另一种认为它们之间是有延续发展关系的。

第一节　收藏与研究古物的阶段

人类在很早之前就已经有了对古物的认知和兴趣，这些古物有的源于偶然的发现，有的出于有意识地搜寻与收集，也有的出自“挖掘”。

然而，由于认知的局限，古人对绝大多数更古老的人类遗存并不能有正确的理解，进而产生了神化意识与古物崇拜。据文献记载，古罗马帝国的奥古斯都大帝曾收集“古代英雄们的武器”并以此作为崇拜物，现在看来，应该就是一些石器时代、青铜时代的工具、武器类的遗物。汉武帝时期，因为在位于今山西境内的汾水流域发现了铜鼎，汉武帝遂将年号改为“元鼎”，元鼎四年又得鼎于汾阴的后土祠，乃献于祖庙。当时，因为自然因素等暴露出来的古物往往被人们奉为“祥瑞”。

随着科学的进步，人类开始有意识地收集古物，并对它们进行研究，试图找回历史的真相，增强文化的自信，中外都是如此。

一、收藏与考证古物

世界各地总是有不经意的偶然发现，比如由于雨水侵蚀、地震、穴居动物的活动等自然现象以及翻耕农田、建造房屋等人类活动，一些陶器、燧石石球、磨制石斧等古老的人工制品陆续从地下暴露出来。当然，也有人为有意识地挖掘。

对这些文物，古代欧洲人称之为“奇妙的陶罐”“精灵的弹丸”“雷霆弩箭”等，并产生了浓厚的兴趣。王公贵族、富商巨贾、文人雅士纷纷打造所谓的“古玩柜橱”“奇珍柜橱”，将搜集来的各类古物、珍贵矿石、自然标本等收藏在里面陈列展示。即便是遥远的非洲和印度，人们也热衷收藏这些古物“奇珍”，甚至当作护身符。

但一些人逐渐认识到，这些“奇珍”“祥瑞”实际上是由古代人类制造的各类物品，经历了漫长的时间，无意被掩埋在地下而留存下来，因此人们开始探索它们的来历。

中国的历史积淀厚重悠久，关注和考察古代遗迹、遗物年代也很早，并进行了一些有意识的考据，其中不乏带有时代印记、古为时用的解释。当然，在古代，对古物进行研究的学者还是少数，更多的时候，古物还是被当作一种奇珍来收藏，这种收藏可以在墓葬中找到证据，例如，固围村战国中期魏国王族墓地 1 号墓墓室东壁上部一壁龛内，发现有仰韶文化的彩陶罐。而这种收藏往往与盗墓相伴随，盗墓这类行为早在战国时期便渐成气候，千百年来对文化遗产造成了不可估量的破坏。

较早时期对古物的收藏与研究有两件事值得记述。

（一）史载最早的发掘

不仅限于收集，在古代欧洲也有发掘古物的行为，现知记载最早的出现在公元前 6 世纪。而亚洲的新巴比伦王国的第五任君主那波尼德斯对历史与古迹、古物兴趣浓厚，在位期间，发掘并修复了几座古代神庙，使其重现往日光辉。此外，他还在苏美尔城邦的旧址上进行调查发掘，收集了一些古物和文献，并在这些地方建立“古物馆”，以收藏这些文物。这位国王还曾试图确定由他发现、发掘的古迹与古物的年代。虽然现在的研究证明他的判断并不准确，但表明了古人已经开始了对古物、古迹所蕴含的年代等信息的探索，而并非只是将其单纯地当成一种装饰或摆设。

（二）“肃慎之矢”的考证

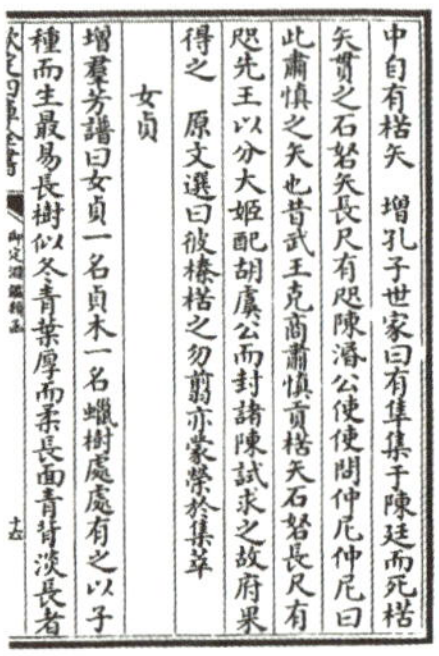
中自有楛矢　增孔子世家曰有隼集于陳廷而死楛
矢貫之石砮矢長尺有咫陳湣公使使問仲尼仲尼曰
此肅慎之矢也昔武王克商肅慎貢楛矢石砮長尺有
咫先王以分大姬配胡虞公而封諸陳試求之故府果
得之　原文選曰彼榛楛之勿翦亦蒙榮於集萃
女貞
增羣芳譜曰女貞一名貞木一名蠟樹處處有之以子
種而生最易長樹似冬青葉厚而柔長面青背淡長者

“肃慎之矢”记载

中国也有对古物进行收集的习惯。由于文献资料相对较多，发现古物伊始，便有考证其历史的属性。《国语·鲁语》中记载，孔子在陈国游历时，陈惠公拿着一只中箭坠落在院子里的鹰向孔子请教，孔子辨认出鹰身上以楛木做杆、以尖石做头的箭是“肃慎氏之矢”。

文献记载，武王克商之后，加强了与周边各族群的联系，为使九夷百蛮各部不忘自己的职责义务，便命他们拿出本地的特产进贡。于是肃慎氏就向周天子进贡了楛矢和石砮，箭长一尺八寸。武王为了宣扬他的美德并告示后人，在箭尾扣弦处刻上“肃慎氏之贡矢”的字样，送给长女太姬，并随太姬嫁给虞胡公而带到他的封地陈国。古时王室将珍宝玉器分给同姓诸侯，以表示对亲族的重视。把远方的贡品分给异姓诸侯，使他们不忘服从周王朝。虞胡公是异姓，所以把肃慎的贡品分给了他。孔子不仅向陈惠公解释了肃慎氏之矢的渊源，还提出旧府库中大概尚有遗留，惠公听从意见后派人去寻找，果然发现了装在金椟之中的箭。

二、欧美通过古物恢复历史

在欧洲，考古学产生之前，有一个从收集转向系统研究古物的阶段，其学问称为古物学。其出现的背景与思想解放、殖民扩张有密切关系。

14 世纪开始，在资本主义经济关系萌芽、黑死病蔓延动摇了人们对宗教绝对权威的信仰等大背景下，饱受中世纪教会黑暗统治的市民、知识分子和新兴资产阶级掀起了轰轰烈烈的文艺复兴运动。

由于没有成熟的文化体系取代天主教文化，他们选择了借助复兴古希腊、古罗马文化的方式来表达自己的文化主张和对现实的不满。于是成规模地搜集古希腊、古罗马的雕塑和铭刻，对古典时代的语言文字、文学和美术史进行研究，其范围很快扩大到巴勒斯坦、以色列，以及埃及、巴比伦等地。可以说，文艺复兴运动直接导致了古物学的兴起与发展。

随着文艺复兴与宗教改革两大思想解放运动的蓬勃发展及资产阶级的不断壮大，封建主义开始瓦解。进入 16 世纪，欧洲开始了封建国家解体和民族国家形成的时期。在西北欧，法兰西、英吉利、德意志、瑞典、丹麦等许多资本主义的民族国家相继成立，这些政权亟须民族与国家的认同感以维护其存续和发展，但却没有古希腊、古罗马那样丰富、古老的文献，因此这些国家更钟情于古物，企图凭借先民遗留下来的古迹和古物，宣扬古代历史，以增进爱国主义思想和民族自豪感。

也正是在这一时期，有些学者开始质疑弗朗西斯·培根的论点，即“大部分远古的时代（除了保留在手稿中的那一部分）都已湮没在沉默与忘却之中”。这些学者认识到有关远古的信息有可能来自对野外遗迹的研究。由此，西北欧及其他地方的大批博物学家、古物学者出发到旷野中去探寻与记录这些遗迹。

至 18 世纪末，古物学已发展至较为成熟的阶段，不再只局限于贵族、富人、学者之间。作为爱好与“雅趣”，越来越多有一定知识储备和闲暇时间的人加入对古迹、古物的寻访、探索与研究中，这些活动逐渐演变为一种更系统化的兴趣。这一时期，人们开始有意识地进行发掘活动，虽然大多数的发掘依然停留在为了获得“奇珍异宝”的层面上，但也有部分开拓者进行了更为细致的观察和更加深入的思考，他们注意到器物与不同土壤层之间的关系，并且逐渐意识到，来自上层土壤的物品必定比来自下层土壤的物品年代更接近现代，这一认识为考古学重要的理论——地层学的提出奠定了基

础。另一方面，古物学已经不仅仅研究古物本身，学者们开始利用古物进行古代史的研究。

这一阶段较为重要的人物、事件与研究成果如下。

（一）商博良破译罗塞塔石碑

罗塞塔石碑

1798—1799 年，拿破仑远征埃及，召集了一批学者、科学家、绘图技师等人员对埃及地区的地理环境和古迹、古物情况进行调查，并在开罗建立了法属埃及研究院。除了派人到当地进行调查研究，拿破仑还将从埃及、意大利、西班牙等地掠夺的古物送回法国卢浮宫，并在其中建立了拿破仑博物馆。在数以万计的文物和艺术品中，最具学术价值并对古代史研究产生重大影响的当属罗塞塔石碑。

1799 年，在尼罗河三角洲上一个被称为罗塞塔的港口城镇的郊外，拿破仑远征埃及部队中的一名工程兵军官在指挥圣朱利安要塞的地基扩大挖掘工程时发现了一块石碑，以港口命名为罗塞塔石碑。此石碑制作于公元前 196 年，其上以古埃及象形字、希腊文、埃及世俗体三种文字刻写了古埃及国王托勒密五世登基的诏书。

公元 4 世纪后，尼罗河文明式微，古埃及象形字的读法和写法彻底失传。一千多年来，这些神秘的图形符号一直困扰着欧洲学者，在罗塞塔石碑被释读之前，主流观点认为古埃及象形字是纯粹的表意文字。突破性的进展发生在 19 世纪 20 年代，1819 年，英国学者托马斯·扬发表论文列出了一个部分正确的象形文字“字母表”，1824 年，法国学者让·弗朗索瓦·商博良出版《古埃及象形文字体系概论》，结合菲莱方尖碑双语铭文对罗塞塔石碑的铭文进行了初步的释读。

商博良出身法国平民家庭，自幼便展现出在语言文字方面的非凡天赋，他不仅自学了希腊语、拉丁语，还在学校学习了阿拉伯语、叙利亚语和迦勒底语，在巴黎生活期间，又跟随一位科普特牧师学习科普特语。之后的十余年里，他在基本没有外界协助的情况下对古埃及文字进行研究并取得了重大进展，被法兰西学院任命为世界上第一位埃及学教授。可以说，罗塞塔石碑的发现与破译奠定了埃及学的基础。

（二）温克尔曼及其《古代艺术史》

18 世纪，欧洲人开始有意识地对古代遗址进行发掘。但对遗址中最普通的人工制品结合其出土的环境进行考察，并尝试推测它在当时人类的生活中如何被使用的研究，则始于普鲁士一位鞋匠的儿子——约翰·约阿希姆·温克尔曼。

Johann Winckelmanns,
Geschichte der Kunst des Alterthums.
Erster Theil.
Dresden, 1764.

温克尔曼《古代艺术史》

在 30 岁之前，温克尔曼薪水微薄，但他对古典艺术十分痴迷，在业余时间，他搜集查阅了大量资料，于 1755 年出版了《关于在绘画与雕塑中模仿希腊作品的意见》。对学术的野心和深厚的积累使他抓住了几次关键的机遇，成为拥有着闻名欧洲的古物收藏的枢机主教亚历山德罗·阿尔巴尼的私人藏品管理员，并获得了进入赫库兰尼姆和庞贝遗址参观研究的机会。

温克尔曼的第一次意大利之行并不顺利，当时，只有少数位高权重者被允许进入古城地下参观，而发掘出的珠宝、雕塑等文物也被用于装饰国王的宫殿，他对于当地学者只知寻宝而不尊重古物的行为提出批评，加上他杰出的才华和学识，曾一度引起了一些人的不满。但在之后的几年中，温克尔曼高水准的研究逐渐得到了学界的推崇。1762 年，当他再次造访意大利时，受到了热烈的欢迎并被允许进入遗址的部分发掘现场。1764 年，其著作《古代艺术史》出版，首次对希腊—罗马艺术进行了系统性阐述，其中一部分论述是依托于对赫库兰尼姆和庞贝遗址的考古发掘，同时，还依据这些艺术品资料，对古代历史进行了研究。至此，古物学经历了数个世纪的发展演变，终于有了科学的学术目的，当代考古学在欧洲萌芽，而温克尔曼也被誉为“古典考古学之父”，但也并非现代意义的考古学。

（三）印第安人的起源探索

15 世纪，随着罗盘针在欧洲普及，造船技术、地图绘制技术进步，“地圆说”渐渐流行，对香料与黄金的狂热以及对更加稳定、直接的贸易线路的迫切需求促使“地理大发现”时代拉开序幕。1492 年，意大利探险家克里斯托弗·哥伦布“发现”美洲新大陆。

欧洲人开始在美洲殖民时，除中美和南美出现过玛雅文明和印加文明以外，大多数地区仍然处在没有文字的史前时代，所以对土著印第安人及其历史产生了兴趣，并开始了这方面的探索。摆在他们面前的第一个问题是：印第安人是什么人？来自哪里？为什么不知道亚当和夏娃，也不知道大洪水和诺亚方舟？

最初学者们猜测他们可能是历史传说中丢失的 10 个以色列部落的后裔，或来自柏拉图著作和希腊神话传说中沉没于大西洋中的岛屿的后裔等。到了 1590 年，有人提出印第安人来自东亚，1637 年前后人们普遍接受了印第安人自亚洲经白令海峡到达美洲的假说。1648 年，托马斯·盖奇（Thomas Gage）提出美洲印第安人和亚洲蒙古人在人种上十分相似，从体质人类学的角度支持这一假说。

（四）托马斯·杰弗逊的首次科学发掘

仅仅通过推测解决不了历史问题，欧洲学者开始在美洲进行人类学调查。到了 18 世纪，调查的范围不仅是当地的印第安人部落，还考察古代遗迹。从而发现了更多的新的遗存，其中最多的是土墩遗迹。

在美洲有大量的土墩，当时人们不大相信是土著印第安人建造的，想象在古代一定还存在着另一支文明人，创造了美洲的“英雄时代”。为了解决争议，开始对土墩进行调查、发掘、研究。

土墩内部结构示意图

1784 年，后来成为美国第三任总统的托马斯·杰弗逊为搞清弗吉尼亚州土墩的性质，进行了有明确学术目的的发掘。他在土墩上挖了若干探沟，并识别出了不同的地层，搞清楚了这个土墩是经过多次埋葬人骨架而形成的，骨架层层叠压高达 12 英尺。这次发掘后来被誉为“考古学史上的第一次科学发掘”。

此后，有些学者绘制了部分地区的土墩分布图，有的通过考察土墩上树木年轮来确定土墩的年代，还有的测量了土墩出土的人骨与当时印第安人死者的头骨进行比较。最终倾向认为：土墩建造者在文化上是有差别的，与印第安人是同一人种，印第安人完全有能力建造土墩。

三、中国研究古物证经补史

中国文献、文字资料丰富。古代对古物的研究主要以带有文字的青铜器、石刻碑碣等为对象，以证经补史为主要目的，偏重于著录和考证文字资料，与经学、小学、朴学等中国传统学术门类相依相通。

对中国古代有没有考古活动，金石学能否如古物学那样最终发展成为考古学，学者们意见不一。有学者认为，正如中国古代炼丹不能发展为化学一样，金石学也演变不出考古学。有学者则认为，古代遗迹、遗物是客观存在的，也有在此基础上的科学研究，就一定有不自觉的考古活动。

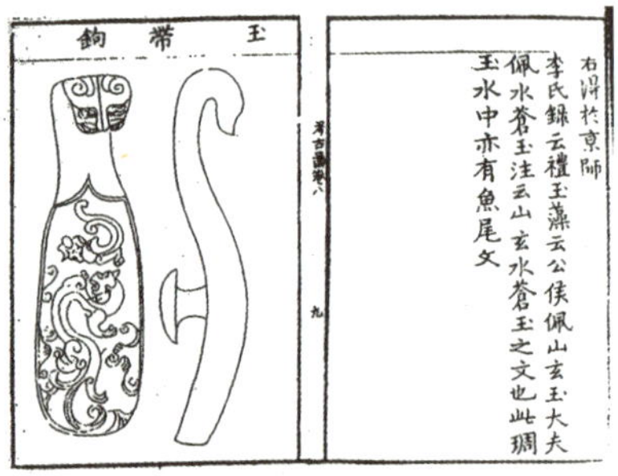

《考古图》内页

在中国，东汉时已有“古学”的名称，“考古”这一名词见于北宋时期，出自金石学家吕大临所撰《考古图》，到清代末期，金石学的研究对象扩大到其他各种古物，但没有以研究历史为目的主动进行的田野发掘工作。

在考古学正式传入之前，以下重要发现、考证、记述对研究历史具有重要价值。

（一）“孔壁书”和“汲冢书”的发现

秦始皇焚书坑儒后，儒家经典散佚，至西汉惠帝时期，再度重视儒家学说，官方通过在世的东周儒生口述默诵儒家经典并以汉隶书写记录，后被称为“今文经”。

汉武帝时，藩王鲁恭王刘余拆毁孔子旧宅来扩建宫室，在孔氏墙壁中发现了以不同于汉隶的字体书写的《尚书》《春秋》等经典，被称为“古文经”，其实，这些书籍是用战国时六国文字书写而成，在内容上与今文经有所差异。在“孔壁书”被发现之后，学界形成了“古文经学”和“今文经学”两派。“孔壁书”的发现和今文、古文经之争所带来的影响广泛而深远，其中之一就是东汉学者许慎编纂了中国第一部字典《说文解字》，利用了古文经的字体。其部首划分、编排体例、汉字理论皆开先河，垂范后世。《说文解字》收字万余个，为释读甲骨文、金文，梳理汉字发展演变脉络提供了有力支撑。

除“孔壁书”外，“汲冢书”也是中国古代出土的重要的经典文献。西晋武帝时，盗墓贼在汲郡（今河南卫辉）盗掘一座战国古墓时，发现一批竹简古书，以“蝌蚪文”即六国古文写成，经过晋代学者荀勖、束皙等人多年的释读与整理，最终写定先秦古书十余种，共七十五篇，其中最重要的当属《纪年》十三篇，以编年体记录了夏商周三代历史。虽然这批汲冢竹书除了《穆天子传》流传至今外，其余古本皆已散佚，但散落在诸多文献中的零星记载以及后世的各版今本依然有重要的史料价值。

（二）对古物解释的两种态度

对有意或无意的发现，古人多通过文献进行解释，这也是中国金石学产生的原因。

其中一种是接近科学的，如据《汉书·郊祀志》记载，汉宣帝时，有人在美阳得到一只鼎，把它献给皇上。皇上就把这件事交给有关官员讨论，大多官员主张把它进献到宗庙。张敞考察鼎上的铭刻后把自己的意见报告给皇上说：臣听说周朝的祖先开始于后稷，后稷受封于邰，公刘在豳地创业，太王在岐梁建国，文武在丰镐兴起。从这里来说，岐梁、丰镐之间是周朝的旧居，本来应该有宗庙坛场祭祀的遗迹的。现在鼎出现在岐梁的东面，中间刻有铭文。臣愚昧不足以读懂古文印迹，但只从传记上所说的来看，这只鼎大概是周朝用来褒奖大臣的，大臣的子孙在鼎上铭刻他们祖先的功绩，藏在宫庙中的。以前也有宝鼎出现在汾阴的山丘上，河东太守报告了天子，天子下诏广泛询问老人，并派官员检验山丘，确认并不是旧藏的地方。鼎特别大，同众鼎大不相同，所以放进了宗庙。现在所见的这只鼎细小，又有刻记，不宜进献宗庙。皇帝批道，京兆尹的建议是对的。

另一种属于附会。据《山海经叙录》，刘秀在《上山海经表》中说：汉宣帝时，击磻石于上郡，陷得石室，其中有反缚盗械人。时臣秀父向为谏议大夫，言此贰负之臣也。诏问何以知之，亦以《山海经》对。其文曰："危与贰负窫窳，帝乃梏之疏属之山，桎其右足，反缚两手与发，系之山上木。"

自古以来对考古遗存的解释大体含上述两类，需要仔细分辨是

否正确。

（三）有意识调查记录研究古代遗存

中国较早对古代遗迹记载最为详尽的是北魏郦道元《水经注》，除了收录大小河流及其支流、湖泊、沼泽、瀑布、高山、低地、动植物外，还涉及诸多人文地理的内容。所记有县级城市和其他城邑、古都、小于城邑的聚落、古塔、陵墓、寺院等，对历史学、考古学研究都有一定参考价值。为了著作此书，郦道元搜集了大量文献资料，辑录了汉魏金石碑刻多达350种，并对各种资料进行认真地分析研究，亲自实地考察，寻访古迹，追本溯源。

系统地对遗物进行著录与研究，在中国称金石学。《中国大百科全书·考古学》定义金石学是“在尚未进行科学发掘的情况下，以零星出土的古代铜器和石刻为主要研究对象的学问。偏重于著录和考释文字资料，希图达到证经补史的目的”。“金石之学，肇于汉，盛于宋，而中衰于元明。入清以后，百年之间，海内渐定，群治朴学，而私学乃复兴焉”。大家都比较熟悉的赵明诚编写了一本《金石录》，收集上自商周，下迄隋唐五代石刻拓本二千卷。赵明诚、李清照夫妇收集、考订金石器物及铭文，专心致志近乎痴迷。他对金石的研究主要是证史之误，补史之阙，考察古代典制、姓氏来源等专项研究也建立了典范。

对遗迹、遗物进行研究，多证经补史，但也有许多历史研究是很有见地的，如东汉以前成书的《越绝书》记载，风胡子对楚昭王言：“时各有使然。轩辕、神农、赫胥之时，以石为兵，断树木为宫室，死而龙臧，夫神圣主使之然。至黄帝之时，以玉为兵，以伐树木为宫室，凿地。夫玉，亦神物也，又遇圣主使然，死而龙臧。禹穴之时，以铜为兵，以凿伊阙，通龙门，决江导河，东注于东海，天下通平，治为宫室，岂非圣主之力哉？当此之时，作铁兵，威服三军。天下闻之，莫敢不服。此亦铁兵之神，大王有圣德。”上述言语中有类似石器时代、铜器时代、铁器时代的划分，而且考古发现确有盛行玉器的时代。

虽然我国传统的金石学在留存资料方面有着巨大贡献，对古物古迹的考证也取得了一些成果，但由于没有田野发掘的基础，同时缺乏科学的理论方法的支撑，终究没能发生质的飞跃，孕育出现代考古学。

第二节　考古学的诞生及引入中国

人从何而来？人类社会具有多长的历史？这是人类最为好奇的问题。

过去，我们可以通过两种途径了解历史：一是历史文献，比如《春秋》《史记》《伯罗奔尼撒战争史》《希波战争史》等。包括我国在内的一些拥有悠久文明传承的国家和地区是有文献的，但对人类的出现及其早期活动往往都是猜测的，没有实证。而且，即使是有据可查的中国传统文献往往只是“帝王家谱”，缺乏对当时的社会整体尤其是普通民众如何生活的记载。更为关键的是书写历史的人是否能够客观、全面、准确地“记事”是很难保证的，英国历史学家凯斯·詹经斯（Keith Jenkins）在其著作《历史的再思考》中感叹“我们永远无法真正知道过去。”二是民族学、民族志。民族学的研究对象主要是一些边远、落后地区的原始土著居民，他们的生活方式与社会组织结构或许可以作为推测人类历史上某个阶段的参照，但这只是一种可能，民族学、民族志的研究和记录是例子而非证据。在这种背景下，向地下遗存要证据，便成了考古学产生的背景，也是考古学的重要任务。

地下遗存不能说话，需要用科学的方法发掘出来并进行科学的解读，才能够实现考古学研究历史的使命。利用地层学理论进行发掘，利用类型学理论将遗存系统化，发明考古学文化概念对遗存进

行解释，是考古学作为一门科学产生的标志。这一过程极为漫长，于 19 世纪 40 年代至 20 世纪 20 年代首先发生于欧美，20 世纪初引入中国。

一、考古成为一门科学

19 世纪中期前后，一系列新的科学发现不断打破神学禁锢下的自然观、社会观。能量守恒与转化定律、细胞学说、生物进化论，号称自然科学史上的三大发现，都出现于这个时代，促成了欧洲科学、社会等许多领域的全面变革，天文学、地质学、生物学、人类学、考古学等科学相继产生。

考古学的形成，归功于人们对史前的认识，首先破除了上帝造人的迷信，而后以生产工具的进步提出了石器、铜器、铁器三期说，加之发掘水平的进步，可以用科学的方法将古人遗留下的遗迹、遗物按照早晚顺序揭示出来。“考古学文化”概念的提出，为探讨古代人们的生存方式和社会结构提供了一个基本研究单位，可以摆脱历史研究的束缚，重建史前史。

考古学是通过遗存研究古代人类和社会的科学，予以获取、收藏珍贵古物为目标的古物学有本质区别。当学者们抛弃了猎奇的心态和方式，开始重视遗存背后的信息时，考古学作为一门严谨的科学便正式形成了，它的研究对象也由奇珍转向了遗存。

遗存是指古代人类遗留下来的各种生产工具、武器、日用器具、装饰品、随葬品及农作物、渔猎采集所获动植物等遗物和人工建造的居址、墓葬、人类活动的痕迹等遗迹。遗存是人类历史的见证，考古学家通过对遗存进行发掘和研究，可以获取有关人类历史、文化和社会的重要信息，推断古代人类的生活方式、社会组织、技术水平等方面的情况。

（一）人类的古老性

19 世纪中叶以前，受基督教影响，欧美国家的人们大多相信

《圣经》中世界起源于公元前4004年的说法，认为人类历史只有6000年。但在当时，已经在多处洞穴中发现了人骨及石器等人工制品与已灭绝的动物共存的现象。1797年，英国皇家学会会员约翰·弗里尔（J. Frere）在英格兰萨福克郡的霍克斯尼发现燧石工具和灭绝动物骨骼共存，他在给伦敦古物家协会的信中认为，这些石器属于一个非常遥远的时期，这暗示了人类的历史远不止6000年。

但这些发现与判断在当时并没能引起太多人的注意，因为以法国古脊椎动物学家居维叶（G. Cuvier）为代表的“灾变论”派学者正占据主流，这些学者认为在地球历史上发生过多次巨大的灾变事件，每经一次灾变，原有生物被毁灭，新的则被上帝再次创造出来，地层中发现的不同化石正表明了这一点。

在18世纪末，已有一些学者开始质疑灾变理论，苏格兰地质学家赫顿（J. Hutton）在1795年出版的《地球理论》一书中率先提出了均变论的观点，但在当时遭到了灾变论学者和教会的猛烈攻击。1833年英国地质学家查尔斯·赖尔（C. Lyell）发表了《地质学原理》，提出并证明地球表面的所有特征都是由难以觉察的、作用时间较长的自然过程形成的，地壳岩石记录了亿万年的历史，可以客观地解释出来，而无需求助于《圣经》或灾变论，至此均变论才逐渐占据上风。均变论的精髓是认为现今正在起作用的改变地壳形态的力量，也同样以基本相同的强度和方式作用于地质历史的整个时期。因此，以往的地质事件可以用现今所观察、认识到的因素和力量加以解释。这为推翻“上帝创世说”提供了地质学依据。

与此同时，生物学领域也同样诞生了里程碑式的理论思想，1859年，达尔文在《物种起源》一书中系统地论证了进化论学说，1863年赫胥黎（T. H. Huxley）发表《人类在自然界中的位置》一书，将进化论引申到人类起源问题上，达尔文接受了赫胥黎关于人与猿之间关系的论断并在之后的著作中用进化论思想详细阐述了人类的起源问题。

地质学与生物学领域的理论飞跃为确认人类和石器的年代扫除了障碍，为人类历史研究打破神学枷锁提供了有力武器。

1856年发现的尼安德特人（早期智人）的头骨化石，不久也被引用为进化论的物证，彻底否定了上帝于公元前4004年造人的神话。

（二）史前人类活动三期说

除了证实人类是逐渐进化之外，早在1813年，北欧历史学家西蒙森（V. Simenson）就提出人类发展经历了石器、铜器、铁器三个时代的观点，但未能形成较大影响。

19世纪20年代，丹麦国家博物馆馆长汤姆森（C. J. Thomsen）将馆藏文物按照石器、青铜器、铁器及它们的组合共存品进行分类陈列，1836年，他在出版的博物馆指南中首次提出了“三期说”，认为馆内藏品可划分为石器时代、青铜器时代、铁器时代，并且指出这一框架所涵盖的时代远超出有文字记载的历史。此后，他的学生沃尔赛（J. J. A. Warsaae）进一步将三期说理论用于野外古迹的分期，并以发掘中所见的地层关系作为证据，证明了三期说的正确性。除了进行野外发掘与著书立说之外，汤姆森与沃尔赛还在欧洲各国游历、演讲，将他们的研究成果与理论广泛传播，1843年，沃尔赛发表了《丹麦原始时代》一书，使三期说成为史前考古学的研究基础。

汤姆森的三期说是基于丹麦博物馆所藏的古物提出的，但由于在第四纪冰期的大部分时间里，丹麦地区都被冰川覆盖，没有人类活动，因此三期说理论的具体内容最初并不完善。法国学者彼尔特（J. Boucherde C. de Perthes）在索姆河畔首先发现旧石器，并认定是原始人类所用的工

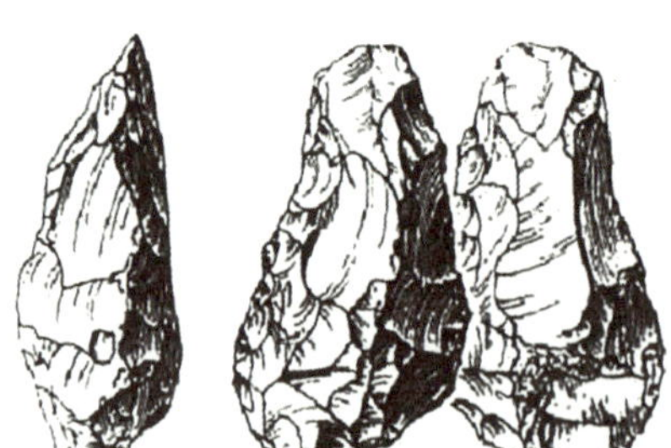

索姆河畔发现的旧石器

具。1865 年，英国博物学家卢伯克（Sir J. Lubbock）遵循法国考古学家把石器时代划分为打制石器时代和磨制石器时代的方法，创造了“旧石器”和“新石器”两个名词以表示两个时代的存在，将“三期说”扩展为“四期说”。

三期说创立了相对年代的思想及其理论基础，大大促进了古物学向考古学的转变。有学者评价道：没有这种相对年代的思想，史前考古学就绝对跳不出古物学的窠臼，古物学也就只能停留在单纯描述古物的工作上。三期说总结出武器和工具的技术发展序列，从而使考古学成为人类学及文化思想研究的一部分。三期说是建立在对器物分类研究基础上的，是考古类型学的直接萌芽。

此后，一些学者也将考古材料与人类学、民族学、哲学等领域的新成果结合起来以更宏观的视角考察人类社会的发展历程。美国著名人类学家、民族学家 L. H. 摩尔根（Lewis Henry Morgan）常年深入部落地区实地调查，积累了大量一手材料，在 1877 年出版了他最重要的学术著作《古代社会》，其中提出了人类社会经历了蒙昧时代、野蛮时代、文明时代三个阶段。恩格斯在此书基础上撰写了经典著作《家庭、私有制和国家起源》。“蒙昧、野蛮、文明”三阶段的观点也被苏联考古学界及柴尔德等西欧考古学家所采用。

（三）人类活动年代的确定

随着地质学、生物学的发展，考古学的两大基本方法论——地层学与类型学也逐渐形成。

考古学中的“地层学”，不同于地质学的地层学。地质地层由自然力量作用形成，可以由此研究地球形成的年代及其历史。而考古学所研究的地层，主要是因人类活动而形成的，包括住地、房屋、窖穴、陶窑等遗迹的修建与废弃，堆埋垃圾，挖坟建墓等活动遗留下来的文化堆积。通过土质、土色、包含物的不同来区分堆积，不同的堆积往往代表性质和时间不同，并由此判断它们之间共时或历时的关系。

类型学借用生物进化论和分类的原理，根据外在特征对考古发掘出土的遗物、遗迹进行科学的分类、比较研究，通过找出遗存外部形态的发展演变规律来判断其年代早晚关系。

但上述两大方法只能用于了解不同遗存之间的相对早晚关系，却不能确定遗存距今的绝对年代。有些遗存自身带有纪年，比如罗塞塔石碑，其上的文字记录了石碑制作于公元前 196 年。但多数情况下，遗存本身并没有纪年，这就需要将其他领域的理论方法和技术手段引入考古学研究。

20 世纪初，地质学家们将欧洲的地质年代确定为四个冰期和三个间冰期。考古学家利用这一成果把旧石器时代的遗存与冰期、间冰期的划分联系起来，确定遗存的大致年代。1910 年，瑞典学者德耶尔提出了季候泥层分析法，利用冰川中的季候泥层来推算最后一次冰期的沉积年龄，通过这种方法判断斯堪的纳维亚地区泥层的绝对年代可以上推至距今 1 万年前后。虽然这些方法并不可靠，并且具有相当大的局限性，但代表着考古学研究迈向了对绝对年代的探

庞贝古城

索，亦是考古学直接利用自然科学技术与成果的初步尝试。

（四）庞贝与特洛伊全景式发掘

田野考古工作目标和方法的科学化是考古学成为研究古代人类历史的科学的关键一步，进入 19 世纪中叶后，考古学家们逐渐将发掘的重点放在采集遗存信息上，从而研究遗存背后的人类和历史。

庞贝古城位于意大利南部那不勒斯附近，始建于公元前 6 世纪，公元 79 年毁于维苏威火山大爆发。从 1748 年起开始考古发掘并持续至今。

1863 年，意大利学者朱塞佩·菲奥雷利开始主持发掘庞贝古城，在此之前，古城出土的文物多成了君主的私人财产。菲奥雷利认为考古发掘活动应以恢复遗址原貌，促进普罗大众的福祉和教育为目的。他向公众和外国研究者开放了遗址，出售门票以补贴安保人员，减少了之前监守自盗的现象。同时他还改进了以往的发掘方法，对遗迹遗物无论壮观精美与否都平等对待、同样重视，注重准确记录出土文物的位置，坚持出版考古资料使世界各地的学者都可以进行研究。除此之外，菲奥雷利还利用向火山灰堆积物中因有机物分解而形成的空隙灌注石膏的技术制作了火山爆发罹难者的模型。他在庞贝所做的工作将被火山灰掩埋近两千年的古罗马市民的生活场景和灾难来临的时刻栩栩如生地展示在世人面前，成为研究古罗马历史和社会生活的活文献。

在菲奥雷利之后，德国考古学家海因里希·谢里曼进一步规范了田野考古工作流程，为发掘制定了一套标准。谢里曼并非学术世家出身，也没有受过高等教育，在人生的前 40 年中，他的身份是一位成功的商人。1868 年，他在土耳其游历时结识了在希沙立克遗址挖掘探沟的弗兰克·卡尔弗特，这位英国业余考古学家推断这片遗址就是荷马笔下特洛伊城所在地。1870—1873 年间，谢里曼在希沙立克进行了多次发掘，终于发现了一个具有围墙和多个地层的聚落，并在地层中发现了大量武器、工具、金银容器和首饰等，他将考古

希沙立克遗址

资料整理出版，在国际上引起了轰动。在考古发掘中，他不仅采集全部遗物，注意地层关系，还要求参与发掘的工作人员充分做好绘图、照相等各种记录，整理资料，及时发表报告，这一系列细化的发掘要求奠定了现代田野考古工作规程的基础。

（五）考古学文化的提出

考古学文化这一概念是在第一次世界大战后不久提出来的。

20 世纪初，随着世界各地区不断发现新的考古遗存，考古遗存的面貌与特征的区域性差异愈发显现，学者们逐渐认识到即便同一时期，不同地区之间的遗存也存在差异，而一定时空范围内的遗存则存在相似性。因此，以往的用某一地的考古遗存来命名一个时期的方法已无法满足当下考古学研究的要求，因为以此种方式划分的时期并不能代表世界范围内的一个时期，旧的方法已经不能解决新的问题。为了区分遗存，学者们在时期划分的基础上引入了“考古学文化”的概念，用来表示特定时期特定区域内具体的考古遗存。在同一时期内，各地区往往存在着各种不同的考古学文化，这些文化各自代表具有同样文化传统的共同体。对不同的文化，一般以最早发掘的典型遗址所在地命名。

最早正式运用考古学文化概念对已有的考古资料进行研究的学者是澳裔英籍考古学家戈登·柴尔德，他在代表作《欧洲文明的曙光》（1925 年）中，应用考古学文化的概念来比较欧洲不同地区、时期遗存的差异，探讨了从旧石器时代到青铜时代的考古学文化的变化、联系和传承。这是一次成功的学术示范，从此，“考古学文化”的概念沿用至今，成为考古学中最基本的概念之一。通过对这一理论的运用，学者们逐渐抛弃了以往认为人类社会是简单的单线进化模式的观点，建立起有区域性差异的多线进化模式的观点。

三、考古学引入中国

鸦片战争后，国门洞开，伴随对资源掠夺，西方列强也加大了对中国的文化掳掠。从 19 世纪末开始，英、美、德、俄、法、瑞、日等国的“探险家”在中国北部从边疆到腹地进行了大量的“综合考察”，这些“考察家”多不具备近代考古学的专业素养，只是站在列强的立场上，以掠夺性的挖掘为手段，盗走了大量中国古代珍贵文书、壁画、简牍、甲骨等，对古代遗址造成极大破坏。

20 世纪初，随着国民渐渐觉醒，各类先进的自然科学技术和社会科学理论纷纷被介绍到中国，其中也包括史学与考古学理论方法。1901 年，梁启超在所著《中国史叙论》中介绍了汤姆森的三期说。1902 年，留日学生江荣宝的《史学概论》首先把“考古学”这一名词介绍到中国。

五四运动唤醒了中国政府和学术界对于西方列强疯狂文化掠夺活动的强烈关注和干预，为了学习西方的近代科学、维护国家的主权，中国政府采取“请进来合作”“派出去学习”两种手段发展西学。其中引进的人才以安特生为代表，1921 年发掘仰韶村，标志着中国考古学诞生。留学归国人才以李济、梁思永、夏鼐等为代表，开始了以追溯中国远古文化为目标的考古工作。1926 年，李济在山西西阴村遗址的发掘是中国学者第一次独立开展的考古工作。1930 年梁思永发掘确认“后岗三叠层”，标志着地层学的成熟；1936 年苏秉琦“瓦鬲的研究”标志着中国特色类型学研究的形成。

因不断的考古发现，章太炎在 1900 年写的《中国通史略例》中

提道：“今日治史，不专赖域中典籍。凡皇古异闻，种界实迹见于洪积石层，足以补旧史所不逮者。”受进化史观、考古发现的影响，以顾颉刚为代表的一些学者提出了“层累地造成的中国古史”这一观点，掀起了疑古思潮。历史研究发现，传说愈后，古史期愈长。而且时代愈后，传说的中心人物愈放愈大，使人难以知道某一件事的真实状况。近代学问大家王国维身体力行，将西方的理念和方法与中国的传统学问相结合，提倡以地下的发现和文献相结合来研究古史，即二重证据法，使中国历史研究进入了新阶段。

（一）安特生与仰韶村的发掘

安特生是瑞典人，也是外国人在中国进行考古活动的一员，但身份与斯坦因等人完全不同，是中国政府聘请来的专家，在中国从事的绝大多数考古和地质活动，并非个人行为，而是 1913 年成立的地质调查所的机构行为。因为偶然的机会对考古学发生了兴趣，安特生成为中国史前文化的发现者和研究者。

安特生是一个具有多方面才能和贡献的人物，在中国考古学史和地质学史上都有崇高的地位，张光直曾经说李济在中国考古学史上留下了很多个第一，而安特生创造的各个第一其范围和难度都在李济之上。有人评价他在中国考古学史上，是一位并无名号的“中国考古学之父”。首先，他对周口店的发掘有开创之功，当然更重要的还是他从仰韶村开始对彩陶文化的发掘和研究，这使得他成为民国时期中国史前考古学的缔造者和主要代表人物。

沙锅屯遗址

1921 年夏天，安特生发掘了位于今辽宁葫芦岛市南票区的沙锅屯遗址，遗址出土了一些石器、骨器、陶片和人骨，这是在中国境内进行的首次考古发掘。

仰韶文化遗址博物馆全景

1921 年秋冬，安特生和地质学家袁复礼等人在河南渑池县仰韶村发现了以彩陶为显著特征的新石器时代遗址并进行了首次发掘，提出了“仰韶文化”这一概念。由于遗址的重要性、方法的首创性以及中国学者的参与，仰韶村的发掘被认为是中国现代考古学的开端。

安特生在 1923 年发表的《中华远古之文化》中提出的仰韶文化，是中国第一个考古学文化，此时文化的概念刚刚在欧洲出现不久。他认为仰韶彩陶与在土库曼斯坦首都阿什哈巴德附近的安诺、乌克兰基辅附近的特里波利耶出土的红陶黑彩有相似点，认为：“两地艺术彼此流传，未可知也。”并提出：“因仰韶遗址之发现使中国文化西来说又复有希望以事实证明之。”当然这种说法后来被证明是错的，安特生自己也做了修正。

（二）李济发掘西阴村与殷墟

由李济主持的山西夏县西阴村遗址的发掘是首次由中国人独立主持的田野考古发掘，是中国现代考古学建立的重要标志。

被誉为“中国考古学之父”的李济出身于湖北一个传统文人家庭，其父是当地一位颇有名望的教书先生，1918 年，自清华大学毕业后，李济赴美深造，先后在克拉克大学、哈佛大学获得了心理学学士、社会学硕士、人类学博士学位，考古学和体质人类学始终是他志趣所在，而在美国的教育背景使他可以自如地以更多样的视角进行跨学科研究，1923 年归国之后，他便很快投身于考古发掘和研究中。

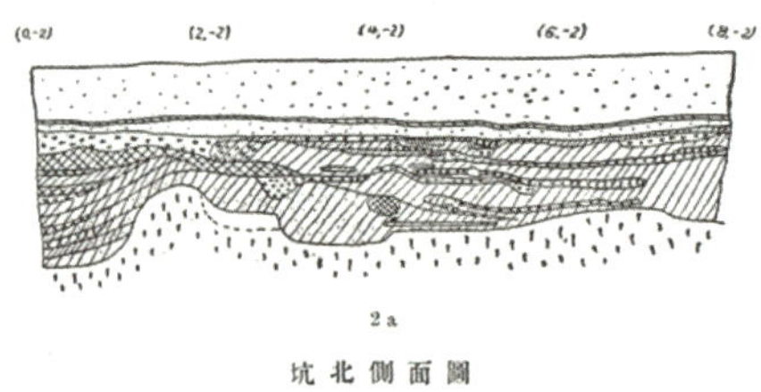

西阴村发掘剖面图

1926 年二三月间，李济和地质调查所的袁复礼到晋南汾河流域开展调查，发现交头河、西阴村等史前遗址和多处历史遗迹，10 月，在弗利尔美术馆的支持下，正式对西阴村遗址进行发掘。共采集遗物 60 余箱，大多为新石器时代陶片，以及一些石器、骨器和半枚经人工切割的蚕茧，由此把中国人养蚕的历史推到了新石器时代。早期的田野考古发掘方法，主要借鉴了地质学，以土层的深度为发掘尺度。与漫长的地质年代相比，这种方法并不适合发掘承载人类历史的文化层。在西阴村的发掘中，李济更加注意观察地层的变化情况，使用布探方、三点测量、层叠记载等科学的田野发掘方法。这些方法至今仍被海峡两岸考古界沿用。张光直曾评价说：“这种发掘方法今天看来虽然简单，在 60 年前却有开天辟地的意义。”

1927 年，李济将此次发掘获得的资料及情况整理出版《西阴村史前遗存》一书，这是我国学者发表的第一部考古报告。

李济学术生涯的另一大成就便是殷墟的发掘。1928 年，中央研究院成立，受傅斯年邀请，李济加入史语所考古组，自此至 1937 年，史语所共在殷墟进行了 3 个阶段 15 次发掘，出土数百件青铜器、近 25000 件刻辞甲骨，发现了宫殿宗庙建筑基址、大型王陵、祭祀坑等遗迹，确认了殷墟为商代后期的都城遗址，为中华文明的原生性提供了考古学证据。

殷墟发掘测量现场

今天我们用的考古工具是从美国传来的，但探铲是中国自己发明的，原来属于盗墓工具，在殷墟第一次发掘的“打探法”中就应用了。

（三）后岗三叠层的发现

在对殷墟的发掘中，另一大重要发现便是“后岗三叠层”，属发掘技术的重大进步。

1930 年，在哈佛大学攻读考古学和人类学的梁思永学成归国，加入了史语所考古组。在此之前，他已经参与过印第安遗址的发掘，亦整理过西阴村出土的陶片，接受了系统、科学的考古训练，发表了《远东考古学上的若干问题》《山西西阴村史前遗址的新石器时代的陶器》等文章，对欧美考古学理论方法在中国考古发掘与研究中的灵活应用有着独到的见解。

1931 年，在殷墟的第四次发掘中，梁思永主持了后岗遗址的发掘工作。后岗遗址是一处新石器时代与青铜时代遗址，文化内涵十分丰富，遗址中发现了多种不同时期、不同种类的遗存，如何区分这些遗存并判断它们的早晚关系，以当时的学术水平，是一个难题。

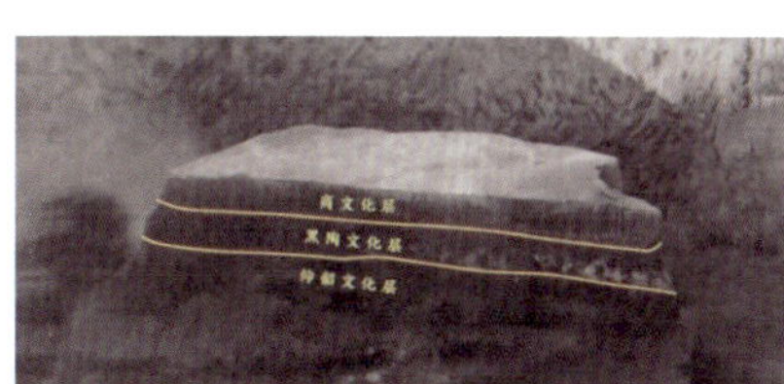

后岗三叠层

在当时，梁思永已经意识到由于人类活动等因素，年代较晚的地层中往往会混入早期的遗存，因此，在根据土质土色将不同时期形成的堆积区分开来之后，从掌握的年代最早的遗存的面貌入手，自早至晚逐步清除混入晚期堆积的早期遗物，从而得以认清各个时期堆积层的本来面貌。

梁思永在后岗遗址的发掘中，第一次揭示出仰韶文化、龙山文化和殷商文化的关系，确定了龙山文化早于殷商文化，而晚于仰韶文化，解决了中国考古学上的一个关键问题，建立了考古地层学的典范。另一方面，仰韶—龙山—殷商的叠压关系的发现也成了驳斥安特生等西方学者的“中华文化西来说”的有力论据，充分证明了中华文化一脉相承、绵延不绝。

（四）瓦鬲的研究

类型学是研究遗物、遗迹形态演化顺序的方法论，瑞典学者蒙特留斯 1903 年出版的《东方与欧洲早期文化的诸阶段》第一卷“方法论”是这方面的经典著作，20 世纪 30 年代被介绍到中国。我国学者第一次成功运用类型学方法分析遗存的研究，是考古学家苏秉琦发表的《瓦鬲的研究》。

苏秉琦，中国近代考古学的开创者之一，中国考古类型学的奠基人，北京大学考古专业的主要创办者之一。在重建中国史前史、重建中国古史框架、构建中国国史框架模式等方面，形成了一个完整的学术思想体系。

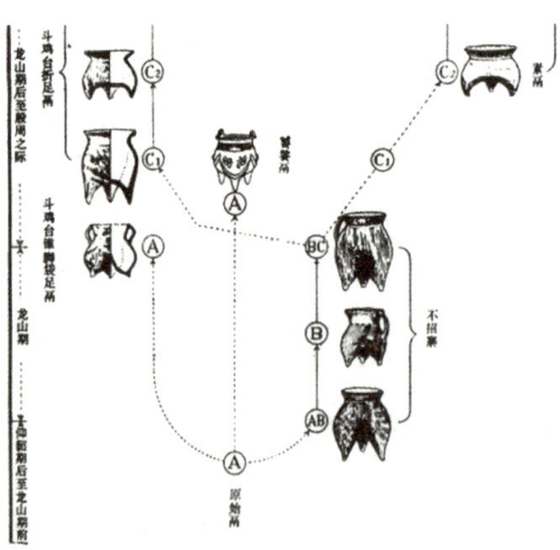

《瓦鬲的研究》插图

1934 年，时任北平研究院史学研究所副研究员的苏秉琦参与了宝鸡斗鸡台墓地的发掘，之后的几年里，他对发掘所得以及同期在渭河流域调查时所采集的一批材料进行整理，写成《斗鸡台发掘所得瓦鬲的研究》一书，1948 年，在斗鸡台发掘报告《斗鸡台沟东区墓葬》发表之际，以《瓦鬲的研究》作为篇名加入报告附录中一并出版。书中，苏秉琦依据鬲的形态特征将其分为袋足、联裆、折足、矮脚四型，并归纳出每一型下具有发展演变规律的不同式，厘清了鬲从发生到消失的过程，并由对鬲的研究引申到鼎鬲不同源、商周不同源的推论。

苏秉琦的研究建立在对每一件标本巨细靡遗的观察以及对出土瓦鬲的墓葬的形制、葬俗、器物共存关系等系统全面的考察之上，将蒙特留斯创立的类型学理论与中国考古材料有机地结合起来，探索出适合我国实际的类型学方法，为之后的研究建立了范式。

第三节　中国特色的考古学

考古学文化概念形成后，世界各地的考古学研究侧重于物质文化本身。随着考古学文化时空框架的基本确立，人们对考古学提出了更高的要求，试图对古代社会进行重构。英国学者戈登·柴尔德（Childe，Vere Gordon）站在西欧考古学研究理论的前沿，深受马克思主义影响，先后提出“农业革命”和“城市革命”等观点，为日后文明起源问题的研究奠定了理论基础。在美洲，一些学者也强调研究遗存背后人类的行为，并在20世纪60年代引发了所谓的“新考古学”思潮，运用进化论、系统论和生态学说，试图全面复原文化系统，并解释文化的发展过程，目标很高，但成就寥寥。

中国考古工作发展是在新中国成立以后，很快在全国各地设立了考古机构，开展了第一次全国性的文物普查，在高校设立考古学专业培养人才，发行考古专门刊物等。考古实践方面，在借鉴国外经验的同时，从考古学文化规范做起，建立了多种文化的年代标尺。理论方面，一直以建立中国的马列主义的考古学体系、中国考古学派为目标，提出了一系列具有中国特色的考古学理论，并开展了

“中华文明探源”“考古中国”等重大研究项目。

随着社会的发展，考古学又面临着文化认同的凝聚、文化遗产保护、向公众展示与阐释过去等新的课题与挑战。除了以往较纯粹的学术研究，考古学家也更加关注研究成果在当下社会中的应用，影响力日渐提高。政府部门与普通公众也逐渐意识到文化遗产所面临的基础建设、盗掘与文物贩卖等带来的各种破坏与威胁。我国也采取了若干措施加强对文化遗产的保护与利用，如申报世界文化遗产、建设考古遗址公园等。

一、中国考古学理念的发展

中国史学、考古学深受马克思主义和较早时期苏联考古实践的影响，1958 年提出了建立中国马列主义考古学体系的学科发展目标，试图复原古代社会。1959 年、1961 年，夏鼐先生先后发表了两篇文章，规范了考古学上的文化命名，将我国考古学文化遗存的研究引上了一条正确的发展道路。经历了 20 世纪 60 年代的一段停滞，到了 70 年代，苏秉琦先生适时提出了“考古学文化区系类型”理论，指明了各地区乃至全国考古发掘、研究的方向与重点研究课题。到 80 年代初，出现了中国考古理论、方法总结和讨论的小高潮，产生了考古学“中国学派”的提法。与此同时，大量西方考古学理念、方法和技术再次被介绍和引进到中国，许多中国考古学者开始进行反思，思考“考古学是什么？”“考古学的最终目标是什么？”中国传统的考古观念发生了一些变化。1985 年，苏秉琦在辽宁兴城座谈会上作了以“辽西古文化古城古国”为主题的讲话，提出了应通过考古学的手段、方法和资料的研究，为阐明中华文化、中华民族、中华国家这三大课题作出贡献。要研究三大课题的系统性、阶段性和多样性，这也是现阶段考古学的工作目标。为此，国家设立了“中华文明探源工程”“考古中国”等重大学术课题。

现今的考古学更注重采用多学科的研究方法与手段，特别是科

兴城座谈会现场

技方法，以便更多地获取资料信息，对社会史研究关注的范围不仅是文明和国家起源问题，也关注生态环境、人类行为等社会各方面的课题。对外来考古学理论、方法不再盲目套用，增强了中国考古学自身特色，表现出了足够的自信心。苏秉琦先生寄语 21 世纪中国考古学要双接轨。一是“古与今”的接轨，也就是如何循古代中国的发展脉络来看未来的中国，如何使中国文化传统中的积极因素变成建设有中国特色的现代化的一种动力。另一个就是中国考古学与世界考古学的接轨，要求在认识上把“区系的中国”上升为“世界区系中的中国”。这应该是考古学努力的方向。

（一）古代社会复原设想

1930 年，郭沫若出版了《中国古代社会研究》，被认为是用“马列主义观点指导中国古代史研究的典范”，圈定了中国古史研究的框架。抗日战争时期，尹达在延安出版的《中国原始社会》一书，是第一个用《家庭、私有制和国家起源》的有关论述来解释中国史前考古材料的人，对于新中国成立后考古研究有很大的影响。20 世纪的三四十年代，苏联考古学界为研究创造遗存的人们的生产生活状态、社会组织与意识形态，开始“聚落考古”实践，在发掘位于乌克兰境内的特里波列遗址的时候强调大平面、水平式的发掘，全面揭示遗址，以便完整、直观地再现遗址的聚落布局和内部结构情况，为研究创造条件。

20 世纪 50 年代，中国考古向苏联学习，强调大面积揭露居址和墓地，利用民族学材料进行解释。在 60 年代前后，集中发展为对仰韶文化社会形态的争论。考古学者主要依据元君庙、横阵、半坡、姜寨的仰韶文化墓地多人二次合葬等葬俗和村落、房屋等聚落遗迹的布局形态，分析仰韶文化的社会组织。

谋求古代社会形态发展的考古学解释，是当代考古学的特点，但当时还是脱离中国历史文化的特殊性，使得田野资料有选择地被作为了注脚。苏秉琦先生晚年多次反思，这种研究就像“穿靴戴帽，终是不能深入肤理”。

（二）夏鼐与考古学文化命名

夏鼐，中国考古学的奠基人之一，新中国考古工作的主要指导者和组织者，当代中国考古学人才的主要培育者，考古学严谨学风的主要缔造者，在史前考古、科技史、中西交通史等研究领域有突出贡献，获七国院士称号。

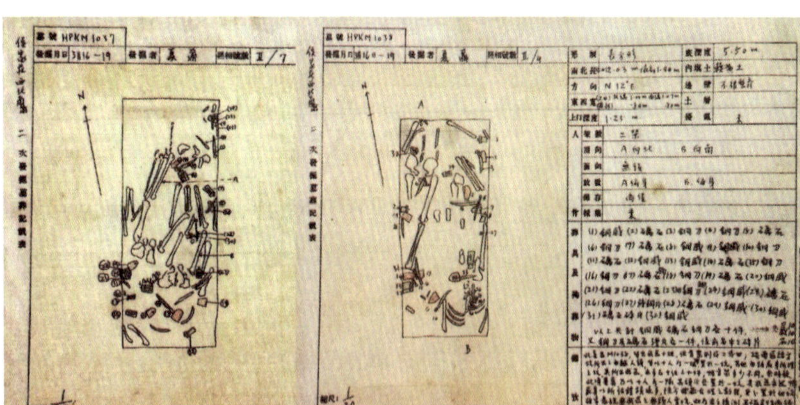

夏鼐发掘记录手稿

夏鼐先生为推进中国考古学的全面发展和学科体系的建立，作出了卓越的贡献，这里仅介绍他对考古学文化定名规范的讨论。

前文已述，考古学文化是指：考古发现中可供人们观察到的属于同一时代、分布于共同地区，并且具有共同特征的一群遗存。尽管如此，实际操作中仍有模糊之处。在上述定义中，所谓的同一时代和共同地区都是相对的，起决定作用的还是“具有共同的特征”。夏鼐提出，确定一个考古学文化要考虑多方面的文化因素，如陶器等生活用具、石骨器等生产工具、装饰品、墓葬和住宅等，倡导用小地名命名考古学文化。此外，还讨论了在考古学文化下如何运用“类型”和“期”的概念，将我国考古学文化遗存的研究引上了一条正确的发展道路，至今仍有理论指导意义。

（三）考古学文化区系类型

随着各地发现的考古学文化不断增多，20 世纪 70 年代，苏秉琦先生便开始考虑考古学文化的进一步研究问题，并在高校、考古学会宣讲，1981 年正式发表《关于考古学文化的区系类型问题》。其具体内容及含义在《百万年连绵不断的中华文化》中，苏秉琦有概要的解释。

所谓“区”，又称为“块块”，是指在全国范围内在史前自然形成的具有自己的渊源与特点的文化区，初步分为三东南、三西北的六大“区”，与 20 世纪 60 年代划分的行政区有重合之处。“系”，又称为“条条”，这是一个探索古文化源流的新概念，

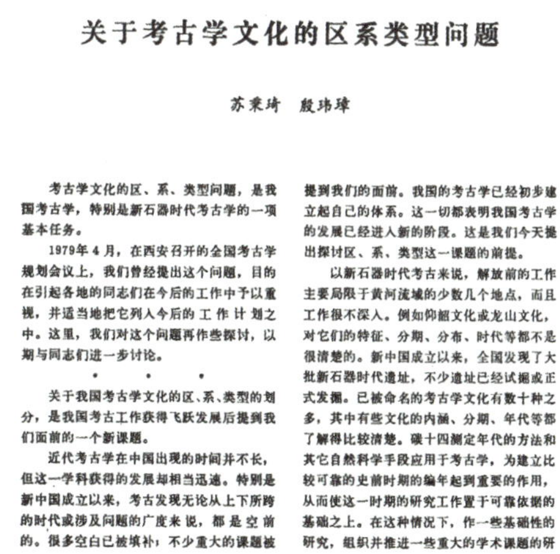
关于考古学文化的区系类型问题

苏秉琦　殷玮璋

考古学文化的区、系、类型问题，是我国考古学，特别是新石器时代考古学的一项基本任务。

1979年4月，在西安召开的全国考古学规划会议上，我们曾经提出这个问题，目的在引起各地的同志们在今后的工作中予以重视，并适当地把它列入今后的工作计划之中。这里，我们对这个问题再作些探讨，以期与同志们进一步讨论。

·　·　·

关于我国考古学文化的区、系、类型的划分，是我国考古工作获得飞跃发展后提到我们面前的一个新课题。

近代考古学在中国出现的时间并不长，但这一学科获得的发展却相当迅速。特别是新中国成立以来，考古发现无论从上下所跨的时代或涉及问题的广度来说，都是空前的。很多空白已被填补；不少重大的课题被提到我们的面前。我国的考古学已经初步建立起自己的体系。这一切都表明我国考古学的发展已经进入新的阶段。这是我们今天提出探讨区、系、类型这一课题的前提。

以新石器时代考古来说，解放前的工作主要局限于黄河流域的少数几个地点，而且工作很不深入。例如仰韶文化或龙山文化，对它们的特征、分期、分布、时代等都不是很清楚的。新中国成立以来，全国发现了大批新石器时代遗址，不少遗址已经试掘或正式发掘。已被命名的考古学文化有数十种之多，其中有些文化的内涵、分期、年代等都了解得比较清楚。碳十四测定年代的方法和其它自然科学手段应用于考古学，为建立比较可靠的史前时期的编年起到重要的作用，从而使这一时期的研究工作置于可靠依据的基础之上。在这种情况下，作一些基础性的研究，组织并推进一些重大的学术课题的研

文稿首页

我国古文化的起源与发展是错综复杂、连绵不断、丰富多彩的，追本溯源时要考虑文化的分解与组合，以及与之有关的社会发展程度对文化发展所起的作用，特别是其中阶段性的突变，还有不同文化间的相互作用，这就是“系”所包含的内容。所谓“类型”，则指各大区系内部的不同分支，存在着发展的不平衡性，能明确显现其渊源又有充分的典型特征和完整发展道路的，往往只是一两个小类型。也就是说，每一大区系中各有范围不大的文化发展中心区域，常常是后来春秋、战国时期大国的中心区域。

俞伟超和张忠培对苏秉琦这一成就的最终认识是：“找到了运用考古资料来进行马克思主义的历史研究的途径，把中国考古学的研究提高到一个新阶段。”

（四）建立中国考古学派

苏秉琦先生 1981 年在给北大学生讲课时重提“建立以马克思主义为指导思想的、具有中国特色的中国考古学”。同年苏先生在北京市历史学会、中国历史博物馆举办的“纪念中国共产党诞生六十周年报告会”上首次明确地提出“中国学派”的概念：“回顾 60 年来考古学发展的历程，特别是 30 年以来的考古收获，这个学科的成果自然是极其显著的。这不仅表现为新资料有惊人的发现，更重要的还在于不少研究工作已经在许多方面深入到探讨我国古代社会历史的基本面貌，并且已经有了略具系统的认识。可以这样认为，在国际范围的考古学研究中，一个具有自己特色的中国学派开始出现了。”

1983 年，俞伟超在《苏秉琦考古学论述选集》一书《编后记》中进一步总结了“中国学派”的特点：第一是以马克思列宁主义、毛泽东思想为指导，从考古材料出发，运用考古学的方法，仔细观察与分析考古现象所呈现出的矛盾，具体地研究中国境内各考古学文化所反映的包括生产力和生产关系、经济基础和上层建筑这些内容的社会面貌及其发展阶段性。第二是在科学发掘基础上，运用由中国学者所发展了的考古类型学方法，分区、分系、分类型地研究各考古学文化的发展过程，通过考察中国考古学文化的谱系来研究中国这一以汉族为主体的统一的多民族国家的形成过程，研究这一总过程中各考古学文化的相互关系及其发展的不平衡性。第三是这种研究以揭示历史本来面貌作为目的，对促进人民群众形成唯物主义历史观，激发他们的爱国主义、国际主义和民族团结思想情感，有着重要的作用。由这样的指导思想、方法论和目的性三方面结合在一起的考古学研究，正是新中国所特有的。

（五）中华文明探源

20世纪80年代，辽西地区有一系列重大考古发现，苏秉琦先生据此陆续提出了从氏族公社向国家转变的典型道路——古文化、古城、古国；国家发展的三部曲——古国、方国、帝国；国家形成的三模式——北方原生型、中原次生型、北方草原续生型等中国国家起源与发展道路的认识。

所谓“古文化”，指原始文化；“古城”指城乡最初分化意义上的城和镇，而不是普通含义的城市。辽西古文化有兴隆洼、查海、赵宝沟文化等，或可称之为前红山文化。红山文化的极盛期大约在公元前3000年左右，也就是产生“坛、庙、冢”的时期。既然有大型的“积石冢”，就必定有了阶级、阶层的分化，既然有祭坛和神庙，当有神职人员，既然发现不少真玉制作的礼器、神器，肯定已经存在着专业玉匠，还发现了冶铜遗迹，而铜器的铸造从采矿、冶炼到浇铸，是复杂的工艺过程，必然存在一种有组织的协作劳动。当社会分工与分化达到一定程度时，必然导致“城”的出现。“城”是一种表示经济、社会文化发展程度的概念，不一定有“垣”。辽西那个拥有“坛、庙、冢”祭祀中心场所的社会实体，应该已是凌驾于氏族公社之上的、有高一级的社会组织形式了。与大面积宗教活动场所相应的生活聚落，想必也会表现出相当程度的分化，应具“古城”性质，甚至可能已是一个原始的国家——“古国”了。从红山文化中看到了这种基于社会分工、分化而形成的“古国”。

既然各地都有自身的三历程，不同地区的国家形成有什么差别呢？苏秉琦提出，在红山古国基础上，辽西夏家店下层文化已是统辖了多个“古国”而独霸一方的“方国”。而绥中姜女石遗址群则标志着进入“帝国”阶段，象征着帝国的国门。

苏秉琦将辽西古国文明归类为“原生型文明”，中原在原始文化晚期就融入了来自多方的因素，又因4000年前的洪水和治水，强化了国家管理公共事业的职能，八方文化汇集中原，产生的文明就比原生型起点更高、基础更广，其中的秦完整地经历了襄公的古国，穆公的方国而至始皇帝的帝国这样的三部曲，属次生型文明。而续生型是东汉解体后，从“五胡”经辽、金、元至清那些北方民族，各自发生的古国、方国、帝国的过程，是在本身文化原有传统的基础上，又因汉族文明的影响并依靠历史的借鉴，走上了国家形态超越原本发展阶段的捷径。

俞伟超评价道：这三个三的理论，当然也是古史研究，甚至可以说是人类学研究的理论。

在此基础上，以科技部为主的国家有关部委支持开展了如下大型合作研究项目：

1997—2000年国家“九五”重点科研项目“夏商周断代工程”；

2002—2003年“中华文明探源工程预研究”；

2004—2008年“十五”国家科技攻关计划重点项目“中华文明探源工程”。

这些重点项目的开展及其成果实证了中华五千年文明，在文明起源、文明早期发展阶段的地域差异及其影响因素、人口迁徙及文化交流、夏商周三代世系年表等重大问题上取得了突破性进展，为日后的研究指明了方向，奠定了扎实的理论方法、技术手段基础。

二、属于人民的考古学

现代考古学自 19 世纪以来不断丰富完善，既考察、研究古代人类社会历史，也回应当下社会发展的需求。除了学科本身深度、广度的拓展，考古学还继续深入挖掘、研究、阐释文物的历史文化价值，探索其背后蕴含的哲学思想、人文精神、价值理念，将考古学推向大众。另一方面，文化遗产保护所面临的城市建设、人为破坏等压力剧增。在这样的背景条件下，公共考古应运而生，它是考古学应用于现今社会的连接与桥梁，并以考古学的成果服务社会公众。

回眸中国考古学百年历史，经历了从引进西方理论高速发展的起步阶段到探索创新走出中国特色的考古学新时代，考古学已不仅是一门学科，更是承担起了保护人类文化遗产、阐释历史进程、凝聚中华民族意志的使命。

我国考古工作者很早就意识到考古工作应面向公众、服务人民，苏秉琦曾提到他的梦：一是“考古是人民的事业，不是少数专业工作者的事业。人少成不了大气候。我们的任务正是要做好这项把少数变为多数的转化工作。”二是“考古是科学，真正的科学需要的是‘其大无外，其小无内’。是大学问，不是小常识。没有广大人民群众的参加也不成，科学化与大众化是这门学科发展的需要。”

关于考古、文化遗产保护与展示工作，习近平总书记曾发表一系列重要论述，在中央政治局第二十三次集体学习时指出：“考古工作是一项重要文化事业，也是一项具有重大社会政治意义的工作。考古工作是展示和构建中华民族历史、中华文明瑰宝的重要工作。”“我们要加强考古工作和历史研究，让收藏在博物馆里的文物、陈列在广阔大地上的遗产、书写在古籍里的文字都活起来，丰富全社会历史文化滋养。”并要求“要做好考古成果的挖掘、整理、阐释工作。考古学界要会同经济、法律、政治、文化、社会、生态、科技、医学等领域研究人员，做好出土文物和遗址的研究阐释工作，把我国文明起源和发展以及对人类的重大贡献更加清晰、全面地呈现出来，更好发挥以史育人作用。”在主持召开中央全面深化改革委员会第二十二次会议时习近平强调：“要加强文物保护利用和文化遗产保护传承，提高文物研究阐释和展示传播水平，让文物真正活起来，成为加强社会主义精神文明建设的深厚滋养，成为扩大中华文化国际影响力的重要名片。”这些重要论述为考古文物事业发展指明了前进方向，提供了根本遵循。

2022 年召开的党的二十大，站在推进文化自信自强、实现中华民族伟大复兴的战略高度，加强了对文物工作的部署。全国文物工作会议紧跟其后，确立了“保护第一、加强管理、挖掘价值、有效利用、让文物活起来”的新时代文物工作方针。

随着人们日益提高的文化需求和国家对文物考古工作的重视，考古遗产的管理与保护成为考古工作的重要目标。

较重要的举措有：向公众开放评选“十大考古新发现”，宣介考古新成果；设立文化遗产日，增强全民保护遗产的意识；建设“考古遗址公园”，以保护与展示重要文化遗产。

（一）全国十大考古新发现

自 1990 年起，受国家文物局委托，中国文物报社和中国考古

2022年度全国十大考古新发现发布会现场

学会每年对当年在中国境内进行的考古发掘、调查等项目进行评选，最终将其中发掘质量较高、项目内容兼具历史、艺术和科学价值，并能为考古学科的建设发展提供新的信息和认识的项目列为全国十大考古新发现。

党的二十大系统部署了“加大文物和文化遗产保护力度，加强城乡建设中历史文化保护传承”“推进文化自信自强，铸就社会主义文化新辉煌”的重点任务。这是新时代考古工作者的重大责任和光荣使命。全社会对考古发现和文化遗产的关注度越来越高，对全国十大考古新发现推介活动也提出了更高的要求。2022 年，在国家文物局指导下，中国文物报社、中国考古学会征求了多方意见建议，再次对活动章程和细则进行了修订。此次修订进一步明确了参评项目条件、参评资格、评选程序、终评评委产生方式等内容，将相关管理要求写入章程，进一步规范评选审批流程，并根据实际情况更新了评审委员会专家库，细化了专家库管理要求，更好地发挥专业支撑作用。

全国十大考古新发现的评选已举办 33 届，其间不乏艰辛坎坷与批评质疑，到如今，此项评选已成为深受业内认可、公众高度关注的活动。近几年的评选，从初评开始就备受瞩目，不仅央视多个节目对此进行报道预热，国家文物局、中国文物报等相关单位也持续进行全媒体内容产出，各地方、各参评单位也在线上线下开展丰富多彩的宣推活动，向全社会介绍这一年来的考古工作与成果，评选相关话题在微博、微信、头条、抖音等新媒体平台收获极高的阅读量与关注度，全国十大考古新发现成为宣传推广考古工作的响亮品牌。甘肃敦煌汉悬泉置遗址、新疆民丰尼雅遗址、河南偃师商城、辽宁桓仁五女山山城遗址、四川成都金沙商周遗址、辽宁凌源牛河梁新石器时代遗址、浙江余杭良渚文化古城遗址、贵州海龙囤遗址、江西南昌西汉海昏侯刘贺墓、广东“南海Ⅰ号”南宋沉船等著名的考古发现都曾入选。历年来的项目从旧石器时代至近代，从中原到

边疆，跨度长、地域广、内涵多，生动诠释了我国早期人类起源、史前文化与中华文明发展、统一的多民族国家的历史进程，推动了考古工作多学科融合、多团队合作，促进科学技术的深入、全面应用，机构队伍不断壮大，方法理论持续更新。

（二）文化遗产日

改革开放后，我国社会经济经历了一个极速发展的阶段，产业繁荣、城市扩张、基础设施建设日新月异，与此同时，文化遗产保护面临着不容乐观的严峻形势。为了提升广大人民群众对文化遗产重要性的认知，增强文化遗产保护意识，在全社会营造关注文化遗产、了解文化遗产、守护文化遗产的良好氛围，国务院决定从 2006 年起，将每年 6 月的第二个星期六设立为“文化遗产日”，并在 2017 年更名为“文化和自然遗产日”。

文化遗产保护事业的发展必须紧紧依靠全社会的力量，保护工作必须充分发挥人民群众的积极性，保护成果必须惠及广大人民群众。物质文化遗产不能是藏于深宫、束之高阁、秘不示人的宝贝，非物质文化遗产更是中华文明传承的“活”的证明，由人民创造，

2023年文化和自然遗产日海报

由人民保护，亦由人民共享。文化遗产日不仅要持续推广保护文化遗产的理念，也要不断提供人民群众喜闻乐见的文化大餐。

文化遗产日的设立体现了党和国家对文化遗产的高度重视和战略远见，历年来的活动主题突出文化遗产保护与社会发展相融合，强调人人参与、人人共享，推动文化遗产为人民美好生活助力，为文化自信自强赋能。

（三）考古遗址公园

为加强大遗址保护力度，原址保护的博物馆相继建立，2010 年起国家文物局开展国家考古遗址公园评定工作，至今已公布 4 批共 55 个国家考古遗址公园，推动了考古遗址的保护和展示利用。被誉为“中华第一城”的良渚古城遗址，是距今 5300 年—4300 年的良渚文化的重要遗址，于 20 世纪 30 年代被发现，经过数年间多次发掘。完善的城市结构、大型水利工程、高等级墓葬及祭坛、大量出土玉器等，证实中华五千年多元一体的文明进程。良渚遗址 2010 年被列入第一批国家考古遗址公园，2019 年获准列入世界遗产名录，是考古发掘与研究和大遗址保护相结合的成功案例。

汉代海昏侯国家考古遗址公园

在充分保护的前提下，有效地展示、利用文物不仅能满足人们想要了解历史、传统文化的渴望，还能令文物考古服务于经济社会发展。考古与遗址公园的建设相结合、文物与文创的合作，都在一定程度上带动了经济发展。协调遗址保护与经济发展的关系，加深文旅融合，既增进了公众对考古事业的了解，拉近了考古学与大众之间的距离，又为当地创造了经济效益。

第二章　考古怎样研究历史

人类的史前史只有传说，或真或假，只有通过考古建构才能辨别真伪。构建的主要依据是过去的人类留下的活动证据。这些证据大多被掩埋在地下，考古学家通过获取这些证据来了解人类往事、讲述人类故事。那么，如何获取这些证据，如何讲述人类故事？本章扼要予以介绍。

发现遗存，是讲述人类故事的第一步。考古学家通过上天、入地、探海的各种技术手段以寻找古人遗留下为数不多、极为珍贵、不可再生的文化遗产，运用科学的挖掘方法辅以全方位的信息提取技术，最大限度地读取其中有关人类活动与生存状态信息，希冀通过对这些实物资料的解读，达到透物见人的目的。

考古实证了人类由类人猿演化而来的科学推测。在一代代考古学者孜孜不倦地追寻下，越来越多的古人类化石被发现，人类历史在不断的延伸，人类自身演化的复杂性在不断地被确认，这得益于分子生物学等新科技手段的应用。相信人们会在探寻自身起源真相的道路上走得更远。

通过对考古材料的研究阐释，可以发现人类经验的多样性，重构古人与自然的相处、生业模式的形成、技术进步的成果、社会群体的关系、精神世界的追求等等。考古可以“帮助一个国家或者民族在一定程度上恢复历史记忆”，以史为鉴，守正创新。

第一节　探寻与揭示遗存

考古学家也不能直接与古人对话，只有通过对古人活动留存到现在的实物资料进行研究，来了解古代人类及其社会发展历史。可见，古人所创造的实物资料是进行考古工作的基础。神秘的埃及金字塔、壮观的雅典卫城、雄伟的万里长城都是古人的遗存，这些宏伟的地上建筑千百年来屹立不倒，闻名天下。但这种遗存是稀缺资源，更多的人类痕迹没入地下，消失在历史的深处。独木难成林，只有找到更多的人类活动痕迹才能构建相对丰满立体的人类历史。

在考古日益走向大众的今天，文物以活起来之姿焕发新的生命力，考古热浪吸引了一波又一波的社会关注，不断有人发出这样的疑问：你们是从哪里找到遗迹的呢？考古学者总能为发掘工作选择正确的地方，他们好像拥有“风水秘术”。其实，这就是作为科学工作者应具有的专业能力，它源于对地形的熟知，站在遗存的角度思考，加上代代积累的经验和常识。

一、发现遗存

古人的遗存有些是意外发现的，这种发现是指被初步认识的，而非熟视无睹、视同无物。例如红山文化自消亡后，其玉器便被夏、商、战国乃至今人挖掘、捡拾并收藏，只要没有真正认识到其文化内涵，便称不上发现。而更多的遗存是考古学家出于科学研究目的，采用各种科学手段找到的，当然也不排除偶然所得。

（一）意外发现

有一些考古遗址是那样的赫赫有名，以至于天下无人不知。吉萨金字塔矗立于尼罗河畔，经历了无数乡民、游客、探宝者和盗挖者的侵扰，终成埃及的风景名片。我们的万里长城蜿蜒群山中，经受了几千年的风雨，最终内化为中华民族的精神象征。它们是如此的耀眼，熠熠生辉。与此相反的是，大多数考古遗址都不是这种显眼的存在，它们可能仅仅在地面存有零星的陶器碎片或者寂寥的石器。另外还有一些遗址被深埋在地下，地表不露痕迹，它们在岁月的长河中有可能因为流水冲刷或风的侵蚀等各种因素而露出地面。发现遗址就是定位这些人类活动产生的遗存。

很多遗址是被人们偶然撞见，并引起考古学家的重视才被发现的。1929 年，四川广汉县农民燕道诚与儿子燕青在挖沟时偶然发现了一坑玉石器，大小计 300 多件，引起了中外学者的关注。这次偶

秦始皇陵兵马俑

然发现开启了三星堆遗址闻名天下的旅程。1974 年春，陕西西安临潼县骊山脚下的农民杨培彦和杨文学打井时，无意中挖出一个陶制武士头。经考古发掘，全世界都为之震惊的秦始皇陵兵马俑光耀天日、屹立于世，被誉为“世界第八大奇迹”。

在一些建造房屋、修建公路等现代化开发过程中也会经常发现考古遗址。1971 年底，湖南长沙驻军在马王堆两个小山坡之间建造医院，施工中突遇塌方，冒出了呛人气体。考古学家现场判定此处为一座保存完好的墓葬。经过发掘，出土文物 3000 余件，包括令人惊叹的素纱禅衣等，辛追老妇人的尸身也一同面世，成为世界考古史上前所未见的不腐湿尸。

有些时候大自然也会将一些遗址暴露出来。陕西省扶风县的法门寺是唐代著名的皇家寺院，因供奉佛骨舍利，冠绝天下，历经毁塌，也历经修葺。1984 年 8 月的一场大雨使寺内的八角砖塔突然崩塌，塔身倾塌大半，藏于塔上的宋元佛经刻本和唐代以来的大量造像现世。为重建倾倒的佛塔，1987 年，陕西省文物部门组织考古工作者对塔基和地宫进行发掘，结果他们几如神话般地发现了 4 枚佛指舍利,120 多件金银器，还有丝织品、玻璃器、秘色瓷、珠宝玉器、石刻等大量皇家和佛徒献供之物。器物规格等级之高，无与伦比。如果没有那场大雨，这些珍宝也许还在塔中封存，不知岁月光阴。

（二）地面调查

除了偶然的意外发现之外，地面调查仍然是目前广泛采用的一种寻找遗迹的办法。它通过地表能发现的古代遗迹和采集到的有限遗物来了解一个区域内的遗存或者一个遗址的范围和布局。这种调查有它的局限性，不能一次全部摸清文物家底。迄今为止，我国已开展了三次大规模的文物普查，第四次即将启动。

在城市基本建设和有学术目标的考古发掘工作开始之前，为了保护古代的文化遗产，都要对基础工程涉及的地区、考古发掘区及周边地区进行地面调查。当然在地面踏查开始之前，考古学者要查阅相关的文献资料，寻找遗存存在的可能性。最著名的例子就是 19 世纪 80 年代的德国考古学家谢里曼坚定地相信荷马作品的准确性，以不懈的考古工作证明了特洛伊和迈锡尼古国的存在。

地面调查虽然是发现遗迹的最简单方法，但是随着非侵入式考古工作需求的增加，它的地位变得越来越重要，已经从一个单纯的田野考古初级阶段发展成了一种具有独立性的探索，有自身正当性的研究领域，可以获得与发掘工作十分不同的信息。

考古调查

调查在方法上可分为非系统和系统两种。

相对而言，非系统调查方法比较简单，踏查调查区域的每一部分，仔细查看每一个地块，观察地面肉眼能看到的遗迹，采集所能碰到的古代遗物，记录他们的位置等信息，并对遗迹的性质和遗物的大概年代进行判断。这种判断有时候会出现偏差和误导，比如调查者心中存有期望，那么他容易倾向地面遗物看似丰富的地区，势必不能获得整个区域的标本样本。又或者会因地表遗物丰富，会产生地下遗迹保存较好的判断，很多时候这种判断是错误的，因为地表遗物丰富，有可能是地下遗迹被后人深耕时扰动所致，其实地下已没有太多遗迹遗物了。

系统性调查是经过规划、设计以解决某种特定的学术目的而进行的。在开展调查工作之前，要确立调查的学术目标即要解决的问题，确定调查区域、了解区域发展史、制订合理的调查计划、做好各种信息采集的预案、组织专业的队伍、编制财务预算等。在实际工作中要把调查区域分成横块或者纵条的区段，在这些区段内做系统的踏查，每个区段在系统内地位是平等的，这样才能获得区域内最多的遗存信息。

无论是非系统调查还是系统调查，所依靠的都是调查者的眼力，若无一双“火眼金睛”，调查的结果也有可能会出现偏差，这就要求考古工作者们在多思多想、积累经验的同时还要了解相关的常识。比如，史前考古调查中，要特别注意河流、古河道周边的台地，特别是依山、面水、背林、向阳的河流台地，因为史前人类改造自然的能力有限，生活居住址一定有选择性，邻近水源便于取水，靠近山林更宜采集狩猎，向阳是取暖的要求，这个常识在实际调查中已经被考古工作者们反复印证。再如，在田野调查中要观察植被的生长状况，同一块田地中，如果有的地方植被特别丰茂、长势喜人，或者有的地方植被明显萎黄蔫夺营养不良，那就要引起重视。植被丰茂之处可能存在坑沟之类的遗迹，因为坑沟内的填土是古人生活留下的，里面含有丰富的有机物质，所以会比其他地方松软吸水，便于植物的生长。而植被凋敝之处地下可能是夯土或石构之类的建筑，古代的夯土一般都是纯净的生土，坚硬、贫瘠、吸水性差，不利于植物的生长。位于陕西宝鸡凤翔的秦公一号大墓是秦始皇第十八代先祖秦景公的陵墓，整体平面呈“中”字型，全长300米，面积达5334平方米，是我国目前已发掘的最大土圹墓。它的发现，源于当地农民对一块奇怪荒地的苦恼。在这块有两个足球场大的荒地上，无论是风调雨顺还是改良播种，庄稼从来都长不好，专家对这里进行勘查，发现地下的土竟然是经过夯砸的。通过考古发掘，这座先秦巨墓浮出历史的水面。

秦景公大墓（图自网络）

因为调查者“眼力”所出现的结果偏差，虽无可避免，但是地面调查是可逆的，可以重复进行，所以考古工作者在实际工作中要对发现的“特别之处”进行实地复查，最大可能地获得更详尽正确的遗存信息。

（三）空中俯瞰

地面调查可以近距离的获取尽可能多的遗存信息，但是双脚丈量俯身探寻，受限于调查的环境和人类视野，很多时候会产生“只见树木不见森林”的认知。还有很多保存于地表或地表以下的遗迹，由于年代久远加上受到后世人类活动的影响，有的成了农田，有的形成村镇，肉眼难以辨识。因此，拥有“上帝之眼”称号的遥感考古应运而生。

何为遥感？顾名思义即“遥远的感知”。地球上的每一样物体都有不停地吸收、发射信息和能量的电磁波，而且每种物体的电磁波如同指纹一样具有特异性。遥感就是根据这个原理，从卫星、飞机等所在的不同空间位置上，运用摄影机、扫描仪、雷达等成像设备获取考古遗址的影像资料，然后运用计算机图形图像处理技术对这些图像进行处理，考古工作者再根据图像中地表的现状和光谱成像规律等的相互关系，对影像的色调、纹理、图案及其时空分布进行研究，来判定遗迹的位置、分布、形状特征等。

遥感考古是伴随着航空摄影技术的发展而产生的。早在 1928 年，克劳福德与凯勒合著的《从空中看维萨克斯》一书中便提出了遥感考古的设想。20 世纪 70 年代以来，通过发射到外层空间的数以百计的卫星，考古学家获得了大量的遥感考古信息，在调查我国的长城、大运河、丝绸之路等遗迹的过程中，发挥了巨大的作用。以明长城为例，丹东虎山到嘉峪关全长 7000 多公里，由于沿途生态环境的变化、人为因素的破坏，破损现象非常严重，在西部干旱荒漠区，很多长城已掩埋于流沙之下。我国的考古工作者利用遥感考古，逐渐揭示了长城全貌，这对保护长城、了解长城意义重大。

黄花城水长城遥感（新华网）

由于遥感技术能够全面、立体、快速有效地探明地上和地下古遗迹的分布信息，在现代考古中发挥着十分明显的作用，逐渐成为考古研究的重要手段。今天，考古学家们运用的最新遥感科技是激光雷达，它用激光测距仪测量高度产生准确、密集的地形数字模型，甚至还有建筑和树木的垂直结构，几乎能够为任何事物提供异常精确的图像。从热带雨林中的玛雅城堡，到森林稻田下的吴哥窟古城，再到医巫闾山辽代帝陵的瞭望台、坝墙子遗存的发现，无不得益于这项技术的进步。

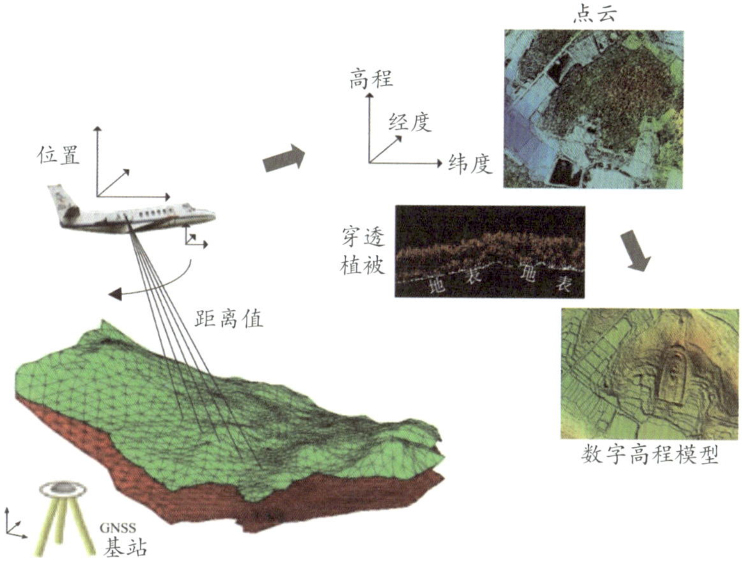

机载激光雷达遥感技术原理（图自《自然杂志第40卷第3期》）

（四）地下探知

地表所见和地下遗存之间的关系是复杂的，而且因遗址而异。要了解地下的真实状况，考古发掘是最直接的手段，但这种手段受限条件较多，而且具有破坏性。因此，可以利用地下探测手段来获取相关的信息，甚至有些探测可以取代考古发掘。

最传统的地下探测技术就是机械钻探，所用工具一般是洛阳铲。这个发明于洛阳地区的特殊工具最初是用来盗墓的，1928 年被著名学者卫聚贤引入考古钻探，在安阳殷墟、偃师商城等古城址的发掘过程中，发挥了重要作用。现在已被正式作为田野考古工作的特备工具。学会使用洛阳铲来辨别土质土色，是每一个考古工作者的基本功。这种机械钻探能够直观准确地取得一定地点的文化堆积资料，而且方便快捷成本低，是目前被广泛采用的地下探测方法。但它始终存在损坏脆弱遗物或遗迹的风险，而且如果遇到石块就无能为力了。

考古勘探

勘探土样

随着科学技术的进步，各种无损伤探测新技术已经在考古勘探中运用。这些技术是用地球物理感应仪器测量土壤的自然磁力、重力或者是考古学家人工发射的穿透土壤的各种波，然后根据这些能量的不同来解读地下状况。这些地球物理勘探技术可称之为大地遥感，比较常见的有磁力勘探、探地雷达、声学探测等。

磁力勘探是物探中运用最早的方法。它对火塘、陶窑等烧土建筑，铁器、灰坑、壕沟等遗迹的定位非常灵敏，原因是这些埋藏遗迹都会产生微弱、可测的地球磁场扭曲。例如，黏土中的氧化铁颗粒未经烧烤时磁场方向是随机的，但是加热到200℃以上，它们就会排列起来并沿着地球磁场方向永久固化，于是烧烤过的黏土就成了弱的永磁体，与周围磁场迥然有别，通过磁力感应器很快就能识别有烧烤痕迹的地下遗存。目前，磁力勘探是考古勘探中应用最广的物探方法。在著名的山西陶寺遗址中，考古工作者使用磁力探测城墙的走向，成功发现了城墙向南拐弯的拐点位置，最后的考古发掘证实了探测结果的正确性。

探地雷达是物探的一项新技术，对探测地下空洞、砖石质结构和较大的金属物品特别有效。使用时，雷达天线一般由贴地有轨车或者人力来回牵行，发射天线向地下发送短波脉冲，接收天线接收发射回波，形成相应的数据。回波会反映所遇土壤和沉积条件的所有变化，比如回填的壕沟、墓葬、墙壁等等。还可以根据脉冲的传输时间测量变化所在的深度，然后利用数据处理软件和成像程序制作考古遗存的三维地图。对敦煌莫高窟壁画进行的保护工作就成功地利用了探地雷达技术，使用它对壁画的严重病害即空鼓的范围、部位、程度定量化评价以及对灌浆后灌浆效果进行科学评估。在未灌浆加固前空鼓墙体的反射信号较为强烈，加固后检测不出因空鼓而在层与层之间产生的电磁波反射信号，说明空鼓存在的地方已经被灌浆材料紧密地黏结成一体。正因为经过科学保护，敦煌壁画这

探地雷达工作现场

一人类历史上最伟大的艺术品才能得以延续，探地雷达功不可没。

声学探测作为新兴物探技术在水下考古工作中应用最为广泛。它利用声波在非气体传播的过程中遇到物体反射的特性，由声呐设备主动向水下发射声波，通过测算该声波反射回波的返回时长或强度变化，探测水下甚至淤埋在海床下的物体。2018 年，国家文物局水下文化遗产保护中心等单位在著名的甲午沉舰“经远舰”水下考古工作中就充分利用了声学探测。综合使用多波束海测、差分定位、水下三维声呐成像等技术，实现了水下抽沙精准定位、沉舰全景与“經遠”铭牌区的三维声呐成像，为以后大型沉舰遗址的调查、研究与展示工作提供了借鉴。

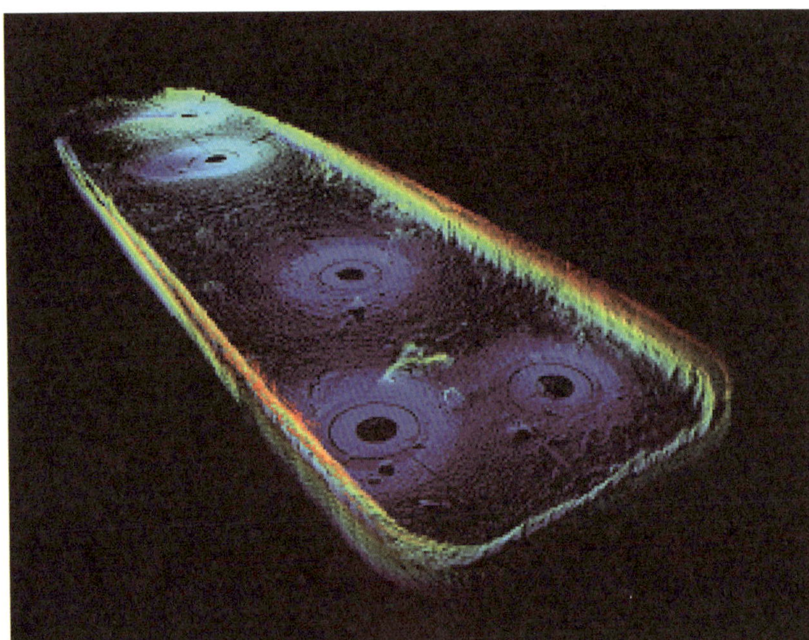

经远舰沉舰水下三维声呐成像

此外，还有地球化学分析法。通过检测土壤中与人类活动有关的化学成分含量来勘探地下遗存。在国外使用的较多的是磷酸盐分析法。人类居住地周围会遗弃大量的动物骨骼，它们的主要成分是磷酸钙，骨骼朽烂后，土壤中磷酸钙的含量增高，通过测定磷酸钙的含量并与周边进行对比可以明确当时人类居住址的位置。这种方法在国内不及物探使用广泛，比较著名的例子是发现妇好墓的底部铺有朱砂和二里头宫殿遗址的玉器和铜器是包在朱砂之中。朱砂即硫化汞，有扩散的固相分散特点，在含有朱砂的遗址地表，可以测得汞含量异常的信息。对秦始皇陵地表进行化学分析得出汞含量超高的结论，与“以水银为百川江河大海”的《史记》记载相符。

二、发掘获取资料

找到遗址，可以获取地表和地下的部分遗存信息，但是核实地表材料的可靠性、确认探测所见的准确性、获取遗址详细信息和年代数据的不二选择就是发掘。遗址就像一本埋在地下的书，但它是残破不全、杂乱无序的。考古学家解读这本书籍首先要搞清它的页码顺序，这就要依靠地层学、类型学原理。

（一）布方发掘

布置探方是挖掘工作的第一步。方方正正排列整齐的连续格子大概是每个非专业人士对考古发掘现场的第一印象，这些格子就

考古发掘探方

是探方，在1930年被运用到考古发掘中。其发明者惠勒是20世纪英国的考古学巨匠和伟人，他一生致力于加强英国考古学机构建设和推进考古学的公众教育，是那个时代的网红级风云人物。他认为“我们正在发掘的不是物，而是人”。在发掘过程中要遵守纪律和保持灵活反应，要使用小铲子而非使用锹和铲，强调主要以剖面图形式记录一个遗址的地层序列，他认为这是鉴定遗址年代和解释问题的关键。后来，他把他的观点和方法写成了现代田野考古学的杰作——《从土中发掘出来的考古学》。

标准探方方向为磁针指向的正方向，规格一般为5米×5米，在北侧和东侧各留1米的隔梁，隔梁相交重合的部分是关键柱。隔梁的主要作用是为探方主体部分和后来的自身发掘提供控制剖面。关键柱位于四个探方的交角处，相关各方地层和遗迹的对应关系可以在关键柱上观察到，所以要放在最后发掘或保留。此外，隔梁和关键柱还起到运土和人员来往的道路作用。

探方发掘能够追溯遗址的不同地层并将他们串联起来，在整体范围、布局确定后一些隔梁可以打掉，每个探方就合并成一块开放的发掘面，以揭示重要遗迹的整体面貌。但是现实工作中隔梁在解释各个剖面关系的时候总是差点火候或者犯方向性错误，横亘东西、纵列南北的隔梁还容易妨碍对大空间形态的辨认。

鉴于探方发掘法存在的技术瑕疵，英国考古学界推行了一种新的发掘方法——全面揭露法，这种方法对单一时代堆积、接近地表的遗址特别有效。它强调在对遗址进行全面揭露时，仅在地层关系特别复杂而且有必要加以说明的地方切出垂直剖面（不限角度），除了这些不固定剖面，在发掘过程中通过精确的三维测绘手段记录垂直维度，然后在纸上复原出来。这种方法在电脑信息技术高速发展的现在得到了推行。

每个遗址情况都各不相同，所以探方的规格与方向也可以灵活掌握，据实际情况可大可小，也可以呈沟状，只要把握工作原理即可。

（二）谨慎处理遗迹

挖掘要按照土质、土色划分地层和遗迹。首先弄清不同地层与遗迹形成的先后关系，遵循先挖晚的、后挖早的、按原貌揭露的发掘原则。因为发掘具有破坏性，因此操作方案有多种选择时，应当选择最保险的方案。文化遗产具有不可再生性，一旦毁坏将会成为永久遗憾，在下铲之前，保护的理念要时刻牢记心中。

在挖掘地层时，一般要按照 5 厘米的深度一层一层地向下挖掘，在遇到土质土色发生变化时，要及时停止并分析变化的原因。当挖到地层底部时要按照地层的实际深度发掘，以免破坏下一层遗迹的面貌。运用探方法发掘时，在主体深度达 10 厘米以上时，要对探方四壁剖面进行修整，使壁面垂直，这一操作称为“切边”，目的是保证测量和绘图的准确性。要注意的是当探方达到一定深度时，为防止壁面坍塌，“切边”要保留一定的坡度，同时要注意工作人员不要踩踏隔梁的边缘处，防止破坏壁面和发生人员伤害。

一般来讲挖掘地层要达到生土。生土就是没有人类活动、由自然作用而形成的原生土壤，也称为“死土”。但是在实际工作中会遇到一些意外的现象，比如“假生土”，这种土层一般都接近生土层，可能会藏有遗址形成时首批居民的遗存，如发掘北京镇江营、山东西吴寺遗址时，都遇到了这种“假生土”；有的遗址地层有间歇层，需要挖开纯净的土层后才能发现更早的文化层。一些遗址往往挖到纯净的黄土就以为到达了生土放弃了发掘，其实旧石器时代正是处于黄土形成的时期，如果那时的人类也曾在发掘的地方生活过，就会在黄土层中留下旧石器，如果不主动寻找早期线索就有可能与惊人发现失之交臂，所以在到达生土后应当选择适当性的探掘方法，不放弃寻找更早人类及其活动遗存的可能。

每一个地层发掘完成后，都可能会遇到多种多样的遗迹，这些遗迹比下一个地层形成的年代晚，要先行处理。不同的遗迹要采用

详细发掘

不同的发掘方法，比如常见的灰坑，首先要弄清楚它处于哪一个地层下面，考古术语是“开口层位”，有利于确定它的时代，还要弄清分布范围便于确定它的开口形状。在对内部堆积进行挖掘时要采用二分法或者四分法，以控制剖面和观察记录坑内堆积层次的变化，并与坑外堆积进行比较，有助于确定坑壁和坑底。

按照田野考古发掘的基本原则，发掘只不过是提取和记录资料的手段，因此考虑周全的提取资料方法，并在每个阶段做好详细的记录显得尤为重要。

（三）全面提取信息

遗址是古人生活过的地方，他们是如何活动的，会留下各种信息。包括人工制造的遗迹、遗物，生活留下的动物骨骼，与环境及生计相关的植物，以及人类自身的骨骼等。要让我们的祖先活动场景具象起来，必须尽可能地全面了解上述各类资料，做到尽量收全，遇到难以提取的标本要采取积极有效的措施，运用文物保护手段，不轻言放弃。

按照单位收集遗物严防混淆，是提取古人信息的重要原则，只有如此，才能把握各类物品的共生、层位关系，并依托它所在的遗迹找到在遗址中的具体位置，这对解读文化属性、年代早晚、人类行为等有重要的作用。在收集遗物的时候还要注意遗物的埋藏状态，并注意附近的相关遗物，比如我们发现了箭头，就要注意周边是否有箭杆、弓身的痕迹，联想这种思维在此时非常重要，这也需要常识的了解、经验的积累。

不同质地的遗物具有不同的提取方法，比如陶器与纺织物、玉石器与竹木器，这需要根据现场的情况进行选择。对易损脆弱的遗物提取时，必须要运用文物保护手段。与墓葬本体同呼吸共命运的壁画，是考古现场最难提取的文物之一，对它的保护性揭取分为考古现场原始记录、画面预处理、确定分割线、制壁画夹板、逐块烘干、加固并封护、涂胶、贴纸、贴布、再烘干、切割画面、揭取、包装运输和暂存等步骤，其中封护是重要的环节，而使用的材料就

揭取壁画

有团粉浆糊、桃胶、环氧树脂、聚乙醇缩丁醛类和薄荷醇等。

在发掘中除了用肉眼可直接观察挖掘的土之外，还要利用其他辅助手段来获取遗物，比如用小网眼的筛子将发掘的土过筛，不仅可以获得一些小型物品，还可能有意外之喜，著名的金质滇王之印就是在筛土时发现的。更细致的工作是用水洗法提取微细遗物，当然这种方法要注意水的干净度，防止二次污染。

筛土

为了全面解读遗址信息，科技分析手段不断地被应用到考古工作中。取样工作在考古发掘时成为必需的一环，植物硅酸体、孢粉、沉积物、碳 -14 测年、光释光测年等分析工作的开展必须基于考古现场土样的提取，所以考古发掘者不仅仅是一个现场指挥者，他还必须是一个获取信息的顶层设计者。

（四）详细记录

参观考古工地，除了整齐的方格子和一铲一刷挖土的印象之外，细心之人还会观察到发掘者们抱着一个画板子不时地写写画画，或者拿着相机喊哩咔嚓地到处拍照，这是干什么？这些行为是考古发掘中的重要内容——记录。它采取的手段是多样的，有文字记述、绘图、摄影、拓印、制作模型等，其中前三种被称为考古发掘的三大记录手段，各有所长，要灵活运用、互相配合以达到全面准确记录的目的。

照相记录

一旦遗物被提取出来，就必须记录它的出处、给予一个编号、登记造册并输入电脑，还需要在其储藏袋上写上编号。每日的发掘过程也要记录下来。与遗物可取出以供日后研究不同，遗迹和建筑一般留在发现的原地，或随着向下层发掘而被清除，对它们的记录不仅要在笔记本上做文字描述，还需要做比例精确的绘图和照相。垂直的地层剖面也是如此。对于揭露的每一个水平层面而言，利用无人机航拍全景也至关重要。

考古发掘后，各类记录几乎是唯一留给后人的东西，如果没有记录，遗迹、遗物价值也会大大削弱，因此能通过图纸和文字还原遗址是记录所追求的目标。记录一定要在现场做，要多侧面、多角度记录，要准确可靠。一旦发生了漏记，事后追记不失为亡羊补牢的办法。

（五）信息技术的应用

全新数字技术的发展为考古学带来了一场革命，在遗址的发掘和记录方面尤为明显。基于图像的三维建模已经普遍应用于世界各地的发掘工地，成为技术潮流之尖。这项新技术使得考古学家从传统的二维记录（平剖面图、照片）转向三维记录，增进了当下和未来对遗址的了解。随着考古记录变成绿色环保的无纸化，手工绘图成了需要被保护的“非物质文化遗产”，因为几乎没有人能擅长这门技术了。

所谓三维建模就是用电脑上的图像软件对每天发掘图像的记录。

白帝城遗址三维模型（来自重庆考古网站）

工作开始之时在电脑上用软件生成三维发掘模型，然后用相同的拍照方式记录每天的发掘情况，导入模型形成发掘的每个阶段。发掘者可以访问“虚拟发掘”，犹如他们工作时站在现场一样。他们可以观察出现的证据，并尽其专业知识对它进行解读。从使用的工具来讲只需要一些软件和一部相机，又便宜又好用。比如，考古学家正在发掘一处墓葬，他们无须再绘制墓葬平面图及人体骨骼（绘图其实是一项很难的技术），而是在墓葬揭露的每个阶段，多角度拍摄一系列数码照片（通常在 15 张以上），导入 Photo Scan 软件，这个软件会根据照片自动生成墓葬的三维轮廓以及数字化的骨骼平面图。

数字技术大大促进了考古记录质量的提高，弥补了传统记录有较大偏差的弊端。将精确测量、三维形状和挖掘细节相结合，能得到更加客观和可靠的发掘记录，这种记录可以被“虚拟回访”，大大节省了发掘溯源的时间成本。发掘现场的信息输入到平板电脑甚至智能手机上立刻就能生成可视化的影像，便于发掘者理解和把握遗迹现场。更重要的是三维的发掘数据还可以与先前进行的地球物理勘查结果进行比较和融合。

电脑技术发展如此迅猛，新软件的计算能力会大大精进，开发成本会日益降低，未来必会进一步简化和改善发掘工作的各个方面。当然，获取的数字数据并非无所不能，计算机毕竟不是人的大脑，考古学家要仔细考虑数字输出的结果到底能得到什么信息。

三、判定年代

考证考古这本地书的写成年代，考古学家可以通过类型学原理判断每一页的相对早晚，即相对年代。然而，要掌握每页书的具体成书时间，即绝对年代，需要更多的科技手段。

（一）相对年代

找到了遗存并获取了信息后，还要确定我们挖的是什么时候的人，什么时候发生的事？历史学研究让我们触及有案可稽的几千年历史，但只有考古学才能为我们凿开过去几万年乃至几百万年的时光，探寻人类存在的那些难以想象的场景。黑夜与白天交替，我们可以感知时光的推移，但对于人类大部分历史，衡量时间的只有方法了。

考古学上的相对年代，其实就是判定遗存在年代序列上的先后关系。比如说磨制石器和青铜工具的早晚关系。根据考古研究，磨制石器的出现要早于青铜工具，这就建立了磨制石器和青铜工具的相对年代关系——磨制石器早于青铜工具，而且这种早晚关系具有绝对性。

判定相对年代的第一种办法为地层学。地层之间一层一层地叠压就像千层饼一样，我们在村庄沟崖或农民菜窖的四壁上很容易发现地层的叠压现象。地层叠压就意味着下面一层形成的时间要早于上面的一层，一般来说，依据这个原理可判定下面地层里包含的遗存在年代上要早于上面地层里包含的遗存。还有一种情况也能为判断相对年代提供依据，这就是“打破”，被打破者在年代上肯定要早于打破者，这样也能为互相之间发生打破关系的遗迹确定相对年代。

第二种办法就是类型学。遗存是研究过去人类行为的基本依据，这些遗存随着时间的流逝会发生彻底的改变。最初人类创造的陶器器型简单、古朴笨拙、火候低，在技术发展到一定水平的时候，陶

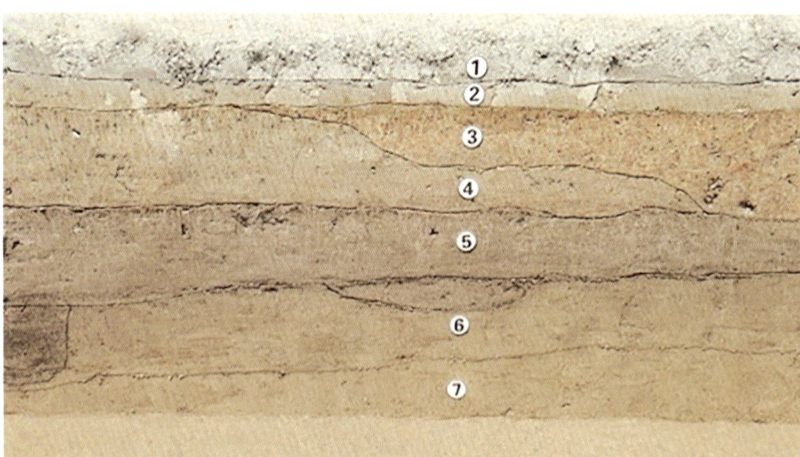

地层堆积

器器型复杂、制作精美、火候高。拿江西吊桶环的陶片与山东城子崖的蛋壳陶稍做比较便可明白。其实遗存之间的变化很多时候是细微的，这些细微的变化慢慢积累最后就变得与最初的模样相去甚远，或者无从辨认。但是每种遗存都有它的鼎盛时期，无论是常态还是偶然，是延续千年还是寥寥数月。基于他们在某个时间点最为流行的设想，考古学家运用类型学对遗存排序。如果用一个图像来表示这些遗存出现的频率，那么梭形再合适不过了，中间最宽的部位代表遗存的鼎盛时期，两端分别代表了出现与消亡。因此，在一定地理范围内的一个遗址内包含了形制相似、流行程度相同的遗存，那么它们的时代大致相同。这种方法同样也可以运用到同类型的其他遗址中，交叉建立起各遗址的早晚序列。

（二）绝对年代

虽然经过实践的不断检验，以上所述的相对年代断代方法十分可用，但是考古学家们最终还是想要知道那些序列、那些遗存在时间轴上究竟处在什么位置。中国古代帝王纪年、干支纪年和大事纪

按类型学整理资料（图自云南考古网）

年都是绝对年代的表示方法，可是对于无明确纪年的遗存还需要科学的方法来获得年代数据。

目前国际上已有许多断代技术，如树木年轮、碳-14、钾—氩法、古地磁断代等等，它们的适用范围不尽相同。最精确的是树木年轮断代，可以与日历年相对应，但是它仅适用于非热带雨林地区的树木和必须有一条足够长到与现代相连接的年轮系列，这些局限使它不能在世界范围内被广泛使用。当下，考古学界最流行的是碳-14测年法。

碳-14测年法是通过对遗存含碳样品中放射性碳-14含量的检测，并通过树轮校正来判断样品从计时零点开始至今的日历年龄，从而推断遗存的绝对年代。计时零时是生物体死亡或者含碳沉积物形成的时间，而“距今”中的“今”并不是现在，而是1950年，这是国际考古学会规定的年份。

碳-14测年法依据的是放射性元素碳-14的衰变规律。由于自然界中碳的交换循环相当快，生物活体的碳含量是一致的。生物体死亡后，其放射性碳-14停止与外界进行交换，在得不到补充的情况下，原来拥有的放射性碳-14浓度会按照衰变规律逐步降低，每经过一个半衰期，浓度就降低一半。目前，国际上采用5730年为碳-14的半衰期，而时间越久远，碳-14的浓度就越低。因此采集考古遗址出土的动植物遗存或其他含碳物质，通过测量获得其碳-14浓度，再与活体碳-14浓度进行比较，即可得知它们死亡的时间。

这个方法的一个基本设定是空气中的碳-14浓度自古以来保持不变。但是，根据树木年轮年代和碳-14年代对比结果来看，空气中的碳-14浓度实际上是变化的，这意味着碳-14年代与真实年代存在差距，年代越早偏差越大，因此，必须经由树木年轮断代校正才能接近于实际年代。

碳-14测年上限为5万年。对样品中的碳-14进行浓缩以后再进行测定，可测的年代上限能伸延到7万年。近年来，随着科学技术的进步，试验超高灵敏质谱计技术，对标本进行改变常规的碳 -14 原子计数的衰变计数法，灵敏度大为提高，且仅需样品碳量数十毫克，理论上有希望将测定的年代上限扩展到 10 万年。

对于超出放射性碳断代范围的旧石器时代，钾氩法和铀系断代是最有用的技术。但是每一种技术都有其局限性，并非放之四海皆准，考古学家们要根据遗存情况选择相应的测年方法，在可以的条件下尽可能地采用多种测年法，以保证数据的准确性。

第二节　用考古资料研究历史

如果说考古的第一步是获取资料，那么第二步就是拨开迷雾解读资料。

考古不是挖宝，调查发掘获得资料后考古工作还没有结束，考古的最终目的是研究“古代的人”“古代的事”。运用科学方法调查发掘出土的考古资料的形态特征、空间分布等都蕴含着制作它的族群的信息，这些信息往往是片段的、残缺的。如何从这些资料中尽可能准确地获取、拼凑出一个完整的历史，这是考古研究中最重要的工作。

考古学文化是最早试图进行研究历史的基本单位。有学者认为它可能是某个族群共同体在物质文化上的具体反映，后来被广泛用于建立物质文化史的时空框架。考古学文化研究涉及对广大范围内诸多遗址进行归类，可以了解某个族群的活动。就个别遗址而言，如果能够采取全面揭露的方法，就可能恢复某个聚落人群的生活图景，于是就产生了一种新的研究方法，被称为聚落考古，直至今日都很流行。

随着世界各地通过考古学文化构建起来的文化序列与空间关系的逐步确立，一些考古学家试图构建文化发展的普遍规律，又提出了多种研究方法，将考古学研究的内涵扩大到了物质文化、精神文明和社会关系等人类活动的主要方面，并引进了自然科学和社会科学的许多理论和方法，形成了诸如环境考古学、社会考古学、实验考古学等分支学科。在众多研究方法中，认知考古学颇具意味，可以窥探古人行为背后的某种意识。

上述研究方法表明，通过对人工制品及其所在环境的研究可以理解史前社会的各个方面，进而达到复原史前社会、重建史前史的目的。

一、考古学文化

一个区域的人在发展过程中会根据所处环境寻找出最适宜其发展的生产模式，这个模式就是他的文化传统，是其发展的根系，在发展壮大的过程中，它的枝叶会不断受到周边其他文化的影响而产生一定的变化。我国幅员辽阔，涵盖多个自然气候和地理环境区，受其影响各地人们的生活、生产方式也有一定差异，地理空间越远，差异就越大，在发展过程中逐渐形成了带有地域特色的文化面貌，正所谓“十里不同俗”。这种差异表现在考古遗存方面，就是不同地区遗留下来的遗存的面貌不同，如出土的石器的原料不同、陶器的形状差异或是房屋的建筑风格等，通过对遗存共性和差异性的解读，可以还原其代表的集团在整个历史长河中所处的时空位置。

（一）涵盖时空的文化概念

19 世纪中晚期，考古学家对遗迹、遗物信息解读更多倾向于获取时间的早晚上，不断增多的考古发现使学者认识到，相同时间内不同区域遗迹、遗物是不同的，特别是新石器时代和青铜时代各地区的差异十分明显。因此，一些欧洲学者开始注重分区研究。

那么，怎样命名不同区域的不同遗存呢？德国考古学家谢里曼首创，将爱琴地区早于荷马时代的遗存，以最初发现地命名为迈锡尼文明。这种命名方式突出了遗存群的地域特点，给考古学者以很大启发。

在德国，早就出现了“文化”这一名称，用来定义个别社会，特别是那些内聚的、变化缓慢的，如农村或部落团体的习俗，与大都市快速变迁的“文明”相对。此后，这一概念的内涵不断变化。英国民族学家 E.B. 泰勒在 1871 年出版的《原始文化》中对文化有经典定义：“包括知识、信仰、艺术、道德、法律、习俗和其他人类作为社会成员所获取的能力和习惯的综合体。”

在此基础上，20 世纪初，民族学者开始采用“文化圈”这一概念表示不同文化的特征及地域上的分布规律。

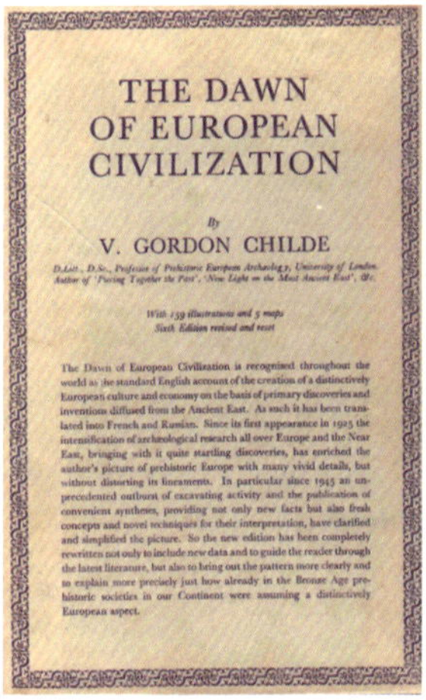
THE DAWN OF EUROPEAN CIVILIZATION

By

V. GORDON CHILDE

D.Litt., D.Sc., Professor of Prehistoric European Archaeology, University of London
Author of 'Piecing Together the Past', 'New Light on the Most Ancient East', &c.

With 159 illustrations and 5 maps
Sixth Edition revised and reset

The Dawn of European Civilization is recognised throughout the world as the standard English account of the creation of a distinctively European culture and economy on the basis of primary discoveries and inventions diffused from the Ancient East. As such it has been translated into French and Russian. Since its first appearance in 1925 the intensification of archeological research all over Europe and the Near East, bringing with it quite startling discoveries, has enriched the author's picture of prehistoric Europe with many vivid details, but without distorting its lineaments. In particular since 1945 an unprecedented outburst of excavating activity and the publication of convenient syntheses, providing not only new facts but also fresh concepts and novel techniques for their interpretation, have clarified and simplified the picture. So the new edition has been completely rewritten not only to include new data and to guide the reader through the latest literature, but also to bring out the pattern more clearly and to explain more precisely just how already in the Bronze Age prehistoric societies in our Continent were assuming a distinctively European aspect.

柴尔德著《欧洲文明的曙光》

考古学者借用“文化圈”这一概念，始于 1913 年舒哈尔特的《上古文化圈的问世》，而“考古学文化”这一概念确立与普及始于 1924—1925 年麦克迪《人类的起源》、戈登·柴尔德《欧洲文明的曙光》的相继出版。柴尔德其后对考古学文化进行了比较严密的解说，“一定型式的遗物、遗迹——陶器、工具、装饰品、埋藏礼仪、家屋形制等经常共存。这种稳定共存的诸文化因素复合体可称为文化集团，或简称为文化”。

同时期国内的史学界，受柴尔德“文化”的影响，夏鼐、安志敏等考古学家根据国内考古遗存发现情况对“文化”也进行了基本相同的阐释，考古学文化指：代表同一时代，分布于共同地区，并具有一群特征性的文化遗物和遗迹的共同体，以最初发现的典型遗址命名。同一考古学文化，是有着共同特征的某一社会集团，这个集团有共同的文化传统，使用相似的生存工具、生活用具和装饰品，创造相似的聚落、埋葬方式，也就是我们今天在文化遗物和遗迹上看到的共性。

以仰韶文化为例，命名于最早发现的河南渑池仰韶村，流行年代距今7000—5000年，分布在黄河中游河南省至甘肃省一带，最具特色的陶器以泥质红陶为主，多间彩绘，纹饰以几何图案、鱼纹、植物花纹为主，常见器型主要有盆、钵、罐、碗等和极具特色的小口尖底瓶。经济类型以农业为主，比较大的村落的房屋有一定的布局，周围有围沟，村落外有墓地和窑场。葬俗相同，多长方形土坑墓，墓中有陶器等随葬品。小孩实行瓮棺葬。盛行单人仰身的直肢葬，合葬墓占一定比例。

同一考古学文化内部因地域和时代发展也会形成一定的差异性，如仰韶文化内部又分为使用鱼纹的半坡类型和使用花卉的庙底沟类型，即“文化类型”。

河南渑池仰韶遗址复原图（图自网络）

（二）考古学文化区系类型

最初，柴尔德在解释不同考古学文化的差异时曾设想，是不同“族”共同体的物质表现。在中国，许多学者也曾简单地将某一考古学文化与“族”相联系，如认为夏家店上层文化是“东胡”或“山戎”族的遗存，实际并非那样简单。

针对上述现象，苏秉琦于1975年发表了《关于考古学文化的区系类型问题》一文，认为族属研究是考古研究的一个方面，但目前时机尚不成熟。提出应从区、系、类型的角度对考古学文化进行研究。这是一个研究古文化的新概念。

所谓“区”，是指在中国古文化大系内部新石器时代就存在的文化区，初步划分有六个以燕山南北长城地带为中心的北方区，以山东为中心的东方区，以关中、晋南、豫西为中心的中原区，以环太湖为中心的东南区，以环洞庭湖和四川盆地为中心的西南区，以鄱阳湖—珠江三角洲为中心的南方区。六个区块文化渊源、特征和发展道路都有差异。

所谓“系”，这是一个探索古文化源流的新概念。我国古文化的起源与发展错综复杂，又连绵不断，要弄清楚每个区域内文化的分解与多种文化的组合，特别是其中阶段性的突变，以及不同文化间的相互作用。

至于“类型”，则指各大区系内部的不同分支，或者称为“小块块”。不同小区之间存在着发展的不平衡性，能明确显现其渊源又有充分的典型特征和完整发展道路的，往往只是一两小块区域。也就是说，每一大区系中各有范围不大的文化发展中心区域，多为后来春秋、战国时期大国的中心区。

苏秉琦先生认为：要研究中国史前社会，就必须有明确的“区”“系”概念。最终目标是建立中国古文化基础结构，可以预见一定是“根深叶茂、本固枝荣”的。这为探究中华文明起源奠定了基础。

中国地图

审图号：GS(2019)1711号　　　　自然资源部 监制

苏秉琦的六大文化区

二、聚落考古

“一年而所居成聚”，聚落即人们居住的地方，是古代某一人类集团在固定空间居住并延续使用一定时间的文化单位。聚落考古是以聚落遗址为研究对象，通过对聚落内部各种建筑设施、聚落总体布局及聚落与聚落间的关系研究来分析他们在时间和空间上的联系及其社会功能，探讨建造和使用的居民其社会组织结构及其演变，考察人类文化与其所处的自然生态环境的关系。

每一种考古学文化都是由分布在一定空间范围内的若干聚落组成，如何确定考古发现的遗址是一个集团，还是不同时期重叠的多个集团？应该如何判断哪些遗迹、遗物是属于同一时期、同一文化、同一集团呢？这都需要借助聚落考古学。同一个考古学文化集团，其单个建筑结构设施、内部配置、使用功能等以及不同房屋建筑空间位置、组合关系等大体相同，如果发生本质的变化，则要考虑可能是多个集团的聚落。这个过程主要借助考古地层学和类型学的研究方法，通过地层学判断遗址相对年代，将不同时期的遗迹区别开，应用考古类型学，进行分析比较，将各个时期的遗迹遗物区分开来，确定各个聚落的文化属性。

（一）全面揭露的考古方法

最早把聚落这个概念引入考古学的是美国学者戈登·威力，1953年他发表《维鲁河谷聚落形态之研究》一文中，描述了几个世纪以来这一地区聚落遗址在形态和分布上的变化，并将其与自然环境、自然资源相结合，探索聚落形态所反映的人类社会组织与制度。

我国学者严文明提出，聚落考古是以聚落遗址为单位来进行田野考古操作研究的思想方法，就是说从田野考古调查、发掘、资料研究等阶段都要以聚落考古学作为指导思想，特别是在社会结构与功能、史前人口、社会组织、科学、宗教、政治等领域聚落考古学要发挥作用。

中国聚落考古最早应用于20世纪50年代西安半坡遗址的发掘，当时通过大规模揭露西安半坡遗址，对其出土房屋、壕沟、窖穴等平面布局进行了研究，对半坡氏族公社生产生活、社会组织等方面进行了探索。姜寨遗址发掘时也有意识地对其平面布局特征、房屋分类及其反映的社会组织结构等方面进行探查，聚落考古的研究思想开始影响田野工作。

1984年，张光直在北大讲学时将西方考古的聚落形态研究方法系统地介绍给了中国考古工作者，进一步推动了中国聚落考古的发

展。此后，长岛北庄、敖汉旗兴隆洼、邓州八里岗、蒙城尉迟寺等都开始采用聚落考古方法发掘研究并取得了显著性的成果。

20世纪90年代以来，区系类型理论的提出，为聚落考古的研究提供了比较可靠的时空框架，考古学家运用聚落考古学对天门市石家河遗址、杭州良渚遗址等发掘探究，对聚落的形态和内部结构、分布格局和相互关系、聚落形态历史演变等进行深入解剖，为探索中华文明起源起到了积极作用。

（二）聚落分布和形态

聚落的分布与自然环境因素和人文社会因素密切相关，如地形地貌、动植物资源和人类可利用的矿物资源分布等自然因素，或是血缘亲疏、社会等级、经济往来、宗教信仰等人为因素。水是维持人类生存的基本条件，所以早期人类往往将聚落建在河流旁边。解决了水的问题，还要保证周围有充足的用以维持生活所需的动植物资源，这个资源的获取范围最好在步行距离2小时以内。聚落的生产经济情况也会影响到聚落分布的地点和密度，经济越发达，聚落分布越密集。除此之外，还要考虑安全问题，既要避免洪水泛滥造成的危害，也要有一定的防御功能，特别是战争时期，聚落间分布会较和平时期更加稀疏。因此，我们今天考古发掘常常在一些水热条件好、地势平坦、交通便利的地方会发现多层叠压聚落，如河南的伊洛盆地就发现了裴李岗文化、仰韶文化、龙山文化、二里头文化、商周等多个时期的聚落遗址。

聚落形态主要取决于地理环境，如北方地势平坦，聚落多是较为规整的圆形或方形，聚落房屋多排列有序，也有的聚落分布在河流沿岸，形状和排列也依河流走势而建；南方易发洪涝灾害，聚落常分布在山岗上，形状依山势而建，房屋按等高线呈弧形分布。

聚落是由居住区、生产区、墓葬和防卫设施组成，居住区是聚落最基本的构成要素，其他的几个部分都是根据居住区的位置规划的。居住区主要就是房址，依面积大小分为小型房屋、中型房屋、大型房屋，房屋有地穴式、横穴式、地面式、干栏式等，平面多呈圆形或方形，房屋结构有单间、多间、长排房、组合房等。生产区包括制陶区、牲畜圈栏、窖穴等，主要是聚落的经济区。史前聚落附近多伴有公共墓地，墓葬的排列组合、形制和随葬品的多寡等都侧面反映了聚落居民的生活水平。史前聚落的防卫设施主要是壕沟、栅栏、城垣等，壕沟可以是河流、断坎，也可以是人工挖的河沟，平面看上去很像后世的护城河。在一些大型的聚落遗址发现有城垣，墙体宽大，城垣外常挖河沟增强防御能力，黄河中下游的城垣多为人工夯筑，长江下游则为层层平铺堆筑而成，内蒙古中南部和陕西北部的河套地区多就地取材用石块堆砌建造，规模较小。

姜寨遗址原始聚落复原图（图自《走进博物馆》）

（三）由平等部落到城乡的演变

史前聚落形态的发展演变大致经历了四个阶段。

第一阶段，旧石器时代早期至旧石器时代中期。这一时期人类居住方式相对原始，树栖或天然洞穴，以居住地为中心，在周边 10 公里范围内从事采集、狩猎活动。居住地点不固定，内部也未发现明显的布局规划。

洞穴遗址

第二阶段，旧石器时代晚期至新石器时代早期。出现定居，居住方式从岩洞走向旷野聚落，开始了相对稳定的生活。居住地内部出现了简单的规划布局，如房屋大小、分布位置、朝向、墓葬和居住区分区而建等。

第三阶段，新石器时代中、晚期。聚落基本分布在河流沿岸的阶地上，房屋建筑技术趋于成熟。聚落规模大体相近，有少量的大型聚落遗址。聚落内部房屋分布相对集中呈内向式，即一定范围内房屋入口朝向聚落中央地带。聚落的空间规划上出现了相对明确的居住区、制陶区、墓葬区等。聚落有了防御功能，出现了环壕等简单的防御设施。

浦江上山遗址南区（图自网络）

第四阶段，城乡分化。出现了城址性质的大型聚落城市，这一时期聚落呈凝聚式，如大河村遗址分为东西两区，有独立的居住区和墓葬区，房屋分布呈现东西向成排分布，房屋不再是只有单间，还有双间、多间等。聚落形态出现了专业性的经济中心，如制陶中心、冶炼中心等。开始出现了防御性堡垒，黄河流域、长江流域均有发现高大墙垣围绕的聚落。

陶寺遗址宫殿区复原图

聚落群也经历了由平等竞争关系向等级关系转变。早期的聚落群多是不同的考古学文化集团组成，彼此之间可能是贸易往来关系，也可能是敌对关系。到了后期同一个考古学文化会形成一个大型的聚落群，聚落间的关系呈金字塔形状，即中心聚落——次中心聚落——普通聚落。一个聚落群会有一个最高等级的中心聚落、多个次中心聚落和大量的普通聚落。中心聚落起主导地位，一般位于聚落群的中心，面积较其他聚落更大，最大的有上百万平方米，除了有大型房屋设施、公共议事场所、防御设施，还会有大型宗教祭祀场所和高等级的墓地。一个聚落群往往有共同的宗教信仰，有相同的葬俗，使用共同的宗教中心，并通过相关祭祀和宗教仪式来加强亲族成员间的联系，如牛河梁女神庙，就可能是几公里范围内多个聚落群共同经营的一处胜地。次中心聚落之间为平等关系，但是和普通聚落又为主从关系。良渚文化同时期的遗址发现有百余座，其中余杭的聚落群是良渚文化的核心，莫角山聚落群是整个良渚文化的最高中心，余杭周边区域的聚落群还可分为若干小聚落群，且每个小聚落群还有次级聚落中心。显示出良渚文化是有最高统治中心、次级统治中心和若干区域的多级管理结构的社会组织形式。

从环壕到城垣围绕的城邑可能是史前聚落发展的普遍规律，城的起源是史前聚落形态长期演化的结果，是人类聚落史发展的重要事件，而城的出现使得大多数聚落变成了乡村，城乡二元结构初步显现，从而使得社会组织结构发生了前所未有的变化，这同以血缘氏族部落为基础的社会是有本质区别的。

三、认知考古学

什么是文化？广义的文化指人类在社会实践过程中所获得的物质、精神的生产能力和创造的物质、精神财富的综合。狭义上指精神生产能力和精神产品，包括族群历史、风土人情、传统习俗、生活方式、宗教信仰、艺术、伦理道德、法律制度、价值观念、审美情趣、精神图腾等。考古学要研究的是文化，是遗迹遗物背后所反映出来的精神价值，而不是“古董”。诚然，所有的物质遗存都是观念的产物，但是它看不见、摸不到，特别是没有文字的史前时期，考古也不能挖出一本记载史前先民的心路历程的书，我们能做的只能是“以物论史、透物见人”。

怎么“以物论史”呢？打制的石器、陶器刻画的纹饰、门道朝向一致的房屋等都是人的行为结果，是人经过思考后加工制作的，反过来说，想要知道史前人类在想什么，就可以通过他们的行为结果反推。认知考古学就是这样的一门学问，通过考古遗存来研究推导过去人类的思考方式。

（一）意识的产物

考古学简单来说是研究人的学问。古代的遗存在很多考古学家的眼中是古人行为的产物，反映了当时的生活水平、生产技术。最

河南西水坡墓地发现的用贝壳堆塑的龙虎随葬的墓葬

初考古学家认为这门学问只能解读出当时人们根据周边地理环境所创造的遗迹、遗物等人的行为。在许多考古学家的眼中，思想是虚的、不可捉摸的，是没有办法从考古材料中论证研究的。美国考古学家宾福德就提出研究古人的思想意识毫无用处，因为我们发掘出的遗存是人们的行为而不是思想的产物。

20 世纪 70 年代后，一些考古学家开始试图证明我们不仅能研究人类起源、农业发展，还能研究宗教信仰等，因为在考古发现的遗存当中，有一部分遗存是人的思想和意识的产物，所以通过物质遗存可以研究古代社会的思想方式。1993 年，剑桥大学考古学杂志发表了五位著名考古学家的看法，他们认为，研究历史，不能只了解他们的行为，而忽视他们的思想，即你不能只去看他做了什么，而不去思考这个行为背后的意义，他为什么这么做，这种研究方式是不充分的。

认知考古学研究人的精神世界，是根据物质文化遗存所凝聚的象征意义来研究人的思想定式和意识形态，包括艺术、宗教、宇宙观等。比如我们看到一幅万里长城的大型油画，就会立刻领会他的象征，它的意义。这个图画就代表或象征着现实世界的某个具体事物或概念，它们所象征的事物或意义完全是人们赋予它的，是人为的结果。

（二）认知的两个阶段

认知考古学的集大成者伦福儒根据人类认知能力的发展程度，以现代智人即晚期智人出现为界，把认知考古学分为两个阶段。

第一阶段是从人类出现到现代智人的形成，这一阶段主要是猿人认知能力建立的过程。包括南方古猿、能人、直立人等在这个阶段产生了关于工具的形状，材料的获取与时间观念、组织行为、有意识的埋藏行为、绘画与雕刻等意识。以工具的形状为例，考古出土的一件工具可以包含制作者在工具制造前的设计，比如说先民在制造工具前会在头脑里有一个固定的观念，这件工具是做什么用的，应该制作成什么形状，或者是应该和哪些物品搭配使用等。这反映了先民在制造工具的过程中对于不同形状的工具用于不同目的的观念的发展变化。也可以通过工具制造原材料的产地来判断获取材料的计划性，材料是否有目的地在一个固定地点获得，获取材料的地点和加工制作的地点距离远近等等都可以反映这个行为背后的目的。

陶寺遗址观象台

第二阶段是 4 万年来现代智人阶段，这一阶段是人类认知能力进化的过程，最突出的特点就是文字的起源与发展。此时，人类历史上出现了定居村落，发展出了城市和国家，掌握了金属冶炼，使用了文字，并由此进入了国家阶段。人类的认知活动更加复杂，主要研究内容包括：人类对时空、重量体积的测量与记录符号系统，这一系统象征着人类

根据陶寺观象台遗址假想复原的日出观测效果

与自然的联系，比如说陶寺遗址的观象台就是古人对天体运行的观察的一个反应；人类对于平面的规划系统，如村落、城市、墓葬等，它表现在人与未来的关系，早期的聚落遗址布局往往是聚落中心分布大型房址，它的四周环绕中小型房址，这反映出在建设前建造者是有意识规划布局的；社会组织及权利象征系统，体现了人与人的关系，最直接的体现就是墓葬的随葬品，随葬玉器、金银器或使用工具等往往比没有随葬品的墓主人身份等级要高；宗教和巫术系统，表现为人和来世、超自然的关系，专门建造一个特殊的建筑用于祭祀仪式，如红山文化的祭坛，或是祭祀过程中指定的祭祀用品等都对考古学家推测一个族群的宗教信仰提供了帮助；包括了绘画和雕刻艺术在内的艺术品，这种表现手法从旧石器时代就已经出现，岩画、陶塑、器物纹饰等都是人类通过符号表现内心世界这一认知活动的直接产物，一个文化群体往往使用一个特定的符号，它是辨认族群最直观的方式，被称作“心灵的窗口”。

良渚文化神人兽面纹

严文明先生提出，实物遗存既反映经济技术，也反映社会问题和意识形态等方面的问题……考古学文化要通过实物研究可能研究的社会问题。认知考古学使我们看到考古资料在研究人们精神世界的作用，文明的进程除了受制于生态环境和人类生存方式，人类的意识形态，特别是宗教信仰也会对文明的进程产生决定性影响。

参考文献：

[1] 冯恩学：《田野考古学》，吉林大学出版社，2008 年。

[2] [美] 布赖恩 · 费根著，袁媛译：《考古学与史前文明》，中信集团出版有限公司，2020 年。

[3] [英] 戈登 · 柴尔德著，安志敏、安家瑗译，陈淳审校：《考古学导论》，上海三联书店，2008 年。

[4] [英] 科林 · 伦福儒、保罗 · 巴恩著，陈淳、董宁宁、轶宁、郭璐莎译：《考古学理论方法与实践》，上海古籍出版社，2022 年。

[5] 陈淳：《考古学理论》，复旦大学出版社，2004 年。

[6] 靳桂云、宿凯：《地学考古——方法与实践》，文物出版社，2022 年。

[7] [英] 科林 · 伦福儒、保罗 · 巴恩主编，陈胜前译：《考古学：关键概念》，中国人民大学出版社，2012 年 3 月。

[8] 刘睿良、理查德 · 斯达夫：《碳十四测年技术前沿：新一代校正曲线 IntCal20 发布》，《江汉考古》，2020 年第 5 期。

[9] 宗鑫：《探地雷达和遥感联合的地下考古目标探测方法研究》，中国科学院大学硕士论文，2017 年

[10] 吴小红、陈建立、刘伟、宝文博、陈铁梅：《中国科技考古：从起步到前沿》，《中国文化遗产》，2004 年第 3 期。

[11] 杨建华、张文立：《认知考古学在欧洲的兴起》，《华夏考古》，1996 年第 2 期。

第三章　考古中华远古往事

中华民族历史悠久，文献资料丰富，但最为可靠的历史也只能追溯到五帝时期。司马迁写《史记》时，尽管能看到较多的文献，但经过他个人的调查与考证，只有有关唐尧虞舜的记载相对可靠，推算起来不过距今5000年左右，早期国家已形成，在此之前只有依赖考古重构历史。

司马迁不能考证人类出现到国家出现的那段被史学家称为“远古时期”的历史。恢复远古时期的历史涉及两个重大问题：一是从猿到人，二是从民族到国家。两者都是世界范围的课题，也都与中国远古历史密切相关。对这两大课题，考古成就显著。不仅打破了神话传说，而且追溯到了整个人类及中国人演化的关键环节与简要生活状况。

人类最古的祖先从何而来？由于相关化石发现数量少，尚无法全部弄清从猿到人的各种细节与逻辑。尽管分子生物学技术可以追溯这些古老化石之间的联系，但也难以窥得全貌，仅能从时间和形态上将各种类人化石列入人类演化谱系中。所以，人类起源仍是值得继续探索的课题。中国人由何而来？人种特征、工具类型等种种证据表明，是在古人类演化到一定阶段后，在中国连续进化的。

人类演化过程极其漫长，达数百万年。进入新石器时代能够制作磨制石器、陶器，种植谷物，距今仅有一二万年。中国新石器时代文化是在旧石器文化基础上独立发展的，内容极为丰富。各地在农业发展的基础上，产生社会分工与分化，形成了具有自身特色的信仰文化，经多次组合后，终于形成了中华早期文明。

考古追溯到的上述历史，会使我们对自身认识更加清晰。

第一节　人类及中国人起源

人类在探索“我是谁”“我从哪里来”的道路上从未停下脚步。最初，人们构建了一个超脱自然、人之上的世界——神界，认为神创造了人类和世间其他的生物，教会了人们制作和使用工具，制定了社会的秩序。但是，当越来越多的古生物化石被发现后，神学便再也不能完美解答人类起源问题的种种疑惑了，人们亟须用真正的科学来解释这个问题。达尔文、赫胥黎等伟大的科学家根据人与灵长类动物身体结构的共性推测，人类由类人猿进化而来。但这种以间接手段获取的认知只停留在推测阶段，无法深入探究，于是考古学家们开始孜孜不倦地寻找古人留下的骨骼及牙齿等化石、遗迹和遗物等直接证据，并通过不断的研究和探索，把我们对人类演化历史的认识逐渐引向深入。近些年，随着科技助力考古的发展，新兴的考古学分支学科——分子考古蓬勃兴起，古 DNA 全基因组测序应用于人类起源的研究，将人类对自身的探索认知推向了高潮。

一、人从何而来

在科学知识匮乏、认知有限的时代，人们对自身的探索无路可走，最后只能归结于万能的神，于是各民族中具有丰富想象力的“聪明人”就编织出了奇幻陆离的神话，用来解释人类的起源和世界的形成。比较著名的有西方社会一家独大的上帝七日创世造人说、中国受众群体庞大的女娲造人说。当然神话传说的产生都是有其时代背景的，在神学笼罩的时代、在新发现未面世之时、在人类认知还未觉醒的时候，用神来解释人类起源是当时最大的认知极限，现在看来虽然荒谬，但也表示了人类对自身的来源一直处于思索的过程中。

随着地质学、生物学的发展，人们在早期地层中发现了多种现今已不存在的生物化石，对神造人及万物发起了挑战。一些学者提出了“灾变论”，但同时又有了上帝多次、重新创造各个物种的神话。

直至 20 世纪 60 年代，达尔文的《物种起源》问世，对人类的来源才有了基于科学基础上的解释，关于人类起源问题才有了明晰的解答。

（一）神创说

在西方社会，关于人类起源的主流神话一直是《圣经》宣扬的“上帝造人”说。根据《旧约·创世纪》记载，上帝用七天时间始创万物，第一天造出了光，有了白天和黑夜；第二天造出了空气，有了现在的天空；第三天造出了大地和海洋，在地上分出来水面和陆地，并且让地上长出了各种各样的植物；第四天造出了太阳、月亮和繁星；第五天造出了天上的飞鸟和水里的游鱼；第六天造出了地上的各种动物，并按照自己的模样用泥土造出了一个男人，赋予

“亚当”之名，安置在伊甸园中让其自在地生活，最后还为了安慰寂寞的亚当，趁他熟睡的时候，用他的肋骨造了一个女人，名叫“夏娃”，做他的妻子；第七天上帝就休息了。亚当和夏娃孕育了其他人类，于是人类开始在世界上繁衍生息。

伊甸园（来自网易）

在古老的东方，关于人类起源的神话传说也有多种，其中中国汉族的女娲造人说影响深远。传说盘古开天辟地以后，自然万物皆有，但是没有人类，世界荒凉寂寞。一个叫女娲的女神感到非常孤独，她就按照自己的模样用黄泥捏了许多小人，吹了一口仙气之后，小人都活了，小人喊女娲“妈妈”。为了让这些可爱的小人布满大地，她捏得疲惫不堪。最后，她随手拉下一条枯藤，将其伸入一个泥潭里，搅成了浑黄的泥浆，然后向地面挥洒，溅落的泥点就变成了一个个小人，她又把这些小人分为男女，并让男人和女人配合起来，创造后代，这样，人类就世世代代绵延下来，生生不息。

解读神话、剖析传说都会发现它们拥有相同之处——人都是神创造的，只不过每个神话传说中的神拥有不一样的名字而已；神所创造出的人跟现在的人类一模一样，人从最初就没有发生过任何变化。

（二）灾变论

18 世纪，人们在地球不同的地层中发现了诸多生物化石，它们形态怪异、又近似现代生物。最初人们拒绝承认这些化石与现代生物有关系，因为他们坚信上帝创造的生物是不会灭绝的，仍旧生活在地球的某个角落里，只是未被发现而已。

法国的生物学家居维叶打破了这一幻想。他通过对美洲乳齿象及猛犸象化石与现代大象的解剖结构和功能比较，得出这些生物已经灭绝了的结论。他的研究结果狠狠地冲击了人们的思想，"灭绝"这个词就不得不被普通大众所接受，神创论第一次受到挑战。

当灭绝已成事实，神创论的守护者们又从《圣经》中找到了新的解释。《圣经》记载，上帝用一场大洪水惩罚了亚当和夏娃的后代，除了诺亚方舟上的生物得以存活外，其他生物都在这场洪水中灭绝了。因此，他们认为这些灭绝的生物就是《圣经》中所记载的大洪水的牺牲品。

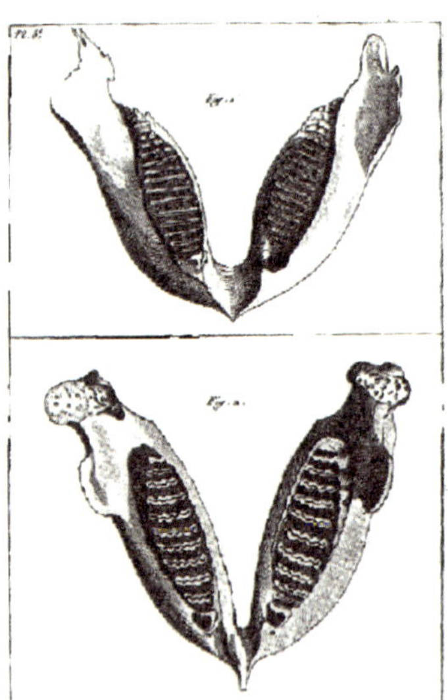
居维叶论文中的印度象下颌和猛犸象下颌插图

居维叶可没有满意大洪水这个解释，继续对地层进行了深入的分析研究，他发现尽管每一层中的生物群系都不尽相同，但内在器官是有密切联系的，据此提出了"灾变论"，认为在地球历史上曾经周期性地出现大灾难，可能是海洋干涸变成陆地、洪水泛滥陆地变成海洋，也可能是火山爆发或气候突变等，每一次灾难过后，旧有的生物灭绝，新的生物出现，生物种类在每次灾难后不断更迭进化，地球如此循环往复运动，形成了我们现在看到的各个地层的情况。不仅如此，他还发现地层中的生物化石从远到近呈现出一种从简单到复杂的趋势，因此提出每一次的灾变都是为了进化出更高等级生物的观点，而距今最近的一次灾变就是为了人类的登场。

居维叶的研究在某种程度上动摇了神创其他生物的基础，但却认为人是以突发性方式出现的，没有任何痕迹显示进化的过程，未给人类的起源问题一个合理的解答。

（三）达尔文及其进化论

1809 年生于英国的达尔文，从小就对自然界有很大的兴趣，常常搜集各种生物标本，观察它们的生活习性。长大后的达尔文并未按照家庭的安排走上神学之路，而是在大学毕业后参加了环绕地球的科学调查。调查之初，他与当时许多博物学者一样，相信世上各种生物自古就是这个样子，没有变化。5 年环球考察结束后，达尔文的思想发生了改变，基于观察到的各种生物的变化，他根据自己的设想进行实验，在掌握大量资料的基础上，构想出一个完整的体系，揭示了生物界的发展规律。1859 年 11 月，已满 50 岁的达尔文经过 20 多年的准备，终于发表了震惊世界的名著《物种起源》。

在《物种起源》中，达尔文列举了大量的科学事实，指出生物不是一成不变的，各种生物都有个体差异，不同的个体通过生存竞争自然选择，适者生存，不适者被淘汰，实现由低级向高级的进化。达尔文推翻了世上万物由神创造、生物之间毫无联系亘古不变的观点，这当然也包括神创造人的观点。由于当时基督教在欧洲势力很大，达尔文不敢触犯宗教，所以他只谈及了动植物，并没有涉及人类，但是思想的火花一旦产生就不会熄

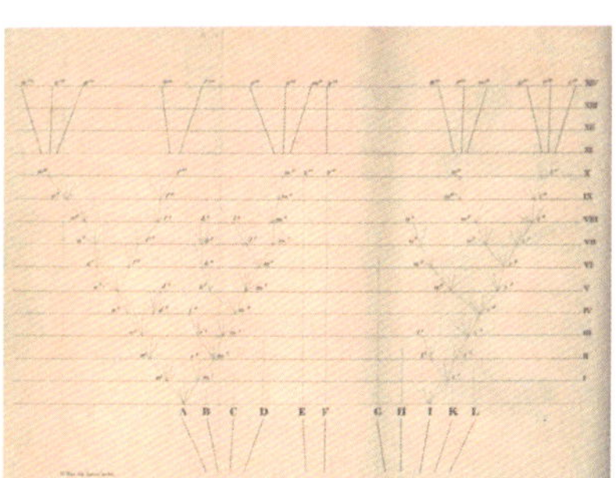

《物种起源》插图“生命之树”

灭，于是在书的结尾部分他写了一句话："放眼遥远的未来，我看到了涵括更为重要的研究领域的广阔天地。心理学将会建立在新的基础上，即每一智力与智能都必然是逐级过渡而获得的。人类的起源及其历史，也将从中得到启迪。"明确指示了人的来源和形成的历史也遵循着与其他生物同样的规律。

尽管达尔文小心翼翼地掩盖自己的观点，但《物种起源》一书还是遭到了学术界保守势力和基督教会的强烈反对。他的忠实拥趸赫胥黎在著名的"牛津辩论"会上以雄辩的事实和严密的逻辑击垮了基督大主教的挑衅。进化论战胜了神创论，科学的种子开始在人们心里生根发芽。

《物种起源》出版后，达尔文继续收集相关资料，并进行了更深入的思考。1871 年发表了新书《人类起源和性的选择》，以人和动物在胚胎和身体构造上的相似之处作为证据，来论证人类起源于动物。他在书中举出一些在有的动物身上很发达，而在人的身上由于不再使用或用处减少而退化的构造，比如使耳朵活动的肌肉只能在少数人身上见到；人没有尾巴，但每个人都有小小的尾骨，个别人还有一条小小的尾巴；人的耳廓上缘后侧有一个小的结节，可能是哺乳动物耳尖的残留，这个结节被后人称为达尔文结节；有的人还被称为"毛人"，这其实是一种返祖现象。达尔文通过这些实例进行了大篇幅的论证，得出了人类起源于古代猿类的结论。

（四）生物种理论

尽管达尔文的两部巨著推动人类认识自身过程的巨大飞跃，但他只是论及了自然选择在单一物种为适应新的生态而不断演化过程中的作用，并没有解答新物种是如何诞生、继而一个物种为什么会一分为二形成两个新物种的问题。直到 20 世纪 60 年代，这个问题才有了明晰的解答。

著名的演化生物学家恩斯特·迈尔一生致力于动物演化的研究，成绩斐然。他在演化生物学上最有名的贡献就是提出了"生物种概念”——同一个物种中的生物能够自然交配，并产下具有生育能力的后代，但跟其他物种有生殖隔离，即使交配，也无法产下有生育能力的后代。以迈尔的理论来解释古代的猿为什么能一分为二,一部分进化成人，一部分进化成现代猿是可行的。

按照迈尔的理论，物种的形成有好几种模式，最常见的模式是“异域物种形成”，即因为地理隔离而形成了新的物种，人类就是在这种模式下产生的。数百万年前的非洲，有一群古猿被高山、河流或者其他原因隔离开来，分居在不同的地方，无法自然交配，在漫长的发展过程中，因为基因的突变或者重组形成了各自的演化序列，慢慢演化成两个物种，一支成为人类，一支成为现代猿类。

当然，迈尔的生物种概念有一些存在争议的地方，比如，它不适用于植物和那些无性繁殖的细菌等。但它在动物界极为有用，最有名的例子便是马和驴，它们原本有一个共同的祖先，但已分化为两个物种。现在，在自然情况下，马和驴存在“生殖隔离”，不会交配产生基因交流，但是，它们又可以在人为的作用下交配，生下后代骡子，这个杂交二代完全没有繁衍后代的能力，这也证明，马和驴终究无法完成基因交流，所以它们仍然是两个相近但不同的物种。

有了达尔文的进化论和迈尔的生物种理论，古人类学家们借助于现代科学利器——越来越精确的测年、不断完善的基因技术在探索人类自身的道路上不断获得新认知。

二、人类起源与演化

人类起源于古猿。按照生物种的概念来讲，人这个新物种是什么时候形成的呢？与人最相似的物种是什么呢？人之所以为人的标准又是什么呢？

在最开始的时候，古人类学家只能根据发现的人类化石形态和测年结果来判定它们在人类演化史上的时间坐标，并不能确定人形成的时间，也只能猜测与人相近的“同宗”。但是随着基因组技术的发展，一些疑惑似乎可以进行解答了。

1990 年，美国启动了人类基因组测序计划，经过多国科学家历经 13 年的协同合作，破解了人类基因组的 DNA 序列，解开了生命之书的密码。接着科学家们对黑猩猩、猕猴、红毛猩猩、大猩猩进行了基因测序。经过对比发现人与黑猩猩有 99% 的基因组相同，这就意味着人与黑猩猩有亲缘关系。继续以不同物种 DNA 序列之间的差异和物种分布时间成正比的“分子时钟”法计算，发现人与黑猩猩大约在距今 650 万年前由共同的祖先分化而来，也有人认为是 800 万年前到 500 万年前。年代争议大部分出于分析技术的瑕疵，随着科技的进步，相信分化年代的最终结果会趋于一致。

分化出来的祖先就可以称为人吗？究竟什么是人跟动物的本质区别呢？哲学家费尔巴哈曾自问自答是“意识”。研究数百万年前的意识难以实现，人类学家们需要一个直观的具象化的标准。恩格斯说过“劳动创造了人本身”，于是会制造和使用工具成了人与动物最根本的区别。但是随着科学研究的深入，有人跟踪记录塞内加尔的

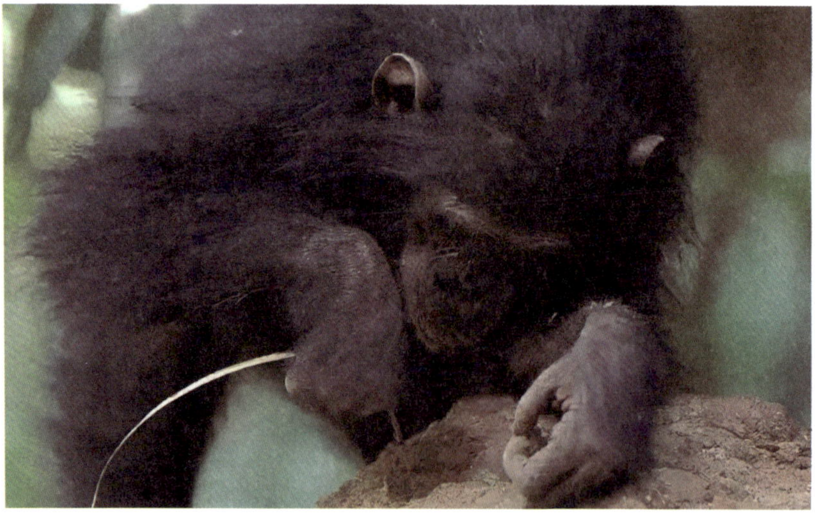

黑猩猩使用工具获取食物

野生黑猩猩尝试用木棍制的“矛”伸进洞穴猎食的过程，发现黑猩猩也会制造使用简单的工具。如此一来会制造工具这个标准似乎又不太严谨了，那究竟怎么判断是人还是猿呢？

众多学者认为，双足行走是变成人的最重要一环。因为双足行走，双手得到了解放，人们才能用灵活的双手制作不同的工具，提升了狩猎技能，不断地获得肉类，发展出有利于大脑发育的食肉习惯，脑容量逐渐增加。哈佛大学演化生物学家利伯曼认为双足行走能节省能量，以便走更远的路、寻找更多的食物、汲取更多的营养。

（一）最早双足行走的“人”

目前所知，从古猿中分化出来能够独立行走的“人”生活在距今 700 万—440 万年，形象酷似猿，已经学会双足行走，但是走得不太好。目前发现的仅有乍得撒海尔人、土根原初人、始祖地猿。

乍得撒海尔人于 2001 年在非洲乍得被发现。发现者法国古生物学家吕内以当地语言取名杜迈，意为“生命的希望”。杜迈发现于沙漠里，但伴生的动物骨骼则显示当初他生活在森林环境中。杜迈仅保留有近乎完整的头骨和一些下颌骨，眉脊的粗壮程度甚至超越了大猩猩，脑容量仅为 350 毫升。年代在 700 万—600 万年前，恰好处于人与黑猩猩分手的时代，因此确定杜迈的物种属性变得非常重要，如果不能证明杜迈能双足行走，那么它还是一具古猿的头骨而已。可惜的是没有发现杜迈的脚骨，所以争议一直持续到现在。一部分人类学家认为它有可能是人与猿的共祖，主流观点

乍得撒海尔人（《NATURE》2002年7月11日封面）

认为杜迈能双足直立行走，但是步伐可能很原始，是最早期的人类，理由是杜迈枕骨大孔连接脊椎的地方跟现代人一样偏向脑前方，而不像黑猩猩等四足行走的动物一样偏向脑后方。

土根原初人大腿骨（图自SmithsonianNationalMuseumofNaturalHistory）

土根原初人于2000年在非洲肯尼亚被发现，昵称千禧人。仅发现了几段大腿骨、指骨和牙齿，年代大约在600万年前。虽然没有膝关节，但是有长长的股骨颈，这表明他完全能够双足行走，指骨像黑猩猩那样弯曲，表明土根原初人善于爬树，伴出的动物化石说明当时周围是森林环境。

地猿始祖发现在埃塞俄比亚地区，计有109件化石，分属于35个个体，年代大约在440万年前。最著名的是阿迪尔，她是一个成年女性的部分骨架，脑容量在300毫升—350毫升。阿迪尔保留的大部分下肢骨，不但证明了她能双足行走，而且可以窥探她的行走方式。她的骨盆完全呈现出后来人的状态，远比四肢进步，骨盆下部显示她长有用于攀爬的肌肉。脚趾很长，大拇脚趾横向生长，并未与其他脚趾一样并列向前生长，表明她有很原始的抓握能力，也能适应在地面行走和奔跑。可以想象阿迪尔走路时仍然像猿那样，重心不够稳定。

迄今为止，古老人类化石多发现于非洲地区，因此它也被冠以“人类起源的摇篮”之称。有学者利用环境研究成果推测了双足行走的演化过程：在700万年前，茂密的雨林里生活着一群

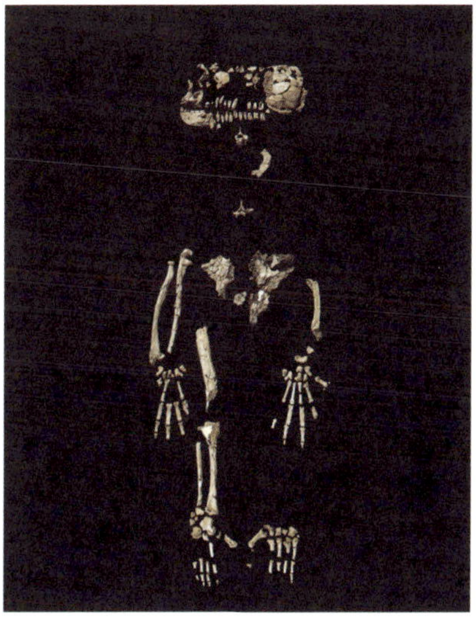

地猿始祖部分骨骼（《science》2009年10月2日封面）

古老的猿类，栖居于大树之上，采集野果，很少食肉。距今700万—600万年间，全球气候剧烈变化，天气变得寒冷干燥，降雨量减少，非洲热带雨林大面积死亡，部分蜕变成敞开的疏林或者热带稀树草原。环境的变化导致古老猿类食物来源锐减，一部分在雨林中觅食困难的古老猿类求变以求生，被迫走出了雨林来到疏林地区觅食，另一部分觅食无忧者则继续留在封闭的雨林深处生活。就这样，被分割在两处的古老猿类便因为生态环境和食物不同等因素，慢慢演化成两个不同的物种，大路朝天各走一边，渐行渐远。

来到疏林地区的古老猿类再也不能任意攀援在高大的雨林之上了，它们开始了新的觅食方式，白天在疏林之间采集野果寻觅食物，

树上生活—四足行走—双足行走

黑夜攀爬在树木上栖息。随着它们在地下的时间越来越长以及寻觅食物的需要，上肢慢慢脱离了行走，开始用两足行走。而在雨林深处生活的那部分古老猿类则继续在树上生活，手脚并用。

四足行走的动物体重会平均分散在四只脚上，而两足行走的人类体重施加在两只脚上，承受重量的关节逐渐变大。当双足交替前进时，身体的重量会轮流落在左右脚上，因此稳定身体重心就变得尤其重要，为了努力做到这一点，从脚趾、脚踝、小腿、膝盖、大腿、骨盆的骨骼结构都发生了改变，甚至是臀部肌肉也衍生出了新的功能，不仅要前后交替，还需控制身体防止左右摇摆。当然脚部的变化更大，行走时，身体重量要先集中于一条腿上，移到脚拇趾上，然后再移到另一条腿上，为了能承接住重量，大拇脚趾不仅演变成最粗最壮的脚趾，而且生长方向与其他脚趾方向一致朝向身体前方，这与其他猿类大拇脚趾长向侧方明显不同。

（二）南方古猿

420 万—120 万年前，一种新的人族成员——南方古猿属开始走进人类演化谱系中。

1925 年，南非解剖学家雷蒙德·达特将在南非塔翁的矿坑中发现的古人类化石命名为南猿非洲种，昵称塔翁幼儿。从此，凡是形态类似的化石都被归为南猿属。中国学者一般将其称为南方古猿。

自第一件南方古猿化石发现以来，非洲已经发现了 9 种，分别是湖泊种、阿法种、扁脸种、非洲种、埃塞俄比亚种、惊奇种、包氏种、源泉种、粗壮种。化石种类丰富，可以断定的是他们都是双足行走，外貌形态像猿，脑容量最小在 300 毫升，最大已经达到 500 毫升。代表性化石就是南方古猿阿法种露西。

1973 年，美国学者约翰逊和法国学者泰伊白领导的一支联合考察队，在埃塞俄比亚阿法盆地阿瓦什地区的地层中发现了新的南方古猿化石。1974 年，在一个冲沟里找到一具骨架，包括头骨碎片、下颌骨、躯干骨、四肢骨等，整个加起来大约占全身骨骼的 40%，

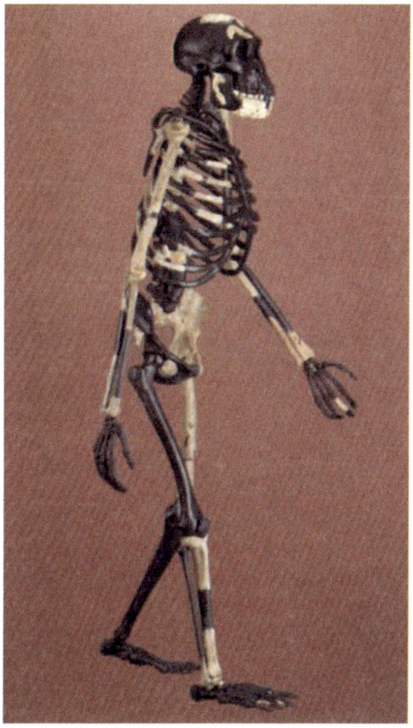

“露西”模拟复原图
（图自Smithsonian National Museum of Natural History）

这样早的人类骨架难得保存如此完整。约翰逊饮酒庆功，并根据当晚播放的披头士乐队歌曲《露西在缀满钻石的天空中》将其命名为“露西”。露西生前是成年女性，身高0.92米，能经常双足直立行走，生活在320万年前。古人类学家认为这是南方古猿属里面的一个新物种，因为是在阿法盆地发现的，便称作南方古猿阿法种。在人类漫长的发现之旅中，露西是第一位被证实能双足行走的早期人类，而且在很长一段时间内一直没有比露西更早更完整的人类化石出土，所以被认为是人类的老祖母，一时风头无二，直到千禧人等最早期的人类化石出土，露西才走下了人类史的神坛。

从古人类学家将露西归为南方古猿属的做法来看，她像猿多过像人，上下肢差不多一样长，比例界于现代人和黑猩猩之间，相当接近人类的古猿近祖。前肢粗壮，手指细长弯曲，表示她经常爬树并有超高的抓握能力，两腿的自由度比我们现代人大得多，显示出露西的稳定性比较差。可惜的是她的脚部骨骼并未被发现，我们无法知晓她的大拇脚趾是像阿迪尔还是更像现在的我们。头骨和脸部仍长得像猿。处于演化中的露西距离成为我们这样的现代人还有遥远的路程要走。

值得一提的是扁脸种，它十分特殊，脸部不仅比其他南方古猿扁甚至比后来的人还要扁，纵观人类演化过程，脸部的发展趋势是从向前突出向扁平方向演变。扁脸种与阿法种生存年代相近，意味着南方古猿在当时已经分出两个支系，非洲大陆在相当长的一段时间内同时生存了不止一种南方古猿，人类演化显示出复杂的趋势。

（三）能人

南方古猿依然存在之时，距今 280 万年左右，人类大家族中出现了新的成员——人属。代表成员有能人和鲁道夫人，消失于 180 万—160 万年前。

能人（图自《人类史前史》）

能人化石发现于坦桑尼亚、肯尼亚、埃塞俄比亚、马拉维和南非等地区，这也是南方古猿化石的分布区域。他们与南方古猿在相当长的时间内是共存于世的。曾经有学者将在肯尼亚卡纳湖以东发现的 1470 号头骨命名为鲁道夫人，其实它的头骨形态与能人的头骨形态相同。是否可以将鲁道夫人归入到能人中呢？目前还没有定论。但是有古人类学者提出能人与鲁道夫人不算人属，应当归属于南方古猿属。

这两者的化石发现数量少，基本为头骨和牙齿，得出的可靠信息是平均脑容量达到 636 毫升，虽然这个数值大于南方古猿，但是因为化石太残缺，很多结论都属于推测。20 世纪 60 年代，考古学家才在奥杜威峡谷中发现了他们的身体骨骼，从体质特征来说，能人的身高只有 1.1 米，腿与上肢的比例与后来的人相比还是较小，据此推测他们跟南方古猿一样步伐较小，行动方式也没有太大的变化。上述发现，为能人和鲁道夫人归属于南方古猿的学说提供了论据。

但还有古人类学家认为这两种人类与南方古猿相比有了明显的进步性，首先是他们的脑容量要比南方古猿的大，而且他们的脸部和牙齿明显小于南方古猿，同时，能人的手骨虽然粗壮但是却与后来的人类极为相似，能够实现精确抓握。最重要的是奥杜威峡谷中发现的能人化石周围散落着明显经过加工的石器，因此推测，能人在手边没有适合使用的天然工具时，已经利用合适的原料自己加工和使用石器了，这种简单的远古人类制造石器的技术也被命名为奥杜威工业。因此，一般认为能人开始向现代人迈进了第一步，是和我们相同的属即人属。

能人是南方古猿属和人属中间最重要的一环，是什么促成了他们质的飞跃？通过对牙齿化石碳同位素的分析，发现能人和南方古猿的饮食结构都是多样化的，可谓杂食动物，既吃草也吃果，既吃根茎还吃肉。但是能人的牙齿要比南方古猿粗壮的大牙纤巧得多。分析认为能人的饮食结构中肉的比重有了较大幅度的提高，那些经过加工的石器最大的功能就是用来切割肉类。正是因为肉类的摄取，他们不再咀嚼粗壮的植物纤维，牙齿变得纤细，能量的增加促进了大脑的发育，推动了石器的制作，提升了狩猎采集能力。

（四）直立人

在能人消失之前，出现了直立人，距今约 200 万年。

直立人化石广泛发现于世界各地，但除了非洲，其他地区的发现都相对较晚，因此古人类学者认为从直立人开始，人类开始走出非洲，向亚洲、欧洲各地扩散。除在非洲发现的命名为直立人外，还有格鲁吉亚人、先驱人、罗德西亚人、海德堡人、古老型智人等等。

非洲目前最早的直立人标本是 2020 年报道的南非德里莫伦洞编号 DNH134 人头骨，这是一个 2—3 岁的幼儿头盖骨，经过电子自旋共振、古地磁法测年，认定其年代在 204 万—195 万年前。但最知名的标本却是1984年发现于肯尼亚纳里奥科托姆地区的图尔卡纳男孩，他生活年代大约在160万年前，骨骼相当完整，脑容量大约为900毫升。古人类学家根据第一、二臼齿萌出的状态推测他死时只有9岁，但是身高已经有1.6米左右，假若他长大成人，身高可达1.8米以上。体质特征显示他的上下肢比例和步态接近现代人，已经完全脱离树栖生活。有学者认为非洲的这些直立人与亚洲地区有的直立人化石区别明显，应该另取名为匠人。相比于能人，匠人的石器技术有了巨大的进步，出现了整体较薄、两边对称、边缘修理齐整的阿舍利手斧。

180万年前，有群人到达高加索地区，叩开了欧亚大陆西部的大门，在格鲁吉亚的德马尼西居住下来并繁衍生息。日月盈昃、寒来暑往，最后竟无人知晓他们的存在。1991年，格鲁吉亚博物馆的大卫·洛德基帕尼泽在德马尼西发现了一件类似直立人的下颌骨，格鲁吉亚人才又重新回到人类演化的舞台。随后他们又相继发现了完整程度不等的下颌骨和头后骨。骨骼特征表明格鲁吉亚人身材矮小，身高1.5米左右，脑容量700毫升。同时格鲁吉亚人伴生的石器与能人的奥杜威工业面貌相同。2013年，第五个头骨也是保存最完整的第一例成年男性头骨被发现。他的脑容量只有546毫升！某些特征像南方古猿，某些特征又像另一个新的人种。更复杂的是，德马尼西发现的头骨每个都不一样，如果是在不同的考古情境中发现，它们有可能被归入完全不同的种。不过，借助3D图像复原方法，洛德基帕尼泽团队比较了5个头骨的形态，证明这些头骨的不同只是格鲁吉亚人化石内部的差异，他们仍然属于同一个种。鉴于格鲁吉亚人具有直立人、能人以及其自身独有的特征，有的学者为他们起了一个新的学名——乔治亚人，有的学者认为他们是直立人的一个亚种。

中国这一阶段的化石数量较多，有元谋人、蓝田人、郧县人、北京人、汤山人、和县人等等。目前年代最早的当属发现于云南的元谋人，仅发现了两枚门牙。其特点是靠近舌头的一面两边有棱脊、中央凹陷，像一把铲子。人类学将这样形状的门牙称为铲形门齿。古地磁法测定化石所在地层的年代为大约距今 170 万年。化石材料最丰富的是北京周口店的北京人，迄今为止已从龙骨山洞内挖出了 100 多件化石，比较引人注目的是 6 个头骨。这群生活在 78 万年前的北京人，脸面比较扁，颧骨突出，上门牙也属于铲形门齿，成年人脑子的平均重量为 1088 克。四肢骨与现代人很相似，主要差别只是骨壁较厚、骨髓腔较狭。女性身高大约为 1.56 米。他们制造使用的石器比较粗糙，整体属于奥杜威工业模式。在北京人居住的洞内发现了厚厚的灰烬层，尽管有国外学者对这些灰烬层提出种种质疑，认为是自然火而非人工用火、是水流带入洞内而非洞内生火产生，但综合洞内烧骨大小比例、测年数据、灰烬内的植硅体、磁化率等来看，北京人仍旧是有最扎实证据支持的最早会用火的人。

北京人复原头像

欧洲的西班牙北部阿塔普埃尔卡山的格兰多利纳山洞的入口处也发现了人类化石，这些化石分属 6 个个体，被古人类学家命名为先驱人。人类化石周边还伴生着大量石器和动物化石，其年代约为 86 万年前。部分人骨和动物骨骼的大肌肉附着处有许多切割的痕迹，有些骨骼被打断，可能是敲骨吸髓的结果，这也许是人类演化过程中出现过“食人族”的最早证据。其中，有一块上颌骨还具有现代人似的犬齿窝，这表明现代人的特征在如此早的时间就已经出现于非洲以外的地区，非洲不是现代人特征的唯一起源地。此外，在法国阿拉戈、意大利切普拉诺均出土有此期的人属化石，大部分学者认为他们都属直立人。

人类演化不是一个线性的过程，每一个人种往往都带有他之前和之后人种的某些特征，承前启后，这种镶嵌性的进化构成了一个复杂的人类演化谱系。以直立人特征为代表的人属演化时间起于200万年前，结束于16万年前左右。

（五）智人

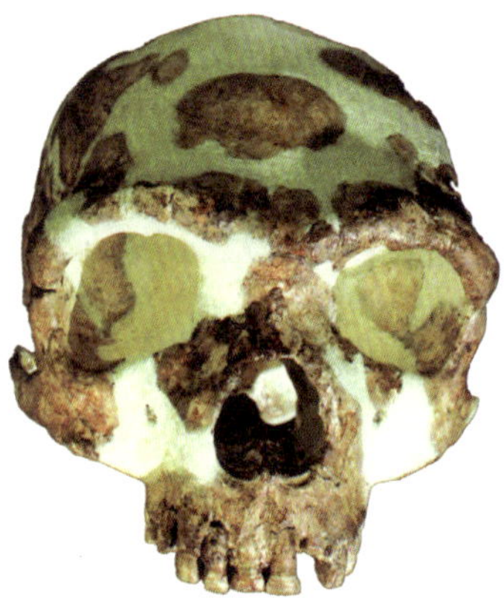

金牛山人头骨

以往认为早期智人生活在约25万—3万年前，现知在60万年左右的时候便出现了古老型智人。全世界最早的早期智人标本出现在埃塞俄比亚博多，但是眉脊特别粗大，赞比亚布罗肯出土的罗德西亚人脑容量达到了1300毫升。中国的陕西大荔人、辽宁金牛山人、河北许家窑人、广东马坝人、安徽巢县人也是古老型智人的代表。在欧洲古老型智人的代表则是海德堡人。这些古老型智人在体质上都呈现了镶嵌的特征，既有古老的特征又有现代人的影子。

当时间进入到16万年前，人类也走到了人属演化的晚期，这一时期的人属遍布在全球各地，解剖学上的现代智人逐渐形成。晚期人属的成员有早期现代人、赫托人、尼安德特人、丹尼索瓦人、美洲早期现代人、现代人等。

非洲的早期现代人是2003年报道的，考古学者在埃塞俄比亚的赫托村附近发现了16万年前的人头骨化石。这些头骨脑颅高、脑子大，额部垂直，面部不大，是现代人的基本特征，但是眉弓又较为粗壮，显示出古老形态与现代形态镶嵌的特点。赫托人是古老型智人向解剖学上的现代智人过渡形式。

中国广西崇左智人洞发现有1件11万年前的人类下颌骨，他具有颏隆凸的雏形，这是古老型智人向解剖学上的现代人演化的证明。北京周口店的山顶洞内出了至少8个人的化石，其中有3个完整头骨，放射性碳-14测年结果为3万年左右。他们具有现代人的体质特征，能制作各种装饰品，使用骨针缝制衣服，撒赤铁矿粉末埋葬死者。在山顶洞西南6公里的田园洞内也发现了人骨化石，形态与现代人基本一致，测年结果为4万年左右。人骨的线粒体和部分基因组显示，田园洞人是许多近代亚洲人和美洲土著人的共同祖先中的一员，还包含一些尼安德特人的变异。

广西崇左智人洞下颌骨

1856年在德国尼安德特谷发现了一个新的人种，被命名为尼安德特人。这个人种的化石被广泛发现于欧洲和西亚地区。有学者认为他们是由海德堡人演化而来，出现于30万年前，消失于3万年前。典型标本是1908年在法国圣沙拜尔村附近发现的一副老人骨架，身长1.6米，头顶低矮，脑颅形状介于直立人的扁圆馒头形和现代人的近球形之间，四肢骨骼短而粗壮。尼安德特人的脑容量比较大，男性为1524毫升—1640毫升，女性为1270毫升—1425毫升。尼安德特人知道用骨棒来修理石器，用猛犸象骨搭盖椭圆形的小屋，制作装饰品，绘制多样壁画，以鲜花埋葬死者。分子生物学家通过对他们的DNA研究发现，今天的人类除了非洲人以外，欧洲人、亚洲人都有1%—4%的尼安德特人基因，这个基因交流的时间可能在距今8万—5万年前。

尼安德特人

2008年，考古学者在西伯利亚南部阿尔泰山的一个洞穴里发现了一段人类指骨碎片，还有几颗牙齿，被命名为丹尼索瓦人。测年为距今5万—3万年。对丹尼索瓦人进行研究之初，除了知道臼齿较大外，其他部分的形态一无所知。2010年3月，古人类学家对其进行了基因分析，从这些化石碎片里提取的DNA透露了丰富的信息。将丹尼索瓦人的线粒体DNA序列与尼安德特人和现代人比较后发现，丹尼索瓦人、尼安德特人和现代人拥有共同的祖先。丹尼索瓦人与尼安德特人的亲缘关系更近，大约在64万年前出现分异。研究还揭示，西南太平洋的美拉尼西亚人有4%—6%的基因来自丹尼索瓦人。还有报道称，我国藏族人适应高海拔地区生活的基因可能来自丹尼索瓦人。不过，丹尼索瓦人在人类演化史中的确切位置还远没有弄清楚。他们的故事现在只存在于DNA中。

美洲的早期现代人是谁呢？从形态学分析，美洲土著人的祖

提取丹尼索瓦人测试样本
（图自《人类史前史》）

先可能来自东亚。在距今26000年—18000年末次盛冰期，全球气候变得寒冷，但当时人类物质文化已经达到了相当高的水平，生活在亚洲大陆的人类能缝制衣服，适应在高纬度的寒冷地区生活。当白令海峡的海底露出海面变成陆桥时，亚洲的人类便越过白令陆桥来到美洲，所以美洲土著人和东亚人都曾被归属为黄种人。对我国周口店田园洞人的DNA分析结果表明，田园洞人的祖先构成了美洲土著人祖先的一部分。2014年，学者对西伯利亚中南部2.4万年前的麻尔塔人DNA分析显示，美洲土著人祖先的基因组中约有14%—38%来自麻尔塔古人群。还有学者根据DNA分析和石器对比认为美洲土著人还有一部分祖先来自欧洲。因此，美洲大陆上的早期现代人问题可能比一直以来设想得更复杂。

三、中国人的来源

现代人在生物学分类上属于灵长目——人猿超科——人科——人亚科——人族——人属——智人种。所以人类的起源和现代人的起源是两个不同的概念。人类的起源指人类怎样从古猿演化而来，人类跟黑猩猩原本有一个共同的祖先，但在700万年前，人类与黑猩猩分手。接着，人类又经历了一个从“像猿”到“像人”的过程，也就是从杜迈、露西那些长得比较“像猿”的物种，逐渐演化成图尔卡纳男孩那种比较“像人”的物种。这是一个物种形成和早期演化的问题。根据现有证据，比 200 多万年更早的人类化石就没有在非洲以外的地区发现过，所以目前的共识是人类起源于非洲。

人类的起源是没有争议的，有不同声音的是“现代人的起源”。这里所说的“现代人”，并不单单指“活在现代的人”，而是有比较明确的界定，指的是“解剖学上的现代人”，更确切地说，指大约 30 万年前，从直立人演化而成的“智人”。这样定义的“现代人”，可以包括 30 万年前的某些古人和某些具有“现代特征”的古人化石。当然，现今分布在全世界的人类，不管是亚洲人、欧洲人，还是非洲人，也都属于“现代人”，属于“智人”这个单一物种。简而言之就是长得像我们这样的人究竟是怎么起源的？

南方古猿在非洲演化成直立人，这一点是没有问题的。直立人在大约 200 万年前离开了非洲，向中东、高加索地区、西亚和东亚等地扩散。这样问题就产生了，直立人走出非洲分散到了世界各地，然后又在世界各大洲演化出古老型人类，比如欧洲的尼安德特人和西伯利亚的丹尼索瓦人。直立人在 170 万年前来到中国后，也演化出一些过渡类型的人属成员，比如湖北郧县人（有 3 个头骨出土，年代约 100 万年前）和山西大荔人（有 1 个近乎完整的头骨，年代约 25 万年前）。必须明确的是“古老型人类”跟“过渡类型”一样，指那些在解剖学特征上介于直立人和智人之间的人属成员。他们最后可能又演化成智人。也就是说，直立人走出非洲后，有可能在不同的地区演化出本土起源的“现代人”（智人）。

可以确定的一个现代人起源地就是非洲，2017 年发表的北非摩洛哥古德山出土的人类下颌骨和牙齿，经研究属于智人，年代为 30 万年。这表明非洲的直立人大约在 30 万年前演化成智人。至于那些离开非洲，移居到欧洲、中亚和东亚等地的直立人，也极可能在 30 万—20 万年前，纷纷演化成智人。这样一来，智人就起源于非洲、欧洲、中亚和东亚的中国等地。

（一）两种假说之争

关于现代人的起源有非洲起源说和多地区起源说，这两种假说长期以来一直处于相争的状态中。

非洲起源说的代表人物是英国古人类学家斯特林格，他认为人体 DNA 变异的产生速率是恒定的，祖先来自非洲的人 DNA 变异比来自其他大洲的多，并根据线粒体推定现代人的共同祖先是一位非洲的女性，由此设定非洲起源假说。假说认为留在非洲的直立人在大约 60 万年前演化出一个新的物种即海德堡人，其中一部分在约 40 万年前离开非洲，并分化成两个支系，一支进入中东和欧洲，演化成为尼安德特人。另一支走向欧亚大陆的东部，演化为丹尼索瓦人，散居在西伯利亚的阿尔泰地区和东亚等地。而留在非洲的海德堡人在大约 30 万年前又演化成早期的智人。在 6 万年前，这些智人的一部分走出非洲，走向全世界，他们凭借更高超的智慧和更精良的武器，把原本住在欧洲、东亚和东南亚等地比较“落后”的尼安德特人、丹尼索瓦人等古老型人类，以及中国的过渡类型人属完全消灭，取而代之，形成今天的欧洲人、东亚人和中国人等。

由此看来，非洲起源假说认为，直立人走出非洲后，在其他地区顶多只演化出尼安德特人、丹尼索瓦人等古老型人类，或在中国演化出郧县人和大荔人等过渡类型，但不曾演化出智人。今天全世界的智人，是完全源自非洲的智人种。

另一种假说是多地区起源说，代表人物是中国古人类学家吴新智。其主要观点是，如今分布在亚欧大陆等地的智人，是在当地演化而成的“原住民”，其远祖是 200 万年前走出非洲的那批直立人。这些直立人来到欧洲、中亚和东亚等地后，就在当地繁衍，先演化成尼安德特人、丹尼索瓦人等古老型人类或其他过渡类型，最后演化成智人。当然了，这些原住民在演化的过程中跟那批非洲起源的智人有过基因交流，而不是被他们完全取代，现代人起源是一种网状的连续进化附带杂交。

这种假说的论据是，获取 DNA 的化石标本来自数万年甚至数百万年前，提取的过程中很有可能被污染；古人类学家认为化石所呈现的证据只能与当时当地大多数人的骨骼状况相似，但与其他时间、其他地区出土的人类化石不同，且无法通过其他证据佐证真伪。人类进化情况是非常复杂的，仅凭借基因是无法推断出人类整体进化的真实情况；东亚、东南亚地区的旧石器文化是一脉相承的，若他们的祖先真是从非洲迁徙而来，那么应该带着非洲的文化来到这里，而不是完全改用其他族群的文化。

近年来，越来越多的分子生物学研究结果表明，基因突变的速率并不是恒定的。2010 年，德国马普进化人类学研究所成功地为尼安德特人的古基因组完成测序后，证明智人曾经和尼人交配过，以至于现代人的基因都带有 1%—3% 的尼人基因。这项发现改写了智人的演化史，也导致非洲起源说的动摇。未来随着科技的发展，关于现代人起源肯定还会有新的认识，我们拭目以待。

（二）中国人的远祖在中国

借助于基因技术起家的现代人非洲起源说一经诞生，风靡了整个西方古人类学界，但是也是因为基因技术的新发展，非洲起源说产生了各种纰漏，古人类学家的某些立场会影响对基因技术的解读。来自人类化石、形态特征、旧石器技术、古环境方面的证据则扎实地支持多地区起源说，而且，这些证据都能在中国找到。

截至目前，我国报道的人类化石地点近百处，这些地点出土的人类化石有一系列形态相同的特征，有或强或弱的矢状脊，上面部低矮，面部扁平，眼眶呈长方形，鼻区扁塌，上门牙靠近舌头的一面呈铲形等等。虽然这些特征中的某几个在其他地区也出现过，但是远没有中国普遍，而且组合在一个头骨上更是其他地区所未见的，尤其是印加骨只出

砍砸器

现在我国的古人类化石之上。同时，我国的直立人和智人在形态上是你中有我、我中有你，呈现镶嵌进化的状态。这些特征的存在证明了古人类在我国的连续进化。

拿现代的中国人与非洲土著人进行比较来看，中国人的上颌门齿釉质延伸的出现率为53%，鼻梁有10%呈夹紧状，颅骨顶有6%呈两面坡状，这些特征在非洲土著人中的出现率为0。很明显，中国人的这些特征跟非洲土著人一点关系没有。此外，中国人的铲形门齿出现率为90%多，非洲土著人只有10%左右。这个特征在非洲出土的人属中晚期成员中均未见报道，相反这些特征在中国出土的古人类中都能找到。

人类在演化的过程中，除了在自身体质上留有证据之外，人类行为一个重要的载体——旧石器也保留了大量的人类信息。旧石器考古学者将人类制作和使用的旧石器技术分成了五种模式，呈递进式发展。从330万年前，人类石器技术进入了第一模式，也就是常说的奥杜威工业，进入到170万年后，非洲和欧洲一级一级向上发展到第五模式。而中国却基本上以第一模式纵横古今，只有很少地方存在其他模式，即使存在比重很低。中国与西方在旧石器文化发展的具体进程和传统上显然不同，中国的古人类一直延续着古老的传统，偶尔也可能与西方产生一点文化交流，但很明显没有出现原有文化传统被新的外来文化取代的现象。

西方学者曾经用环境来论证非洲移民取代了中国的原住民，认为6万年前地球处于大冰期，严寒使得中国大地成为无人的荒地，所以非洲移民就在这片大陆上扎根繁衍。可事实上，大冰期对各个地方带来的影响是不一样的，高纬度高海拔地区被冰盖覆盖，但是近赤道地区却依然气候温和，适合动物生存。中国南方出土了大量的猩猩、大象、犀牛等动物化石，北方也出土了大量的大象、牛、马等动物化石，这些喜温动物与人类在气候的适应性方面并没有多大差别。大量的动物化石及旧石器出土，尤其是北方小孤山，都是人类存在的证据，测年结果确定它们出现在大冰期，并且是持续发展的。

第二节　中华文明探源

文化是和人类伴生的。在中国，与人类共存的旧石器文化自成体系，也有区域特征，发展速度相对缓慢，探索中华文明起源，主要应从近万年的文化史说起，这一阶段已经进入了新石器时代。

在中国南北方，很早就有了稻作与粟作农业，是世界鲜有的农业起源中心之一。我国古籍中有不少关于农业起源的传说，指的都是某个人或某个部落，如神农氏、烈山氏、周人祖先弃等。《史记·五帝本纪》说黄帝“时播百谷草木，淳化鸟兽虫蛾”，表明了农业产生的时代。

有了农业，先民居有定所。后聚落不断扩大，有了专门的手工业，产生了脱离劳动、专职从事宗教祭祀或管理职能的阶层，出现了贵贱、贫富的分化，距今 5000 年前后产生了早期国家。

为了更加清晰地阐释早期国家的形成过程，从 2002 年起开始筹备，我国迄今已连续开展了 5 个阶段的文明探源工程。考古、历史、物理、化学、天文、地质、生物等多个学科专家联合攻关，取得了许多重大发现与研究成果。据探源工程首席专家王巍在成果发布会上介绍：探源以距今 5500—3500 年为研究的时间范围，聚焦史前文化发展序列比较清晰的黄河流域、长江流域和西辽河流域，重点关注中华文明何时形成，以黄河中游为引领的历史格局何时形成，如何形成；中华文明有何特质，为何形成这些特质等。并总结出了中华文明形成的标志：生产发展、人口增加，出现城市；社会分工、社会分化不断加剧，出现阶级；权力不断加强，出现王权和国家。

从中华大地上出现人类，到走向文明并形成独具特色的文化，既有环境因素又有人文交流的因素。

一、生存环境背景

在人类进化与早期发展进程中，环境一直是重要的影响因素。

人类生活环境的不同会产生不同的文化，如黄河流域、长江流域、辽河流域等特色文化。环境和人类文化的发展是一个双向奔赴的过程，只有了解生活环境才能完整地还原古人类的生活。人类文化又是在适应、利用和改造不同自然环境的过程中形成各自的特征。

在诸多环境因素中，最重要的是气候与地形地貌。

（一）冷热交替的气候

地质学家根据来自深海沉积、黄土沉积、冰岩芯以及湖泊沉积的古气候记录，大体了解了人类生存年代的气候演变过程。

距今 700 万—1 万年前，全球多次出现周期性的冰期和温暖气候变化，冰期使气温大幅度下降，海平面降低，动植物群落发生改变，纬度较高地区更为明显。两次冰期之间的间冰期气温明显上升，

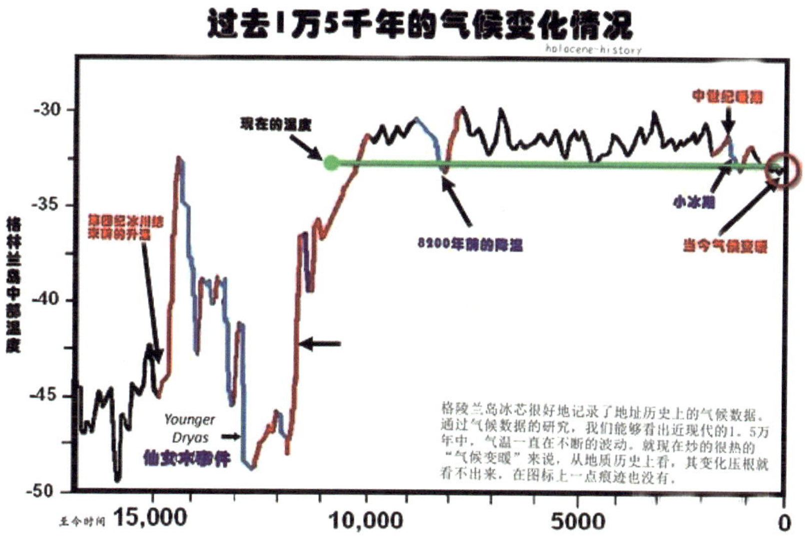

新仙女木期

雨量增加，喜温动植物繁荣生长。除了大幅度气候波动外，还有周期性的较小的气候波动。每次气候波动及其引发的生态环境变化，都给人类迁徙与文化发展带来正面或负面影响。

距今12500年—11500年间，地质上称为“新仙女木期”。全球气温在较短时期内骤降，各地转入严寒，许多高纬度地区的动植物大批死亡，人类有的伴随动物向南迁徙。已经习惯于在森林采集的先民不得不改变方式，食物资源获取由以森林果实为主向以草原籽粒块茎为主，采集和狩猎的对象发生了变化，在采集过程中逐渐认识到野生草本植物的生长习性是可利用的，特别是一年生的禾本植物，春季发芽秋季结果，这为后来农业的发展提供了前提条件，促成了旧石器向新石器早期过渡。

冰消期过后的全新世，气候回暖，这也是新石器时代早期文化迅速兴起的背景条件。至距今4000年前后，全新世大暖期结束，气温开始下降。在此期间出现了几次小幅度的气候突变，如距今5000年左右全球气候出现明显的降温事件，由温暖湿润开始转为寒冷干燥。

（二）自然地理条件

从我国的周边环境看，北部有大片沙漠及大小兴安岭，南部有横断山脉地带和十万大山等，西部有青藏高原，东部和东南部为海洋，构成了四周与周边相对隔离的巨大地理单元。这个巨大地理单元内部，地形复杂，气候多变。

地形西高东低，形成三级巨大的阶梯：西部最高一级是青藏高原，平均海拔四五千米，号称世界屋脊，严寒而干燥；中部有蒙新高原、黄土高原和云贵高原等，海拔1000米—1500米，多属干旱或半干旱气候；而广大的东部平原和丘陵地带，大部分海拔在500米以下，湿润多雨。

从北向南，又有四个气候区：第一个大致在长城以北，包括东北、内蒙古和新疆等地，温带气候，除东北外，多为牧业区或农牧混交区。第二个大致在秦岭——淮河一线以北，主要是黄河流域，暖温带气候。第三个大致在南岭山脉以北，主要是长江流域，属亚热带气候，温暖湿润，四季分明。第四个在南岭山脉以南，属热带气候。上述区内地形、气候、水文、土壤、植被等不完全一致，还可细分为若干亚区。

（三）适应环境的文化特点

相对独立的地理单元，是中国史前文化起源具有本土性、中华文明具有创新性的环境因素。

内部不同的地理、气候环境因素，决定了史前文化起源的多元性和发展的不平衡性。较早时期，人类主要活动在低级阶梯和低级与中级阶梯相交接的地区，其中史前文化最发达的区域又在不同维度带上，并保持文化交流，因气候等原因，远古居民又不断迁徙重组，这是中华文化具有统一性的自然条件。

高星在《中华文明的远古根系》讲座中提道：中国和印尼、格鲁吉亚的化石材料表明，早期人类在距今 200 多万年前开始出现在亚洲，是第一批走出非洲的人类。从旧大陆石器技术特点和发展过程上看，一直存在有别于西方、连续发展的旧石器时代文化体系。中国乃至东亚的古人类在旧石器时代保持了行为和技术的连续性和稳定性，在总体上继承多于创新，形成独特、渐变的演化格局。

距今 1 万年前，中国东部沿海第三阶梯的不同气候带均进入了新石器时代，各地先民有了自己不同的发展道路。长江流域的先民开始驯化栽培，北方则兴起了旱作农业，为中华文明产生起到了奠基的作用。

距今 6000 年前后，各地文化交流密切，初步形成了不同的文化中心，孕育出特有与共有的文明因素。在广阔的地理空间里，多元互动形成的中华文明，有深厚的文化认同、族群认同基础。

距今 5000 年前后，在中国大地上已经有了成熟的古国文明。

二、超万年的文明奠基

众所周知，远古人类经历了旧石器时代、新石器时代、铜器时代和铁器时代。这种时代划分的最重要依据就是当时人类所使用的生产工具，它是古人类用来适应和改造外部环境的基本手段，时至今天，我们依然在使用着石制、木制、陶制、铁制工具以便利生活。

旧石器时代晚期，古人类不再满足于将石头敲打成需要的形状作为工具使用，而是不断地改进其形制及用途以提高应对环境的能力。诸如：早先广泛使用的大型石器被逐渐弃用，取而代之的是更便捷的细小石器，可加工成复合工具，以利于从事更大范围的狩猎和采集活动；制作的石器愈来愈精致，形态上也开始规范化，在将石料打制成基本形状后，放在砥石上蘸水或加砂进行研磨成更加精致美观的石器，有斧、镞、网坠、磨盘、磨棒和装饰品等，具有不同的用途，适用于不同的场景；石器由单一走向多样化，使用功能也由一物多用转为专用。上述石器的制作与使用是人类迈入一个新的发展阶段——新石器时代的主要标志。

双孔石镰

最为重要的是农业的产生。不稳定的气候环境迫使先民改变随采随吃的生活方式，开始学会储存食物，尤其是植物性食物，以备度过气候恶劣、食物缺乏的年份或季节，慢慢地学会了种植。

为了烹煮食物，又发明了陶器，这是人类首次通过改变物质的结构制作出来的器物，是人类在科学技术上的一次伟大进步。

从考古发现看，中国先民的上述发明创造都发生在距今万年以前。

（一）农业产生

人类的食物包括两大类型：植物性食物和动物性食物。据统计地球上可食用的植物有 7.5 万种，其中有 3000 多种曾经被人类作为食物利用，包括树皮、树叶、果实、块茎等，而几乎所有的动物都可以作为人类的食物。

人类早期的生业形态是攫取性的，包括采集、狩猎、渔猎等。进入新石器时代以来，渐渐出现了生产性经济。

“新仙女木期”，伴随近千年间全球气温骤降和骤升，为应对食物危机，先民开始注重食物资源储备，粟、黍、稻等具有耐保存、热量高、一年生、适应力强等特点的禾本科植物首先被先民选作驯化的对象。

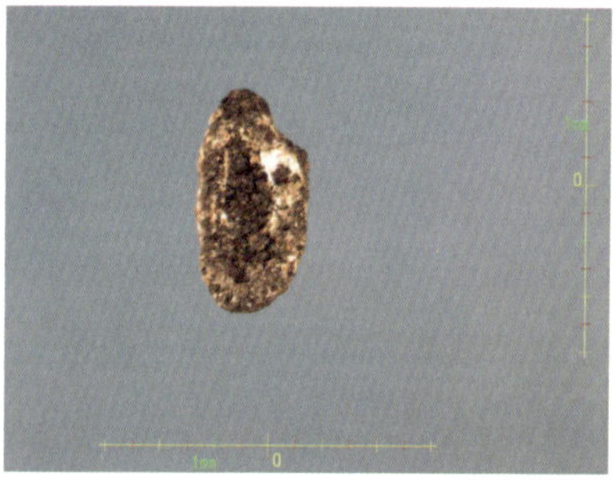

浙江上山遗址出土的一万年前的栽培稻

长江流域，池塘、溪谷、低洼地及河流沿岸多生长着野生稻群，古人类将其作为部分食物的来源，江西万年仙人洞和吊桶环遗址就发现了早期先民采集利用水稻行为的线索。随着对稻米习性认识的加深，开始尝试人工栽培，在距今 1 万年前长江中下游已经出现了水稻的驯化。位于浙江浦阳的上山遗址，出土的夹碳陶中掺杂了大量的植物残体，科技考古分析显示含有来自稻的运动细胞的扇形硅酸体，也就表示陶片掺杂的是经过人工驯化的稻壳、稻茎和稻叶，另外从谷壳局部形状观察显示，部分谷粒的长度比野生稻短，宽度比野生稻长，很可能是经过人工选择的早期栽培稻。

北方黄土分布区，气候温暖干旱、降雨较少，是野生粟黍生长的地方，生活在北方的古人类选择粟和黍作为主要的农作物，形成以旱作为主的生业形态。在距今1万年前后北京东胡林遗址，发现了迄今所见年代最早的栽培粟和黍。

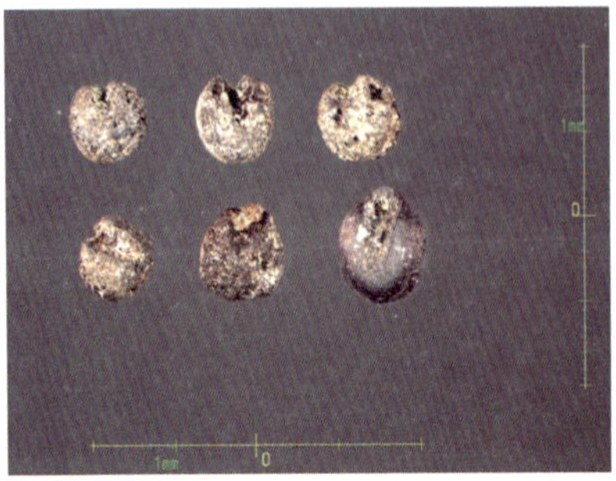
北京东胡林遗址出土的栽培粟

粟黍，就是我们日常生活中食用的两种小米，在新石器时期的遗址中，出土的粟黍籽粒呈现出由小变大、由长变圆、由干瘪变丰满的一个驯化过程。

稳定的食物来源是保障人类生活、生产的前提和基础，古人类在提高食物获取能力、改进加工方式的过程中创造了独特的物质文明和精神文明。

（二）动物驯化

新石器时代早期，古人类除了驯化植物外也开始畜养动物作为稳定的肉食来源，原始畜牧业为其提供了比较稳定、可靠的食物保证。驯化动物是伴随着农业文明发展的，除了狗可能是在农耕文明之前就被驯化，食草性动物因具有繁殖能力强、生长速度快、性格温顺、攻击性较弱等特点被最先作为驯化的主要对象，如猪、绵羊、山羊、牛等。

我国有关家猪的考古记录最早可以追溯到大约8500年前河南舞阳贾湖二期遗址发现的猪化石，根据臼齿几何结构、齿列扭曲、肉量比例等多个典型驯化家猪的特征，推测已经开始家猪驯化。在内蒙古兴隆洼、河北磁山、河南裴李岗、甘肃大地湾、浙江跨湖桥等地都发现家猪遗骸。根据跨湖桥遗址

舞阳贾湖二期出土的猪骨骼

出土的家猪体型较小，对应我国南北方野猪体型的差异，推测我国有多个相对独立的家猪驯化起源。

甘肃大地湾遗址出土了6577件猪的骨骼，约占出土的全部动物骨骼数量的1/2，通过对出土的猪骨年龄分布分析统计发现，这些猪的死亡年龄相对集中，证实大地湾遗址的猪绝大多数应是驯化的家猪，并且该遗址的畜牧业在其经济形态中占据了较重要的位置。吉林通化万发拔子遗址年代跨度较长，大致经历了新石器时代晚期、商周、春秋战国、西汉、魏晋等时期，在对遗址新石器晚期、商周、春秋战国三个时期猪的样本进行古DNA分析后发现，万发拔子地区出土的猪在线粒体DNA母系遗传方面存在连续性，反映了当地家猪饲养业发展是连续的。

（三）泥与火的结晶

我国已发现的最早陶器是在江西万年县仙人洞遗址，距今2万年左右。距今1.7万年的湖南玉蟾岩遗址也出土了陶器。此后，在广西顶狮山、河北南庄头、浙江上山等地也陆续发现有原始陶片。陶

江西万年县仙人洞遗址出土陶片（图自北京大学考古文博学院）

器具有制作材料容易获取、制作加工简单、焙烧温度低的特点，烧成后耐火、耐水，是非常便利的储存容器。最早的陶器发现地点也同江西、湖南发现最早的人工栽培稻相吻合。

陶器的制作经历选土、塑形、烧制三个过程，其中选土和烧制最为重要。用于制作陶器的陶土分布比较广泛，黑土、黄土、红土等都可以制作陶器。为了使陶器坚固耐用，古人类还会在制作陶器的过程中在陶土里掺入云母、蛭石等矿物碎片，增加陶土颗粒间的连接力。从出土陶器来看，鼎、鬲、釜等炊煮器制作时会较多地增加掺合料；有的陶土含砂量太高，制作出来的陶器粗糙易碎还渗水，他们因此发明了水洗法，对陶土进行淘洗以降低砂的含量，提高黏土的含量。

陶器的塑形主要以手制、轮制成型。手制陶器的最初是手捏塑形，捏成的陶器形状不规整，薄厚不均。后来发明了泥条盘筑法，即将泥土捏成线条然后一圈一圈叠加，成型后将器物内外接缝抹平。轮制法采用拉坯成型，即将陶泥放在陶轮上，通过陶轮的快速转动用提拉的方式制成型。

坯体成型后，会对陶坯进行修整，一种是对坯体表面进行磨光，烧制出的陶器表面非常光滑；另一种就是用更细致的陶浆涂抹在坯体表面形成陶衣，烧制出的陶器颜色非常漂亮；更进一步的修饰，是对坯体表面增加装饰，如用缠绕绳子的木棒压印绳纹、刻画几何纹纹饰、借助细木棒刻画的篦点纹、在陶坯表面附加泥条的附加堆纹等，实现了多样性的陶器风格。

先民根据用途的不同制作了不同样式的陶器，主要有炊器、食器、饮器，被用在古人类日常生活、生产、宗教祭祀等方方面面。

陶器的出现同人类对火的使用是分不开的。先民在火的使用中可能偶然地发现黏土在炭火烧灼后质地变得坚硬，之后利用这一特点有意识地烧灼黏土，这可能就是初期的陶器制作。最初的陶器制作，可能采用露天平地堆烧或封泥烧，因烧制过程密封较差，一方面陶器受热不均，烧制过程中陶器容易炸裂，产出数量较少；另一方面因露天烧陶的火候较低，烧制出来的陶器质地松散、储水较差。随着烧制陶器的不断摸索，烧制技术的提升，他们发现在密封的环境下，火候更高，烧出来的陶器质地更坚硬，储水性能更好，进而开始建窑烧陶。

陶器的器型也在一定程度上反映了人类对自然环境的一种文化适应，通过对陶器特征的分析，了解陶器的用途，进而探讨当时人类的生存环境。我国史前文明各个地区具有自身特点和发展谱系，其中陶器文明是最重要的组成部分。各地区的陶器文化呈多元性，在陶器初期阶段，发展水平大体相当，到中后期，逐步形成了以中原地区为中心的陶器文化。

陶器是古人类技术和艺术的完美融合，精美的器型和复杂的纹饰是史前人类观念的具象表达，也是史前文化的传播媒介，传递了他们的生活面貌和精神面貌，是文明发展的实物见证。不同于石器、木器、骨器等通过打制或磨制改变外在形状制成工具。陶器的使用扩展了古人类烹饪的能力，改变了食物的食用方式和食用类型，为应对极端恶劣气候提供了生存的保障。

三、八千年的文明起步

距今 8000 年前后，中国的辽河流域、长江流域、黄河流域都进入了物质文化大发展期，并创造出了具有自身特色的精神文化。

在湖南洪江高庙遗址，已经具备了较为发达的稻作农业，盛产白陶，器表戳印神鸟、带獠牙的兽面纹等图案；河南舞阳贾湖遗址、安徽蚌埠双墩遗址均发现有稻米，表明稻作农业向北发展。贾湖遗址出土有音律相当精准的各式骨笛，出土龟甲上刻有图案或符号，有些符号甚至类似甲骨文。双墩遗址许多陶碗底部刻画有不同图案，如果将碗扣过来看，类似布满星辰的天空。

同时，辽河流域的兴隆洼文化出现了相当成规模的聚落，周围有围沟环绕，聚落里面房址成排分布。其中玉器是兴隆洼文化最具特点的文明因素，发现有玉玦等装饰品，同时有居室墓，体现出一种特殊的信仰。

距今7000年—6000年，中国境内各地区遗址数量逐渐增加，规模不断扩大，表明人口数量增多。陕西临潼姜寨遗址发现了一处环壕聚落，内部房址大致分为五组，每一组都有大中小型房址，大型房址门道指向聚落中心广场，显示出有意识的组织布局和宗族组织结构。陕西半坡遗址彩陶纹饰常见各种鱼纹，甚至是人面鱼身形象。辽河流域赵宝沟文化发现有刻画鹿、鸟、猪勾连一起的图案。

（一）贾湖遗址

贾湖遗址位于淮河上游的河南舞阳县贾湖村，距今9000年—7500年，是一处新石器时代中期裴李岗文化的代表性遗址。

贾湖遗址出土的石镰

贾湖遗址出土的刻符龟甲

遗址面积约5.5万平方米，平面呈不规则圆形，已发掘清理的遗迹有房址、陶窑、墓葬、瓮棺葬、壕沟等，出土遗物近6000件。

贾湖遗址发现了最早的炭化稻和家猪驯化，以及用于农业生产、加工的工具，如石铲、骨耜、石镰、磨盘磨棒等，出土的用于收获谷物的石镰呈锯齿状，比平刃石镰收割稻穗效率更高。贾湖遗址虽然发现了一定数量的炭化稻，但是当时的生业经济仍是以采集为主，只不过农业的比重在显著增加。

贾湖遗址发现了公共墓地，墓葬规格和随葬品基本一致，表明当时应该是一个相对平等的社会。个别墓葬规格较大，除随葬磨盘磨棒等谷物加工工具外，还有随葬绿松石饰品、龟甲、骨笛等，显示出墓主人身份的特殊性，意味着社会分化的端倪初步显现。

随葬的龟甲其内装有黑色或白色的小石子，可能是用于占卜的工具，反映了最早的宗教信仰，龟甲上还发现了20多个契刻符号，同商代甲骨文比较相近，是最早的文字雏形，很可能是汉字的滥觞。

贾湖遗址出土龟甲及其内装的石子

贾湖遗址的墓葬中还出土了16件骨笛，由鹤的尺骨或腿骨制成。骨笛上刻5—8孔不等，涵盖七阶音域，可用于演奏简单的民歌、小调，是迄今为止最早、保存最完整的乐器。

贾湖骨笛（图自河南博物院官网）

（二）高庙遗址

在湖南省洪江市沅水北岸一级台地上分布着一个 3 万多平方米的新石器时代贝丘遗址——高庙遗址，距今 7800 年—6600 年，发掘了大型祭坛、房址、窖穴和墓葬等。

房址平面呈长方形，均为挖洞立柱的排架式地面建筑，两间或三间，方向朝东或东南，有些房址附近还发现有窖穴。

墓地在居住区附近，土坑竖穴侧身屈肢葬，无随葬品。

通过考古发掘发现了一处大型祭祀场所，由主祭（司仪）场所、祭祀坑、议事或休息的房子和窖穴组成。主祭场呈梯形对称结构，一边有两个巨型柱洞，主祭场前有方形或圆形的祭祀坑，坑内出土有经火烧过的牛、羊、鹿、龟等动物骨骼和螺壳，个别坑中有人祭遗存。出土了大量精美的陶器、石器、骨器、蚌器和家猪颌骨等。

高庙遗址发现了迄今为止我国年代最早的白陶，其上饰有太阳、八角星、獠牙兽面、凤鸟等纹饰，反映高庙先民的宇宙观，对研究中华文明起源具有重要的历史价值。

在高庙遗址还发现了具有栽培稻特征的炭化稻谷，表明这一时期已经具备了较为发达的稻作农业。

高庙遗址出土白陶

（三）姜寨遗址

姜寨遗址位于陕西省临潼区临河东岸的第二台地上，距今6600年—6400年，是黄河中游新石器时代以仰韶文化早期聚落为主的遗址，分为居住区、制陶区和墓地三个部分。

居住区平面呈椭圆形，包括房址、窖穴、牲畜圈栏和瓮棺葬，布局较整齐，共发掘房址120多座，按面积分为大、中、小三种。其中大型房址有5个，分别位于居住区的东、南、西、西北和北部，大型房址周围分布中、小型房址，形成5个房屋群，所有房址开口均朝向中央广场。

居住区外有人工挖掘的壕沟和天然河道环绕，环壕外修建有公共墓地，发掘墓葬600多座，以单人仰身直肢葬为主，墓内以日用陶器和工具作为主要的随葬品。姜寨遗址出土遗物数量和品种都是前所未有的，出土磨制石器、骨器、陶器、黄铜片等1万多件。

姜寨遗址出土陶器以泥质红陶为主，包括罐、瓶、甑、盆、壶等器型，多数陶器绘有黑色的动物纹、人物纹、几何纹等纹饰。

四、五千年文明

距今6000至5000年间，中国大地繁星闪烁，逐步产生了超越氏族社会之上的文明古国。

在黄河流域，河南濮阳西水坡墓地发现一座墓葬，编号M45，墓主人的东西两侧分别摆有蚌塑龙、虎图案，形态逼真，如果将其比拟为“青龙、白虎”，则表明当时人已有了星宿崇拜概念；河南灵宝墓地，发现了反映社会分化的大型墓葬，对应的村落出现制作考究、室内面积达240平方米的大型房址。上述遗存的年代距今都超过6000年。

在长江流域，江苏张家港市东山村遗址，距今5800年前后，发现了9座高等级大墓，属于崧泽文化早中期，表明其社会已有明显的贫富分化，出现了社会分层，为其后高度发达的良渚文明找到了源头；安徽含山凌家滩遗址，距今 5800 年—5300 年，发现了面积达 3000 多平方米的公共仪式场所，由烧土堆积及人工铺垫的碎石构成。M23 是该遗址目前所见墓葬规模最大者，随葬品 300 余件，其中玉器约 200 件，玉龟、玉版上的刻画图案可能代表了当时人对宇宙的看法。遗址还出土 6 件玉人，双手贴在两肩，双腿弯曲，似处于与神灵沟通的状态。

在辽河流域，红山文化晚期，距今 5500 年—5000 年，在宗教信仰基础上发展出更为明显的宗教权力。牛河梁遗址发现了坛、庙、冢，积石冢内的墓葬，随葬品几乎只有玉器，表现为宇宙观念或者天地之神沟通意识，在中华大地上最先见到了文明的曙光。

兽面纹彩陶壶

距今5000年前后，位于环太湖地区的良渚文化发现了古城及其外围水利工程，非一定的组织力量不能完成。城内莫角山宫殿区附近的仓储区发现大量炭化稻谷，原重量近200吨，稻谷来源地不一，应是大范围内征集调运的结果。古城内反山贵族墓地，个别墓葬随葬玉器总数近千件，玉琮之上的神徽表现出很强的宗教信仰。

张光直先生曾提出“中国相互作用圈”，认识到大概从距今6000年开始，中华大地各区域文化交流就已非常密切，这种交流使他们共享一些重要的文化要素，表现出文化的相似性，这也是中华文明具有统一性的文化基础。

（一）灵宝遗址

地处黄河流域，河南省灵宝市西坡村发现的一处大型聚落遗迹，同以往不同，灵宝遗址已经出现大型房址和大型墓葬。灵宝遗址占地40万平方米，是仰韶文化中晚期的聚落遗址，距今5900年—5300年，同传说中轩辕黄帝活动时期相吻合。

灵宝遗址F105

在遗址的中心有一广场，面积约4000平方米，广场周围分布有四座大型房址，半地穴式，斜坡式门道，四周有回廊。特别是F105

灵宝遗址发现的大型墓葬

算上房屋回廊面积达516平方米，室内面积240平方米，是新石器时代单体建筑面积最大的建筑。房屋墙壁和地面均经过烧烤并涂抹白灰面。

灵宝遗址的墓葬排列规整，长方形竖穴土坑墓。发现了大型墓葬，长3.5米，宽2米，随葬品较少，仅发现石钺和少量陶器，未见彩陶。小型墓葬不见随葬品。

居住区和墓葬区之间有人工修建的壕沟，宽十几米，深7米—8米，具有一定的防御作用。

从聚落分布和墓葬规格等方面都说明灵宝遗址已经形成严密的社会结构，开始出现社会等级分化，且具备了一定的文明程度。

凌家滩遗址墓葬

（二）凌家滩遗址

位于安徽省马鞍山市含山县长江下游裕溪河畔，距今5800—5300年，面积约160万平方米，发现新石器时代晚期大型聚落、祭坛、大型墓葬等遗迹，出土了玉石猪、玉板、玉鹰、戴冠玉人、玉龙、玉钺、玉龟形器等千余件精美玉器。

凌家滩遗址玉板

凌家滩聚落遗址规模大、形制完整，聚落内居住区、祭祀区和墓葬区分区明确。内环壕以内是凌家滩聚落的主要生活区，面积近50万平方米，包括房屋及玉器、石器等手工制作区等。内外环壕之间也分布有小型的生活区。

祭祀区主要位于内、外环壕之间，为整个聚落的最高处。祭坛中间高四周低，平面呈圆角长方形，正南北向，祭坛上发现用于祭祀的积石圈和燎祭坑，里面出土有大量的玉石器和少量的陶器，是凌家滩遗址举行宗教仪式的场所。

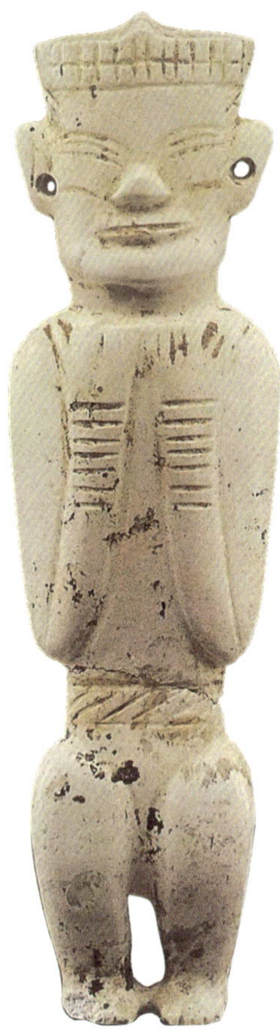
凌家滩遗址玉人

墓葬区以祭坛为中心，由南向北成排分布，南面规格最高，随葬品以玉器为主。其中祭

良渚古城平面结构示意图（图自星球研究所公众号）

坛南部出土了一座史前时代随葬品奢华的高等级大墓，该墓共有随葬品近340件，分层叠压摆放，包括玉斧、玉璜、玉钺、玉龟、鼎、豆等，随葬品没有使用痕迹，说明墓主人是集军、政、神权于一体的聚落首领。

墓葬内成组出土的玉龟形器和玉签继承了贾湖遗址龟灵崇拜传统。古人以龟背为天、龟腹为地，在玉龟腹甲和背甲之间放置的玉板刻画八角星纹，很可能代表了当时人对宇宙的看法。遗址还出土6件玉人，双手贴在两肩，双腿弯曲，似处于与神灵沟通的状态。

凌家滩遗址精心规划的大型聚落、高等级大墓、具有防御功能的内外壕沟等迹象都表明了凌家滩聚落已初具“城市”的雏形。

（三）良渚古城

距今5000年前后，位于长江下游环太湖流域江浙沪一带的良渚文化将社会带入了古国时期。

良渚文化共发现300余个遗址点，分布密集，类型大小不同，有王陵、贵族墓地、平民墓地、宫殿、祭坛、村落、古城墙等，遗址点平面分布呈扇形，总面积约42万平方公里，良渚古城位于遗址群的最南边，处于山地和平原的过渡地带。

良渚古城面积约6.3平方公里，相当于9个北京故宫那么大。由内城、外城和宫城等组成。内城平面呈圆形，井字形水路，宫城位于“井”字形正中心，宫城西侧为王陵，仓储区位于宫城西南角，发现有20万公斤的炭化稻谷。宫城东侧是玉石器、漆木器、骨角器等的专业作坊区。

莫角山宫城，占地30万平方米，由人工堆筑成内城最高点，高18米，莫角山宫城由大莫角山、小莫角山和乌龟山三座宫殿基址组成，中间为泥沙交错夯筑的大型广场，应是莫角山宫城区举行重要仪式的场所。

反山王陵遗址，共11座竖穴土坑墓，墓中随葬品以玉器为主，最大一座墓中仅玉器就出土了600余件。随葬品除了陶鼎、陶罐、玉璜、玉串珠等，还有玉琮、玉璧、玉钺等玉礼器，男女墓内随葬的玉器种类和数量不同。良渚时期以玉为首的礼制特征，将神权、军权和身份地位象征同玉连接起来，成为史前文明的独特标志。特别是反山遗址中玉器上发现的神人兽面纹，神似宗教仪式中正在与神沟通的场景，这是继高庙文化以后宇宙观被发展到更系统化、规范化和等级化的一个阶段。

考古人员在江浙沪地区发现有多处祭祀遗址，其中良渚遗址的瑶山遗址和汇观山遗址是最考究、规格最高的祭坛。两处遗址结构布局统一，都有红色方形中心和灰土围沟，祭坛的四角与日出有一定规律，如冬至日，太阳从东南角升起；夏至日，太阳从东北角升起，这反映出良渚时期已经根据天象判断季节并安排农业生产。

长三角地区受季风区影响，洪涝灾害频发，因此在山间修筑高坝和低坝的大型水利系统，当雨季来临，通过两阶的高坝、低坝蓄水，减少洪灾，当雨水不够时，又可以将水放出来，解决旱季用水和交通问题。高坝是土木建筑，为了避免水满冲垮大坝，设计有溢洪道，这个设计非常精巧。高低坝的总库容4635万立方米，相当于三个西湖，按今天水利工程级别，属于中大型水库。良渚水利系统经测年，其建设时间早于良渚古城大约200年，跟宫殿建设时期相同，所以良渚的水利系统也是古城建设重要的材料运输系统。

良渚古城外围水利系统示意图（来自星球研究所公众号）

良渚以宫城为中心，形成了宫城、内城、外郭的中国古代都城的三重结构，结构分明、功能清晰，呈现了史前社会的城市格局。而由良渚古城、墓葬、祭坛、水利系统等种种迹象表明良渚时期已经构建了一个由王权和神权共同治理的有明显的阶级分化的早期国家。

参考文献：

[1] 吴新智、徐欣著：《探秘远古人类》，外语教学与研究出版社，2015 年。

[2] [马来西亚] 赖瑞和：《人从哪里来》，中信出版集团，2022 年。

[3] [美] 李相僖 [韩] 尹信荣著，陈建安译：《想太多的人类学家》，天津科学技术出版社，2020 年。

[4] [法] 马克 · 阿泽玛、洛朗 · 布拉维耶著，李英华译：《人类史前史》，三联书店出版社，2022 年。

[5] 张明、付巧妹，《史前古人类之间的基因交流及对当代现代人的影响》，《人类学学报》第 37 卷第 2 期。

[6] 高星：《更新世东亚人群连续演化的考古证据及其相关问题论述》，《人类学学报》，第 17 卷第 4 期。

[7] [英] 科林 · 伦福儒、保罗 · 巴恩著，陈淳译：《考古学理论、方法与实践》，上海古籍出版社，2015 年。

[8] 许宏等著：《考古中国——15 位考古学家说上下五千年》，中信出版集团，2022 年。

[9] 王仁湘、张礼智主编：《中国史前遗址博物馆 · 良渚卷》，中国人民大学出版社，2012 年 3 月。

[10] 浙江省文物考古研究所：《良渚遗址群》，文物出版社，2005。

小 结

从揣度到科学，从神秘到理性，由人类对过往的好奇心而生发出的探索，在200余年的时间里，不断提升、反思、碰撞，终于淬炼出成熟的现代考古学。考古学的研究，为人类认识自身历史和文化的演变提供了重要的线索和证据，也为人类社会在未来的可持续发展提供了宝贵的借鉴和启示。

进入20世纪以来，考古工作以基础考古学为主，以考古学文化、区系类型学、聚落考古、认知考古等共同构建了史前社会的物质文明和精神文明，运用科学的发掘方法和多学科的研究方法，全面解读史前社会，实证我国百万年的人类史、一万年的文化史、五千年的文明史的一脉相承，回答了我们统一的多民族国家的形成和发展历程。

下篇

考古辽宁

习近平总书记高屋建瓴、深刻阐明了考古工作的地位与作用："是一项具有重大社会政治意义的工作。"

就古代辽宁来说：距今50万年前的人类活动，距今26万年的古老型智人化石表明，这里是东北亚古人类的连续演化区；作为中国六大文化区系之一，辽宁新石器时代文化表明，这里是中华文明的重要起源地；青铜时代的辽宁"方国林立"，其中中原文化的主线牵引从未间断，绥中姜女石遗址的发现表明，这里是统一秦汉王朝的国门；魏晋以来，辽宁是包括汉族在内的诸多民族交流、碰撞、融合地带，直至清代，一直是东北亚多民族融合与文化交流中心。

诸多研究成果对塑造整个中华民族的历史认知、增强全民族的文化认同与自信、展现世界不同民族及其文化间的历史联系、构建人类命运共同体等历史与现实问题具有重大的意义。在具有中国特色考古学科理论建设方面，发挥了不可替代的特殊作用。

第一章　中华文化直根系

辽宁地处中国东北，有人类活动的历史可追溯到距今 50 万年前。有了人，就有了文化。旧石器时代，辽宁发现的最早古人类大体处于直立人阶段，却与早期智人相像，体现出人类体质特征进化的复杂性。从旧石器时代人类生产活动遗留下来的石器来看，中国与其他地区不同，辽宁旧石器时代文化属于中国北方系统。旧石器时代晚期的海城小孤山人是当时中国境内拥有最先进工具的先民，对东北亚地区文化发展影响很大。

中国东北地区早在距今 1 万年以前就进入到了新石器时代，距今 8000 年左右形成了以辽河流域为中心、以之字纹平底筒形罐为主要标志的文化区，开启了中国新石器文化的查海时代。距今 5000 年前后，红山文化在中国众传统文化区中最早显现出了“文明的曙光”，成为中华文化的“直根系”。

总之，辽河流域有深厚的中国东北与北方的文化积淀，是中华文化的重要来源及其不可分割的组成部分。

第一节 东北亚古人类繁衍地

人是怎么来的？达尔文在伟大的《物种起源》中推测，人应当是由一种猿类演化而来，但缺乏更细微的论证。近年来，随着基因技术的应用，人们发现，人体内的基因组有99%与黑猩猩相同，人与黑猩猩可能有共同的祖先。这个共祖在大约600万年以前分化出了黑猩猩族和人族。学者们基本同意这个研究结果，但是对分化年代产生了争议，有人认为可能在800万年以前。无论如何，终于有了科学证据证明人类是由古猿进化而来。那最早的人族是在哪里出现的呢？

人类学家依据陆续获取的新发现、经历曲折的探索过程终于有了一种共识，最早的人族成员于700万年前出现在非洲，历经漫长的演化，走过了从“像猿”变成“像人”的过程，在距今200万年左右的时候变成了直立人，并终于走出了非洲。人类起源于非洲，这个结论的地位目前没有异议。可是我们要分清这是“像人”的古人类，并不是今天的人类。今天的人类被称为现代人，在人类演化史上的名称为晚期智人。

现代人起源于哪里呢？1987年，美国三位遗传学家提出了著名的“近期走出非洲说”，认为人类共同的祖先是非洲的一位女性，她的后代在大约13万年前走出非洲，来到亚洲的时间大约在距今6万年。照此推论，中国境内6万年前的古人类并不是我们最早的祖先。事实是这样吗？辽宁的金牛山遗址、小孤山遗址在人类演化与文化发展两个方面都不支持这个观点。

一、金牛山人

（一）震惊世界的发现

金牛山遗址全景

金牛山遗址位于营口市大石桥市永安镇西田屯村。这是一处旧石器时代早期的洞穴遗址。1984年，考古学家在这里发现了包含头骨、脊椎、肋骨、尺骨、髋骨及足骨等在内的人类化石，共计55件，同属一个个体，依照人类学和考古学的惯例，将其命名为“金牛山人”。根据髋骨和头骨的形态与测量、牙齿萌出和磨耗的情况判断，金牛山人是一个20—22岁的青年女性个体，属于早期智人（古老型智人）。铀系测年为距今约26万年。她是了解这一阶段东亚地区人类演化和生活、行为的重要的化石材料。她的发现被评为当年世界十大科技进展项目之一。

（二）镶嵌进化的体质

金牛山人化石既有原始的直立人特征也有进步的早期智人特征，

古人类学家称之为镶嵌性进化。

从头部来看，金牛山人的额头从正面观察要比典型智人的额头低矮，侧面看像个缓坡。脑颅看起来比较长而且非常低平，与典型智人短圆而高高隆起的脑颅具有明显的不同。粗壮而隆起的眉脊看起来更“像猿”，而且眶上圆枕内、外侧较厚而中段较薄。这个特征与直立人非常相似，其眶上突也存在于东亚多数直立人化石上。有较大的铲形门齿，在形态上与直立人的门齿几乎没有差别。金牛山人的脑容量采用传统方法测定为 1335 毫升，采用颅内模测定为 1324.7 立方厘米，这些数据表明其脑容量不但明显大于直立人，与中国其他的早期智人相比也相当大。金牛山人是同一时期女性个体中脑容量最大的，也大于欧洲、非洲同时期古人类化石脑容量的平均值，已达到了现代人颅容量分布范围的下限。与脑量增大相关的是一系列头骨特征，如头骨骨壁变薄、尺寸增大、颅骨最宽的位置开始上移等。虽然仍然保留有矢状脊、枕圆枕、角圆枕等直立人的典型特征，但发育程度明显较弱，枕骨曲度开始降低。虽然铲形门齿与直立人形态相似，但是后牙明显缩小，牙齿结构相对简单，表现出更像现代人的特点。

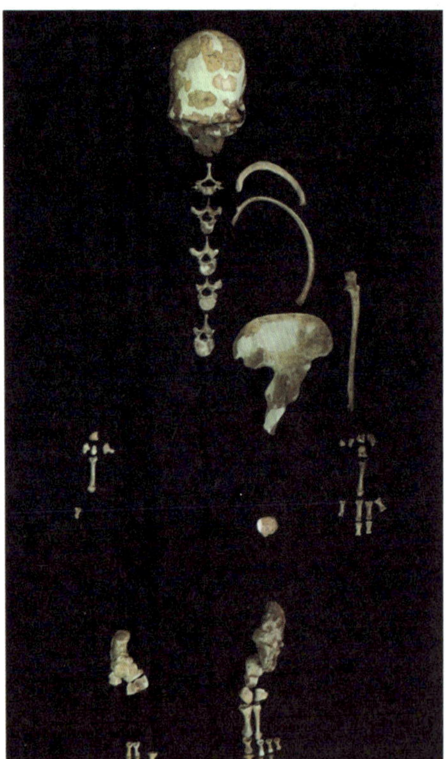
金牛山人骨骼化石

从四肢来看，金牛山人的尺骨具有很多古老特征，比如关节面形态、桡切迹的角度等。根据肌肉附着部位的形态推断，尺骨整体上表现出较强的伸肘及外展尺骨的能力，也就是说她的胳膊能抡起接近 360 度的圆圈，在这一点上与黑猩猩相差无二。手骨所反映的手部功能灵巧程度可能不及晚期智人。足部骨骼整体上则反映出了双足直立行走所应具备的足弓特征，稳定性增强，但足弓相对于现代人类更为低矮，横弓存在着更大的活动度，与大拇脚趾连接处也不如现代人稳固。金牛山人的步态应该还是晃晃悠悠，远不如现代人的昂首阔步。

金牛山人的这些镶嵌进化特征表明她已经基本脱离了直立人的框架，迈入早期智人的演化行列，可谓晚期智人的先驱。

（三）现代人多源说的佐证

金牛山人除了具有这种原始与进步并存的镶嵌性进化特征外，还具有东亚地区人类连续性进化的特征。

头骨具有东亚地区古人类常见或高发特征，比如鼻颧角等面部角度表明金牛山人颧面朝前，还具有较大的面部横向扁平度，即俗称的大饼子脸，这不但是现代东亚蒙古人群具有的显著特点，也表现在很多中国古人类化石上。铲形门齿、第三臼齿退化等牙齿的一些特征也是东亚地区人类连续进化的有力证据。具有较低的上面高，这也是东亚古人类常见特点，并在东亚直立人化石上有所表现，而非洲、欧洲的同期古人类则具有较高的上面高。额叶宽度的增加（宽额头）表明该进步特征在此时东亚古人类中就已经开始出现并发展。从上述所具有的诸多东亚古人类连续性进化的体质特征看，现代人“近期走出非洲说”在金牛山人这里得不到支持。

但金牛山人和该阶段其他的东亚古人类化石体质特征表明该地区这个时期的人类演化样式非常复杂，并存在人群间交流的可能。同时具有的很多非常进步的体质特征，对于东亚早期现代人的形成发挥了非常重要的影响。由此可见，网状的连续进化附带杂交的现代“多地区起源说”更适合金牛山人体质特征的表达。

二、小孤山人

（一）穴居遗民

小孤山遗址全景

在鞍山海城市孤山镇孤山村东的青云山脚下仙人洞中，有一处旧石器时代晚期遗址，被称为小孤山遗址，它发现于1980年，经历过3次发掘，年代距今5.6万—1.4万年。这一时期，许多人类都已走向平原，小孤山人则是极少的穴居者。正是因为如此，洞中保留下了大量的石制品、动物骨骼、制作精美的骨角制品和装饰品。

在东亚人类演化研究中，最重要的材料或证据来自两个方面——金牛山人提供了迄今东北亚地区最完整的早期智人化石，而小孤山则展示了最为丰富的文化遗存。

（二）恒久不变制石模式

遗址发现了近2万件石制品，通过对它们的研究，可以解读小孤山人独特的文化内涵。

小孤山石制品原料非常单一，除了少量的闪长岩、石英岩和岫岩玉外，几乎为清一色的脉石英，这种石料又脆又没有韧性，受力容易破碎，几乎不受人控制，很难打出精美的石器，这就导致了其石制品在非专业人士看来就是一堆长得差不多的碎石头。与在洞穴前面的河滩上、阶地的砾石层以及附近山坡上随地都能看到的白色石头一模一样。考古学者通过对这些看起来一样的石制品解读，确认了小孤山石制品的制作特点：主要选取脉石英原料，采用锤击法和砸击法进行剥片，石器类型有石核、刮削器、砍砸器、尖状器、石器、雕刻器等，成型的工具非常少，大量为打碎的边角料。

非洲和欧洲的石器制作技术有 5 种模式，这 5 种模式是不断进步、层级往上发展的。在330万年前古人类就开始了第1模式，第2、3、4、5 模式开始的时间分别是约 170 万年前、20 万年前、3.5 万年前和 2 万年前。中国乃至东亚的旧石器文化体系在很大程度上一直保持着第 1 模式，即以简单的砾石和石核、石器为特色，加工简单，类型单调。在制作技术革新和工具的规范化、精致化方面与西方有很大不同。小孤山人看似粗糙的石器制作技术更是包含于中国与东亚一脉传承的旧石器文化体系内。假如现代人从非洲来，那不应该是更先进的石器制作模式 3 、模式 4 抢滩于小孤山乃至东亚地区吗？谁愿意放弃先进的技术而选择“落后”？石器制作技术模式发

石器

展的差异也说明东亚地区没有发生过大规模的外来移民和人群更替事件。

（三）精致的骨针

与石器技术截然不同的是，小孤山人可以制作中国同期未见的带有双排倒刺的骨鱼镖、钻孔骨针等工具，显示出文化某些方面的先进性。

小孤山人生活的年代大部分是属于地球末次盛冰期（在 2.3 万年左右时达到最冷）到来之前，经历过温暖与寒冷的交叉历练。遗址中含有松树、冷杉、桦树、蒿、藜、水龙骨、狐尾藻等植物孢粉，另有披毛犀、猛犸象、中华貉、水牛等大量的动物骨骼，这些暖冷标志物也暗示了这个地区经历过温暖——寒冷的气候波动，并影响了人类生活的方方面面。可以想象这样一幅动态画面：当温暖之时，小孤山人手持标枪渔叉在森林草原层次分明的山水之间追逐渔猎；寒冷之时，身居洞穴围炉火塘打制石器、钻孔打磨装饰品缝制衣物。

骨针

小孤山人开始穿衣服了？这可不是凭空想象，因为这里出土了 3 枚骨针！都是用动物长骨制成的。它们的做法大同小异，其中 1 件骨针保存完整，全长 65.8 毫米，针身中部最粗处直径为 3.7 毫米—3.9 毫米，针尖微残，针身顺直并且磨擦光亮，通体可见纵向刮痕，近针尖处刮痕上面覆有磨的痕迹，针眼磨圆，两面对钻而成。年代在 2.9 万—2.1 万年之间。有了骨针这种成熟的缝纫工具，小孤山人就可以制作更合身衣服抵御寒冷，探索其他地域，进而扩大生存空间。

之前，中国只有在北京的山顶洞遗址中发现有 1 枚残断的骨针，它的针孔还是对挖而成，针孔的光滑程度不及小孤山。而在欧洲，相同水平的带眼的缝衣针出现于距今 1.8 万年左右，远远晚于小孤山人的骨针。

在末次盛冰期时，地球经历过几次海平面下降，原来被海水隔离开的大陆之间出现了宽广的陆地，人类开始了跨区域迁徙。同时，掌握了先进御寒技术的小孤山人也开始了广域的流动，向西与欧亚大陆西侧产生了技术交流，向东越过海峡、向北探索西伯利亚，深深地影响了东北亚人类的演化进程。

第二节　文明破晓

人类经历了漫长的旧石器时代，在距今约 1.2 万年的末次冰期后，开始向新石器时代过渡。气候湿暖，人类迅速繁衍，并掌握了磨制石器和制作陶器的工艺，开启了早期农业，迎来了破晓的文明。

东北地区进入新石器时代的时间不晚于中原，起自距今 12000 年前后，终至距今 4000 年左右。考古学家曾将这一长达 8000 年的时期，按照陶器特点，采用黄河流域的考古学文化名称划分为三个阶段，分别是彩陶出现之前的“前仰韶时代”、彩陶流行的“仰韶时代”和使用三足器的“龙山时代”。

长久以来，黄河流域以丰富的遗存和发达的文化一直代表着中华文明产生和发展进程的最高水平。随着考古学不断发展，新发现相继涌现，辽河流域、长江流域被证实同为中华文化与早期文明的起源地。

新石器时代早中期，东北亚地区存在一个“平底筒形罐文化区”。其中以辽河流域为中心、以辽西走廊为前沿、以之字纹平底筒形罐为主要标志的南部地区文化尤为发达，与黄河流域也有联系。辽宁阜新查海遗址的发现标志着辽宁地区文化的起步，红山文化牛

河梁遗址则见到“中华五千文明的曙光”，彻底唤醒了早期中华文明的记忆。

一、查海遗址

查海遗址地处阜新市蒙古族自治县沙拉乡查海村，属于兴隆洼文化。

查海遗址全景

兴隆洼文化广泛分布于燕山南北地区，上限年代不晚于距今8200年，下限年代为距今7000年前后，是此后辽河流域诸考古学文化包括红山文化的重要源头，奠定了数千年以降辽河流域在东北亚地区的核心地位。

查海遗址是兴隆洼文化最具代表性的大型聚落址，产生了原始农业，使用精美玉器，有了原始崇拜，已处于文明起步阶段。

（一）“中华第一村”

查海遗址是一处规模宏大的聚落址，占地1万平方米左右。通过对遗址中出土标本的碳-14测定，遗址年代上限距今约8000年，是我国考古发现的年代最早、保存相对完整的村落遗址，比著名的西安半坡遗址早1000余年，有“中华第一村”之称。

查海聚落外有一周宽1.4米—2米，深度不足1米的环形壕沟。将人们生活的房屋、窖藏聚在一起与外界区分开来，同时也能阻拦野兽，对聚落起到保护作用。

壕沟之内有房址和墓葬。考古工作者发掘了其中55座房址，房屋纵横分明，排列井然有序，显然是有序规划的。房址规模大小不一，最大的一座面积达157平方米，小的房址只有10余平方米。所有房址都是半地穴式，屋内地面上垫一层土，将这层土踩踏得坚硬、结实，形成了房屋地面。通常，房屋的正中有一个圆形的灶，用来生火取暖。房屋内的四周有大大小小的柱子留下来的洞，说明房屋是通过柱子支撑起来的，上半部分有木构架的房顶。房屋外零散地分布着储存食物等物品的窖藏和归放垃圾的坑。

中心墓地

聚落中央是墓地，成排的房屋围绕在墓地之外。聚落中心500平方米的范围内分布了10座墓葬、2个祭祀坑，还有一处形态酷似长龙的堆石。遗址中央的墓葬规模很小，多数墓葬都没有随葬品，或仅随葬少量陶器。

查海遗址中共发现16座墓葬，其中6座是居室墓。顾名思义，这些墓葬位于房屋居室里。查海人去世后，亲人会在房屋居室的一个角落里营造墓葬，将死者下葬，把墓葬填平后再把房屋的地面重新修整踏平。之后，人们仍旧在这间房屋内生活如常，与死者共处一室。这种现代人看来匪夷所思的习俗在查海人的观念里是一种独特的存在。居室墓的形制与普通墓葬无异，规模却往往大于普通墓葬，随葬品也比较丰富，做工精致的玉玦大多出土于居室墓葬。

除此之外，遗址中最大的房址出土了几件石铲，通过微痕分析，石铲表面没有使用痕迹，并且形体也比普通的石铲大。种种迹象都说明了查海遗址有阶级分化现象，居室墓可能与祭祀有关，承载了查海人的信仰与世界观，反映其特有的世界观。

（二）生业革命

查海遗址出土的遗物多数是生活用具和生产工具。陶器质地比较疏松，器形单一，多数是平底筒形罐。

平底筒形罐

虽然进入了新石器时代，磨制石器技术已经成熟，但查海遗址的石器多数为打制，最常见的是作为农具的石锄，同时还有磨制精细的石磨和石棒。经过分析，石磨和磨棒表面有淀粉粒，表明它们是用来加工植物种子的。虽然查海遗址中未发现炭化的粮食作物，但在同一文化的敖汉兴隆沟遗址发现了粟和黍的籽粒。科学家们对兴隆洼遗址人骨的碳 13 和氮 15 进行测定，推断距今 8000 年的查海先民是以粟或黍为主食的。加之查海遗址出土了经过驯养的家猪骨骼，这也是农业产生的标志之一，表明人们具备了种植粮食的能力，出现了农业。

当然，查海人的农业才刚刚起步，处于原始状态，单纯的粮食生产并不能满足人们生存的需求。遗址中出土了炭化野生食物果实，未经过人类驯化，显然是采集而来。此外，动物骨骼中有大量的野猪、鹿，出土的工具中也有各式各样的骨锥、鱼镖、石网坠，说明查海人也从事打猎、捕鱼活动。

人们一方面种植粮食，另一方面也要靠采集、打猎、捕鱼来维持生计，这种农业和采集、渔猎共存的经济模式，属于早期农业模式，相对原始，但却是人类发展史上的巨大进步，被称为第一次农业革命或新石器革命，从根本上改变人类生产方式和生活方式。农业的产生标志着人类告别蒙昧，摆脱了大自然沉重的缰索，依靠自己的能力走出洞穴，走向平原，聚落而居，改造自然，繁衍生息。

（三）玉的故乡

玉对于中华文明有着特殊的含义。玉文化是中国文化重要的组成部分，“君子比德于玉”“宁为玉碎”……古人赋予了玉高尚的品格。在遥远的新石器时代，玉不仅是道德的象征，也是“礼制”的重要构成部分，象征了中国特色的文明。

玉器

查海人是中国最早琢磨、使用玉器的先民之一。查海遗址出土了 44 件玉器，有斧、凿等生产工具，也有玦、匕、环等随葬的装饰品。这

些玉器选料皆为软玉，玉色或淡绿、或乳白，为迄今所知“世界最早的真玉器”。制作规范、加工技术成熟，体现了查海人高超的手工业技艺。

查海文化玉器中，玦的数量最多。它通体光素无纹，抛光莹润，平面圆环形而又有断缺口，剖面呈椭圆形。这种玉器造型在东亚地区发现的范围极为广泛，以查海文化为最早，多出土于人头骨两侧的耳朵下面。有学者推测可能是当作耳饰使用的，利用缺口夹在耳下。但这样既不舒服，又容易坠落，也有人认为可能不是日常生活中佩戴的，而是专为死者制作的。查海遗址发现了目前最早的玉锛，其通体抛光，精巧别致，刃部无使用痕迹的，被推断为祭祀活动中使用的“神器”，用以驱邪。匕形器形状像现代的羹匙，用途也比较奇特，查海遗址中的一座小孩墓中就出土了 3 件，分别置于头、胸、腿部。有人据此推测它当是身上的一种挂饰，或衣服上的缀饰，也可用作项饰。

虽然查海遗址的玉器可能并不似红山文化或良渚文化中的玉有通天达神的宗教意义，开启了礼制的先河，但至少表明中华民族与玉结缘经由小南山传承至查海，并在文明的形成与发展中，不断赋予玉更深层次的意义，成为中华文明的重要标志。

（四）龙出辽河源

龙是中华民族的象征，中国人被称为龙的子孙，古老而神秘的龙凝聚了我们的民族精神。有关龙的传说由来已久，最早的龙实体造型便出现在查海遗址中。

查海遗址的中央有一个石头堆成的巨型遗迹，采用红褐色玄武岩石块堆摆而成，形如飞龙，昂首弓背，四爪张扬，全长 19.5 米。堆石巨龙位于中央墓地的西北，醒目地横亘在遗址中部，将墓地和成排分布的房屋区分开来。

这条巨龙堆石是查海人精神世界的象征，古老的人类在征服自然和迈向文明的艰难进程中产生了宗教信仰，特殊的祭祀遗迹包含了对死者的情感意识，以及对龙的崇拜。

龙形堆石

巨龙堆石并非查海遗址龙形象的孤例，考古工作者在平底筒形罐的陶片上也发现了龙和蟾蜍两种动物纹，虽然陶器并不完整，器形也简单，但查海人却对其使用了高超的浮雕装饰工艺。今天我们仍旧能从残陶片上看到盘卷的龙身和龙尾，龙身有清晰的鳞片，细节生动写实。

（五）中华文化查海时代

查海遗址出现了以“石龙”为中心的大型聚落，使用精美的“玦”“匕”组合玉器，在陶器上堆塑类“龙纹”“蛇衔蛙”图案表明，伴随着农业产生和手工业的进步，查海人不仅生活秩序井然，而且有了朴素的审美与艺术，也有了原始宗教信仰，孕育出了中国的龙文化。

有学者建议，将中国新石器时代早期阶段的“前仰韶时代”改称为“查海时代”，这种观点并不为过，它充分考虑了以查海遗址为代表的辽河流域文化出现年代之早、延续时间之久、聚落之完善，以及其精神信仰对中华文化产生了广泛而深远的影响。查海遗址的重要发现昭示着文明如萌发的种子，即将破土。

二、牛河梁遗址

牛河梁遗址是红山文化晚期的祭祀中心，是早期中华文明的典型代表。

红山文化因最早发现于内蒙古自治区赤峰市东北郊英金河畔的红山后遗址而得名。它是继兴隆洼文化之后，东北地区最重要、存续时间最长的新石器时代考古学文化之一，年代距今6500年—5000年，势力范围北过西辽河，南近河北北部，东及下辽河西岸，西抵燕山南北。

红山文化早在20世纪初就已被发现，50年代初正式定名，一直为学术界所关注。20世纪70年代末至80年代中期，随着牛河梁遗址红山文化坛、庙、冢的相继发现，引发了学术界大讨论，把中国文明起源的时间从距今4000年提早到了距今5000年，发源地从黄河流域扩大到了辽河流域。

进入21世纪以来，红山文化的考古工作进入了崭新时期，在辽西先后发掘了田家沟、半拉山等大型墓地和马鞍桥山遗址。正在进行的大范围考古调查新发现遗址及墓地近千处，有望寻回红山先民的生活盛况。

（一）红山文化圣地

在朝阳市建平与凌源两县交界处有一道山梁，因牤牛河出其梁东，故俗称牛河梁。地势高耸，周围又有多道山梁，此起彼伏，从东北到西南绵延十余里。在梁顶、周围各山梁上都有红山文化遗址分布，计40余处，正式命名了16个地点，占地总面积达50余平方公里，是迄今发现规模最大、遗存最丰富的红山文化遗址群，年代距今 5700 年—5000 年之间，属于红山文化的中晚期。

牛河梁遗址全景

从遗址发现伊始的 1983 年至今，考古工作者们陆续发掘了牛河梁遗址的第一、二、三、四、五、六、十、十六等几个地点。其中第一地点为大型建筑遗迹群，其余几个地点都是积石冢，第二、第五地点积石遗迹除了墓冢外，还有祭坛。

显然，红山先民有意识地精心选择了这块宝地，将起伏多变的山梁、丘岗按高低、上下统一进行规划，使功能不同的诸遗址间既有主次，又彼此照应。这里应是红山文化大部分地区居民的活动聚集处，神庙中的女神至少是统治着这部分居民意识观念的神权代表。中国历代帝王都是把自己的陵墓安排在山顶或高高的台地上，以此象征至高无上，和陵墓布局在一起的便是祭祖宗的“庙”和祭天的“坛”，其中的继承关系，就应该追溯到牛河梁。

（二）“神庙”与女神

在牛河梁梁顶最高处的第一地点，分布有 9 座山台建筑址，地势较高，仅存基础，正在发掘中。

神庙建在 9 号台基之上，是个半地穴式建筑，现仅存地面以下部分，由两座庙组成。北庙是一个多室建筑，由主室、东西侧室、南北室等组成，各自连通，总长 18 米。南庙是一个单室，大体呈长方形。目前为止，对神庙只进行过局部发掘，可知其地上、地下墙壁及屋顶都是木构，抹泥，个别部位绘彩，在墙壁上装饰有凸起的泥塑条带。

女神头像正面

北庙出土了大量泥塑造像残块，其中最为重要的是一个真人大小的女神像。其面部保存完好，镶嵌圆饼状玉片作为眼睛，形象逼真，是典型的蒙古人种——固有中国人形象。此外还有动物塑像，包括熊、鹰等，还有专用祭器。据此可知，“神庙”的祭祀对象既有神化了的人，也有神化了的动物，但以人神为主。刚刚揭开庙址表层，就出土了至少分属于6个个体的人像残件，体量大小不一，发现头像的这尊女神在群像中尚属中小型，位置也在主室偏西一侧。而在主室中心部位则出土了相当于真人器官三倍大的鼻、耳，可见在神殿主室的中心很可能有一尊更大的女神。又值得注意的是，已出土的人像上臂塑件空腔内曾发现有人骨朽腐的痕迹，表明有的泥塑是以现实中的人物为依据塑造出来的。这样的女神，许多学者认为是神化了的祖先的形象。

（三）祭坛与祭天

除庙之外，牛河梁遗址中还有专门用来祭祀的坛，以第二地点发现的坛最为典型。

该地点位于女神庙南侧1公里的山梁上，共有6个积石单元。其中5个单元东西横向排列，1个单元位于横排单元正中的北部，均为积石冢，中央单元为祭坛。祭坛平面为正圆形，空中鸟瞰呈三个同心环状，侧面形似阶梯，每一层立石柱为界桩，立好界桩后在地面垫一层土，再在石柱界桩圈中铺放石块，造型如同后世的“天坛”。

第二地点全景

中国古代有“敬天法祖”的信仰观念。在先民认知中，天地哺育众生，是最高的神，祭天是人与天的交流方式，历代王朝都由天子亲自主持祭天仪式。祭天坛一般为圆形丘状，与夏至、春分、秋分、冬至四个节气太阳运行轨迹为三个曲率相等弧线有关。古人将太阳运行的几个极限点画成“三圈”，并认为这就是“天”的形状。这种知识是通过观天象的实践获取的，目的是授农时，因为这是关乎族群生存的大事，故有学者认为这是中国文明的重要特色与标志。二号地点祭坛外圈圆坛直径达 22 米，向内两圈直径依次为 15.6 米、11 米，相邻两圆直径之比相同，据此有学者推测红山人已有天象意识，并掌握了复杂的数学知识。祭坛里圈摆放有无底筒形器，显然与祭祀仪式有关。

（四）积石为冢　唯玉为葬

牛河梁遗址所见积石冢大多选址在岗丘的顶部，有的一座山岗仅有一座冢，有的有多座冢。冢内有多座墓葬，一般都有深埋地下的中心大墓。之上垫土，再在其周边埋葬一些小型墓葬。冢中央的墓葬规模最大、随葬品最丰富，周边墓葬一般为片状石块砌四壁的单人墓，表明墓主人身份已有差别。

各冢都有边界，有方形和圆形两种。同一积石冢形状也有方有圆，表明有废弃改造过程。冢上封土积石，外观似丘状石堆，周边密集摆放筒形器。筒形器是红山文化特有的陶器，整体呈圆筒状，没有底，并非实用器，高矮不同，有的有彩绘纹饰，大多出土于冢、坛之上，应属于祭祀用器。

积石冢内各墓葬多有随葬品，无一例外地只随葬玉器。精选河磨石为玉料，多为淡绿色的软玉。从造型看，有仿生形象及其衍生器，如龙、凤、龟、蚕蛹、草虫等；还有类似后世“礼器”的环形玉器，如环、方圆形璧、瑗等；更多的是不明原型器物，如勾云形器、斜口筒形器等。采用流畅的阳纹和圆雕工艺，雕工精湛，技艺高超。在没有金属工具的新石器时代，如此惊艳的玉器制作工艺不仅代表了红山文化发达的手工业水平，也给古老的早期文明平添了几分神秘色彩。

牛河梁遗址出土的玉猪龙

随葬玉器都是佩戴在身上或放置在身体附近，大墓数量较多。以第十六地点中心大墓4号墓为例，该墓为单人石棺，墓主为一中年男性。墓中随葬了8件玉器，墓主人头下枕了一件阳刻纹饰的回首状玉凤；左侧盆骨外侧有一个圆雕的双臂曲于胸前的玉人，这两件玉器均为红山文化首次发现，其用料之优选，雕工之上乘，极其罕见。此外，墓中还有玉镯、玉环、玉斜口箍形器、绿松石坠等其他玉器。

红山文化彩陶与仰韶文化彩陶

积石冢的各墓主人“唯玉为葬”，既表现了这一群体身份的不同，又可推测其葬玉有极特殊的功能。

（五）中华传统文化之源

红山文化延续时间长达1500年，可分为不同的发展阶段。

较早阶段，距今6500年至6000年。从聚落布局及房屋建筑形态看，与本地区查海文化相比没有大的变化，但从大型石斧和石锄形态看，农业有了进步，狩猎、采集活动依然存在；生活用具陶器中的之字纹筒形罐、斜口器、钵、碗等，具有本地区文化传统，稍后出现了彩陶壶、盆等，吸收了黄河流域文化因素。同时与主要分布于西拉木伦河南北的富河文化、赵宝沟文化长期共存，交流互鉴。

距今6000年以后，红山文化进入到了一个新的发展阶段。聚落点密集，人口数量增多、聚落附近分布有积石冢，陶窑区和玉器作坊，社会已有分工、分化。生活陶器器类增多，彩陶甚为流行。苏秉琦先生据彩陶纹样推测：以玫瑰花图案为主要特征的黄河流域的西阴文化，和以龙鳞纹图案为主要特征的辽河流域的红山文化，一南一北各向外扩展，相遇后迸发出文明的“火花”，产生了龙纹与花结合新的文化群体，这也就是中华民族被称为华人、龙的传人的由来。

距今5500年—5000年，红山文化达到鼎盛，出现了牛河梁遗址以坛、庙、冢为标志的大型中心性埋葬、祭祀礼仪活动中心。这种大范围、高等级“坛”“庙”“冢”有机组合的物质表现形式，以及其背后所反映的复杂内容，为其后的历代王国、王朝所继承，直到明清，形成北京天坛、太庙和明十三陵的组合，并固定为皇家祭祀传统。积石冢中的墓葬随葬大量精美玉器，不仅仅是习俗，更与“礼”密不可分。王国维考释“礼”字，认为最初的含义为“以玉事神”。正是这个原因，《周礼》才有“以玉作六器，以礼天地四方”的概念，更发展为“唯玉为礼”“以玉比德”的这种中华传统文化核心价值观念，所以苏秉琦先生称红山文化为中华文化的“直根系”，是中华五千年文明的具体表现。

第二章　秦汉帝国门户

公元前21世纪，文献记载夏王朝在中原兴起之时，东北地区也进入了青铜时代。尽管有关夏及夏代以前的传统文献记载，多被视为传说；而且涉及夏商周三代与东北的描述，又仅存只言片语，但还是勾勒出了辽宁历史的基本脉络。

据此，有历史学家倾向认为夏王朝和东北民族有联系，商王朝的统治者起源于东北。有学者提出，与商人有关的孤竹国，商被周取代以后出走的箕侯，箕侯以封地得名的朝鲜侯，周人为了统治“貊”人所封的韩侯，以及因地近燕而被灭的“貊国”等，都应该在辽河流域。

进入战国以后，文献记载较多，燕国名将秦开却胡、逐朝鲜侯、灭貊，修长城、设郡县，将辽河流域纳入中原文化系统。至秦灭燕，中华一统。

通过文献了解到的有关辽宁地区夏至秦的历史极为简略，考古发现大大丰富了其内容，考古学家认识到：

辽河流域纳入中原版图经历了长时间的华夷融合与持久的文化认同过程，秦统一是水到渠成的结果。

第一节　方国林立

考古发现表明，夏禹所划分的“九州”与新石器时代晚期已经形成的考古文化区有较强的一致性，《禹贡・九州》的记载绝不是后人单凭想象所能杜撰出来的，文献有其可靠性，而九州之首冀州便涉及辽河流域。

夏至早商时期，在辽西地区存在一个与中原二里头文化（夏文化）比肩、两者往来密切的北方强大方国，即夏家店下层文化，有学者认为它就是先商遗存。同时，在辽东山地有马城子文化、辽东半岛有双坨子三期文化等。上述众文化在辽宁境内发掘的典型遗存有北票康家屯、马城子洞穴墓、大王山遗址等，文化面貌皆独具特色，可谓方国林立。

一、康家屯城址

距今5000年前后，红山文化衰落，辽西地区兴起了小河沿文化，辽宁地区古人类活动陷入低谷。直到距今4000年—3400年间，兴起了夏家店下层文化，辽宁地区史前文化再次达到顶峰。

（一）强大方国

夏家店下层文化遗存在发掘赤峰红山后遗址时就已被发现，但没有被单独识别出来，而是和其他文化一起被称为所谓的“赤峰第二期文化”。直至1960年，中国社会科学院考古研究所发掘了赤峰药王庙和夏家店遗址，才将这一考古学文化正式区别出来。

该文化分布范围很广，不仅占据了燕山以北的整个辽西山地，势力范围还波及了燕山以南地区。生业模式以农业为主，手工业技术尤其是铜器、玉器、彩绘陶器发达。聚落分布密集呈等级分布，围绕中心聚落普遍出现了由台地、山坡到山顶呈立体式分布又连续性极强的聚落群，其中以集居住、祭祀与防御于一体的石城堡群最具特色。房屋建筑具有很强的延续性，具备了单体家庭私有房基地的观念。墓地从墓葬规模到以兽面纹为代表的彩绘陶器等随葬品体现出严格的等级分化特征，表明当时已出现层次分明的社会组织结构，文化演变已具有相当的稳定性。依据文献记载，考古学家称之为“方国”遗存，其范围之广、文化发展程度之高，不亚于中原地区被确定为夏文化的二里头文化。

对这一考古学文化的来源，一般倾向于源自黄河流域的后岗二期文化，继承了本地早期文化因素。对其消亡的原因，有学者认为主要族群迁往中原建立了商朝致使本地文化衰落，可作为与文献研究相呼应的一种说法。

辽宁省内经过正式发掘的夏家店下层文化遗址较多，包括建平水泉、北票丰下、朝阳市上河首、阜新市西灰同遗址等。最重要的是北票康家屯石城址，发掘面积大，保存相对完好。

（二）石城兴衰

康家屯城址位于朝阳市北票市大板镇康家屯村小波台沟屯北，地处大凌河和牤牛河交汇的大凌河南岸二级台地上，是一座保存比较完整的夏家店下层文化晚期石城址，建造及使用时间约为中原的商代早期。

城墙内外面用石头砌筑而成，除北城墙已被大凌河冲毁外，其他部分大体完好。经多年连续发掘得知，城址经历了始建、繁盛、衰落三个阶段。

始建时期的城址平面略呈方形，面积较小，约 7000 平方米，城墙结构严谨规整，分段砌筑，拐角处呈弧形。墙体比较宽大、厚重，截面呈梯形，上宽 2.2 米、下宽 2.7 米。墙面均用较大的青石板抹泥压封垒砌。墙体内用大小不等的石块及泥土填实。东墙上有城门，宽 1.7 米，门外两侧有对称的门垛。城门北侧有 1 个马面，南城墙外侧有 3 个马面，墙体拐角处各有 1 个角台。城内西南角有 1 处内城，占据了城址面积的 75%，内城墙也如外城墙一般宽大厚重。

康家屯城址全景

繁盛时期的城址经过扩建，面积较大，约 1.5 万平方米。东墙北端向东摆动，原来的城门也被封堵，泯为墙体。南墙西端向西延伸 37.5 米，墙外有 3 个马面。西墙整体外移约 35 米。城址墙外 2 米处挖有壮观的城壕。城内建筑形式复杂、生活设施完备。可分成若干院落，院落内有房址、石筑穴、石仓、石槽、灰坑等。院落内的不同房址之间还有隔墙相区分。院落之间有通道连接。

衰落时期的城址未见城墙有修缮、增建或者改建的痕迹。城内建筑布局也不是很清楚，只发现了大量灰坑还有 2 个残石圈，表明原有城址废弃不用，少有人活动。

（三）多彩的居家生活

康家屯这处城址为我们展示了夏家店下层文化居民复杂的家居

设施与多彩的日常生活。

繁盛时期的城内有大量的房子及其附属设施，被曲折蜿蜒的院墙分隔成不同的院落。每个院落内都有大小不同规格的房子、石筑穴、石仓、石槽、灰坑等。其中房子有圆形有方形，但都是地面建筑，有石墙有土墙，大、中型房子的墙壁之外都有护台。房内还常设有直径、深度都在 1 米—2 米之间的圆筒状的石筑穴，里面发现大量的陶、石、骨器，有的还发现了人骨。与死者同居一屋，这个习俗并不常见，查海遗址有居室葬，但那是在地下，康家屯城址的这个现象还有待解释。

房址

每个院落都有院门，蜿蜒曲折的院墙使得每个院落的形状不同、大小也不一致，但是没有突出的中心大院落。透过这些院子，似乎可以看到聚集的人们是以平等的身份居住在城内。

院落之间有通道，通道随形于院墙，路面被纵向一分为二，靠近院墙的一侧用石板铺成路面用于行走，另一半为土路沟。院墙底部还设有排水洞，院内的水就可以流过石板路注入土路沟，最后归于城外的壕沟内。这套精心设计的排水系统，表明当时的城市规划已经达到相当程度。也有人认为当时的辽西雨水丰沛，有助于农业生产，满足人口不断增长的需求，可备一说。

居家各类设施内出土有大量的生产工具与生活用具，特别值得介绍的是卜骨，以动物肩胛骨制作而成，整体呈铲形，经过整治，边缘磨光，一端紧密排列 3 排 13 个卜孔，有钻无灼。在夏家店下层文化中，很多遗址都出土了卜骨，其制作出现了专门化的倾向，反映了当时占卜之术的流行与成熟。

卜骨

考古所见，古人占卜从新石器时代就屡见不鲜，多使用动物的肩胛骨。《史记》载有大禹“薄衣食，致孝于鬼神”之说，也是这种文化氛围的行为反映。“因夏民以代夏政”的商是中国古代占卜的高峰，以殷墟小屯累累甲骨为证，那么，商的卜骨习俗是从夏学来的吗？

通过对属于夏文化的二里头等遗址中发现的卜骨及同时期先商遗址中出土卜骨的对比来看，夏卜骨几乎未经整治、无钻无凿，粗糙原始。可见商族已具有了成熟的占卜概念与技术，是夏不可企及的。他们的占卜系统应该是受到了夏家店下层文化的影响，这个发现也支持了商族起源东北说。

（四）动荡的周边环境

我们找不到康家屯石城经历过战争的记载，但城址建造的一些特征却反映出当时人的防御应对策略。

绕城挖有宽阔深邃的壕沟，宽 7 米—9 米、深 3 米，如此体量的壕沟如果说仅仅用来城内泄水，那太过奢侈。冷兵器时代抵御外来进攻者，宽阔的壕沟简直就是一道不可逾越的天堑。因此，康家屯城址的壕沟其主要作用是防御。

城墙外侧砌筑有马面，城墙转角处各筑有角台，平面近似于半圆形，长近 4 米、宽 3 米。或者贴附墙面或与墙体共砌筑，除了可以加固城墙外，更重要的是它突出于城墙之外，可使攻城者多面受敌，消除死角，增强城防的防御能力。

此外，始建时期的城址在东墙上发现有一处城门，宽度仅为 1.7 米，除了北侧有 1 个城墙防御工事马面外，无其他特殊结构，到了繁盛时期，东墙扩建后，此门被封砌成为新东墙的一部分。为什么要废弃此门呢？同时代的很多城址（如赤峰上机房营子西凉城）都已经开始建设带有瓮城的城门，防御能力大大提升。作为一座持续使用的重要石城，在重新扩建修整的时候，必定会加大安全考量，放弃可以长驱直入的老式城门，引进同期先进技术修建新式城门不是不可能。那新式城门位于何处？现无踪迹。或许，自西向北绕城而过的滔滔大凌河能知道真相。

“当禹之时，天下万国，至于汤而三千余国。”一句话道尽了整个夏家店下层文化的时代大背景，或为权力、或为资源，各方国之间战争频繁，导致的直接后果是方国数量不断减少。

目前所知，在与夏家店下层文化隔医巫闾山相邻的辽河平原西部，存在着一支活跃但不是很强势的高台山文化。这支考古学文化得名于 20 世纪 70 年代初期首次发现于沈阳新民县的高台山遗址。高台山文化曾独霸一方，夏末商初开始解体，部分居民自柳河上游沿科尔沁沙地南缘向西迁徙，约当周初，抵达西拉木伦河流域，融入夏家店上层文化；部分居民向东，融入主要分布于下辽河流域的新乐上层文化。

夏家店下层文化的防御对象或许与高台山文化有关，但更多的威胁可能来自西部草原。

二、马城子文化洞穴墓

与辽西夏家店下层文化同期、与高台山文化相邻，在以太子河中、上游，鸭绿江下游两岸为中心的辽东地区，存在着一支独具特色的青铜时代考古学文化——马城子文化。

（一）叠层火化尸骨

在辽东太子河上游山地区域，有众多大小不一、形状各异的石灰岩溶洞，多数有人类活动遗迹，集中发现一批青铜时代先民墓地，包括本溪马城子A、B、C洞、山城子B、C洞、张家堡A洞、北甸A洞、本溪水洞等。由于这批墓穴墓地具有以往其他地区所不见的特殊葬俗和形状不同的陶器，故称之为马城子文化。

马城子文化洞穴墓地外景

上述每一处洞穴可能是一个家族的墓地。埋葬之前不挖坑，死者多直接放在高低不平的洞穴基岩或黄土地面上，部分骨架下铺有薄石板，少数用石块或石板砌成石圹和石棺，个别晚期墓还铺有木板。大体按照先洞里、后洞口的顺序埋葬，也不封土。多为单人葬，双人合葬者皆为成年女性与儿童，不见成年男女合葬墓。绝大部分是火葬墓，其焚烧程度是有区别的，年龄大的，或男性，或随葬品多者，焚烧时间长、火温高，反之则火温低。有的为原地火葬，有的是二次迁葬后火化，不经火化的较少。火化墓有仰身、俯身、侧身、屈肢等多种葬式，少数非火化墓为仰身直肢葬。头向也不尽一致，头向洞口、洞壁、洞里的都有。

洞内地面葬满后，向上再葬第二层、第三层尸骨。

参照以往考古发现、文献记载、民俗学资料初步推测，其火葬习俗与升天、降福等多种思想观念有关，而且火化程度与死者生前受尊敬的程度有关。

（二）自给自足的简单生活

从洞穴墓葬的随葬品看，一般墓随葬 3—5 件或 10 多件，多者 20 余件，包括生活用具、生产工具、装饰品、武器等，社会分化并不严重。

陶壶

生活用陶器主要是各类的壶、罐和碗，生产工具以石斧、锛、凿、刀为主，形制多样。还有棍棒头、环状石器、齿形器、石镞、石铲等。齿形器在其他文化中少见，齿轮状的圆盘两面，分别耸起长短各异的圆筒，孔壁留有使用形成的螺纹。

男性墓多随葬陶壶，石斧、锛、凿，女性墓多随葬陶钵、罐，石刀、纺轮和装饰品，可见当时男女间已有了社会分工，农业生产很发达；有纺织业，从发现的一段折叠四层的麻类纤维织品衣袖看，人们熟练地掌握了沤麻技术；仅出土少量小型青铜饰品，表明其青铜冶铸技术尚不发达；武器主要有石镞、骨镞等。从一些尸骨身上发现的致死箭头形态看，这些箭头与本文化的箭头不同，表明周边环境也不太平。

（三）驰骋辽东千余年

马城子文化族群，最初活动于太子河上游山地区，此后逐渐扩展至浑河流域、鸭绿江下游乃至朝鲜半岛北部地区。延续时间自夏代至西周初，超过 10 个世纪。墓葬也不单单是洞穴墓，也使用石棺墓、盖石墓。

这一文化由何而来？迄今尚无共识。从本地新石器时代各考古学文化考察，北沟文化无疑应是它的主要来源之一。然而，从文化面貌产生大的变化及葬俗看，长城沿线一带的考古学文化也值得考虑，只不过尚无明确的线索。马城子文化在发展过程中，受到了来自辽河平原区的高台山文化、来自辽南的双砣子系统文化的影响，但这种影响是相互的。

马城子文化的去向如何呢？近年来几乎一致的观点是，由于辽南双房类型的兴起，促使马城子文化整体迁徙到了西松花江流域，流行于两周的西团山文化便是其后人的遗存。西团山文化中心区域集中在吉林省东南部，南部边缘接近辽北，盛行石棺葬。从棺的做法、随葬品摆放位置、男女随葬品种类、流行用猪下颌骨随葬等习俗看，与马城子文化相同，只是不火葬。最为重要的是，两者陶器、石器等造型特征和制作工艺都有渊源关系，因此可把西团山文化看作是马城子文化一支的延续。

需要说明的是，马城子文化并未在本地完全消亡，而是发展演变为新城子文化。

三、大连大嘴子遗址

自新石器时代起，辽东半岛南端便与山东半岛文化有联系，是中原文化向东北扩展的一个窗口。进入青铜时代以后，以半岛南部为中心的族群创造出了与本地新石器文化密切相关的双砣子一期文化，与山东半岛岳石文化相关的双砣子二期文化，及以本地文化为主体的双砣子三期文化。

双砣子三期文化兴起于商末，文化发达，相关遗址保存较好，面积大，遗迹遗物丰富。双砣子三期文化的聚落址多选择在临海的海岬上，房址分布较为密集，一般顺山坡排列，似有一定布局，以大嘴子遗址最具典型性。

（一）滨海山城

大嘴子遗址位于大连市甘井子区大连湾镇李家村东北约 2000 米，黄海北岸伸向大连湾的一处半岛台地上，半岛南、北、东三面环海，西面与陆地相接。遗址发现于 1959 年，1987 年、1992 年先后两次进行发掘，现已完全被毁。

大嘴子遗址全景

遗址内发现 4 道石墙，主要集中于东南部。石墙不能连在一起，而且宽度、做法也不一致，形成年代也不相同。对于这些墙体的功能，有学者认为起防风作用，理由是从可确定门朝向的房子看，有东北向、北向、西北向、西向、西南向的，唯独没有东向和东南向。考虑到冬季海风相当寒冷，因此建挡风墙还是有必要的。此外，在聚落外围的东南部还有一道呈东北—西南方向的石块堆积，可能是真正的聚落防御外墙，可惜没有发掘。

城内房址密集，石筑房址较少，或平地起建，或半地穴式，平面多呈方形。土坑半地穴式房址较多，除方形外，也有圆形、椭圆形或不规则形的。从规格看可分为大、中、小三种，从用途看有的是居住址，有的可能是储藏室。

房址内往往遗弃较多陶、石器等生活和生产用具，如 1992 年发掘的第 3 号房址内共置有陶、石器 40 余件，其中大型陶器集中于房址的东部，并在居住面上挖有小坑，将器底置于坑内以使器物放置稳定。石器特别发达，数量、种类都很多。包括生产及狩猎工具网坠、斧、刀、锛、矛、剑、镞、球、磨石、纺轮、石杵等，以扁平的石斧和半月形双孔石刀最为多见。而穿孔的石斧，有柄的石矛等，都是较进步的石器。特别值得提及的是，石兵器发达，如穿孔的石钺就出土 7 件。日常生活用陶器包括盛储器如壶、罐、盆等，形体较大。食器碗、豆、钵和勺等，制作精致。礼器如陶簋等，形制特别。青铜制品多为小件装饰品和工具类，主要见于墓葬。

陶罐

特别值得注意的是，双砣子三期文化的许多遗址均毁于大火，大嘴子遗址也不例外，室内陶、石器多保持原位，可能与战乱有关。自大嘴子遗址后双砣子三期文化就此衰落。

（二）稻作农业及其海外传播

从大嘴子遗址出土遗物反映的经济形态看，当是渔猎经济和农业经济并重，狩猎采集和家畜饲养作为补充来源。

与发达的用于收割的众多穿孔石刀相印证，大嘴子遗址 1987 年发掘的第 3 号房内南侧边缘处，发现了集中放置的 6 个盛放粮食的陶罐，经鉴定有稻谷和黍。其中稻为粳稻，很可能为当地产品。炭化稻谷在辽东半岛的发现，十分引人注目，为稻作由大陆向朝鲜半岛和日本列岛的传播路线提供了新的证据。关于稻作的东传，有南路（经江浙地区）、中路（经山东半岛）和北路（经辽东半岛）等多种观点。这一发现，为北路说提供了新的证据。此外，在 1992 年发掘的 3 号房址的 2 号陶壶内发现谷物粟，是北方地区常见的粮食作物。

渔猎生产工具中网坠形制较小，应是使用较小的网在浅海进行作业。在 1987 年发掘的第 38 号房内发现的 2 件陶舟形器，是大嘴子渔船的写照。尤其是在许多屋内都发现有装鱼的陶罐、壶，多的达 10 余个，罐内鱼头和鱼骨清晰可见，说明当时的人们不仅日常食用鱼，而且将一部分剩余的鱼储藏起来留待日后食用。

石刀

第二节　华夷融合

商末周初，以喀左为中心，辽西发现了大量商周青铜器窖藏，有学者认为这是西周燕国势力范围已达到辽西的一种标志。

西周中期至战国中期，以辽宁为中心的众多考古学文化中普遍存在一批具有自身特色的青铜武器或祭器，包括“辽宁式铜剑”“辽宁式铜戈”等，形成了一个具有共同传统的文化圈。其中分布于辽河平原区年代较早、文化较发达的“郑家洼子类型”含有中原文化因素，并在文化，圈内起主导的作用。圈内还有辽东半岛以石棚为典型遗存的双房文化以及辽东山地的新城子文化，以辽西建昌东大杖子墓地为代表的文化也属于辽宁式铜剑遗存，与燕文化的关系更为密切。种种迹象表明，战国早期始，燕人已广布辽西与辽河平原，与圈内居民共存。

一、喀左青铜器窖藏

在辽西，继夏家店下层文化之后，大抵相当于商代中期至西周初，迎来了一支与商、周王朝关系极为密切的考古学文化——魏营子文化。这支考古学文化在20世纪70年代才被辨识出来，成分复杂。相关遗存中最引人注目的是大量中原式青铜窖藏，其出土的青铜器堪称辽宁古代文化瑰宝。

（一）连续不断的惊人发现

1941年，喀左县小城子镇洞上甲南沟村村民修路时，在咕噜沟意外地挖出1件青铜重器，引起轰动，媒体对此进行了专门报道。这是1件大鼎，高50厘米，重70余公斤，内底铸有长篇铭文。可惜，在战乱年代，这件大鼎也如北京猿人头盖骨一样，下落不明，成为未解之谜。

喀左二号坑铜器出土现场

1955 年，喀左县平房子乡海岛营子马厂沟村民在田间耕种时，偶然挖出了 1 件青铜器，随后在它周围又挖出来 14 件青铜器。这批青铜器在当时差点被当成废铜熔炼，所幸被识别出是古代文物，于是被收入当时的东北博物馆，即辽宁省博物馆的前身。

1973 年，辽宁省博物馆文物工作队获悉，喀左县北洞村村民在山坡上发现了青铜器，随即派人赴现场进行考古发掘，清理出 6 件青铜器。在周边调查时又发现了另一处青铜器群，也清理出 6 件青铜器。经文物部门初步研究，确定这批青铜器群属窖藏性质，分别将其命名为北洞 1 号和北洞 2 号青铜器窖藏。

1974 年，距北洞村 7 公里的喀左县山湾子村北台地上，又发现一处青铜器窖藏，出土铜器 22 件。

1979 年，在马厂沟以北约 50 公里处的小波汰沟一黄土台地上，又出土铜器 11 件。

至此，喀左县境内沿大凌河一线共发现 6 处青铜器窖藏。它们是何人、何时、何种原因埋藏的，成为了新的难解之谜，需要后人抽丝剥茧一一厘清。

（二）别致罕见的铜器造型

相对于中原商周王朝的青铜器来说，喀左的这批以商周风韵为主要特色的青铜器也不乏精品。

马厂沟青铜器窖藏中出土的盛食器青铜盂，敞口、收腹，器体线条流畅，以较高的圈足相托，附耳适中，器腹部饰有顾首垂冠夔凤纹，两两呈轴对称分布，云雷纹衬地，圈足饰夔纹，整体端庄而华丽，其造型和花纹为商周器中罕见；鸭形尊，呈立鸭形，长颈昂首，作欲鸣状，造型生动别致；蝉纹盘，腹与足满饰蝉纹带，寓有永生的含义，蝉纹是商人十分喜好的装饰花纹，为商器常见纹饰。

龙凤罍

北洞2号窖藏出土的龙凤罍，圆体、束颈、广肩，以有捉手的器盖和较高的圈足上下托衬，显得极为匀称。捉手为平雕转立雕的盘龙，蹲坐于盖的中央，居高临下。上腹浮雕式的对凤，突齿盘身卷尾，呼之欲出，一龙一凤，上下对峙，极显气势。

小波汰沟出土的铜鼎中有一件高达86厘米，高立耳，内有凹槽，深腹较直，三空足，腹有饕餮纹带，足跟饰兽面纹，无地纹衬托，相对简洁而不失威严。铸铭簋中有1件在耳上端饰牺首，耳身同时铸出一虎噬猪的形象，虎与猪以圆雕与平雕相结合的手法铸成，形象与动作都极为写实。在窄而小的耳部使用3种动物题材，且有首有身，姿态不一，上下依附，其艺术设计极具匠心。

这些青铜重器制作精美，造型端庄，花纹瑰丽，既有商周青铜器的基本风格，又有浓厚的区域文化特色，究竟是谁所有呢？

（三）煊赫的作器主

燕侯盂

燕侯盂铭文拓片

这些青铜器部分铸有铭文，记录了当时器主的一些信息，为后人认识他们的全貌提供了证据，可是文献记载毕竟有限，想要为每位器主找到定位几乎是不可能的。所幸，他们中间还有能凭蛛丝马迹觅得身影者。

马厂沟窖藏出土的16件青铜器中有铭文者5件，其中最重要的是匽侯盂，这件盂底铸铭文“匽侯作饙盂”即“匽侯”自作盛食器。在金文中，“匽”即“燕”，有时也作“郾”，匽侯即为燕侯。《史记》记载“武王追思先圣王……封弟周公旦于曲阜，曰鲁，封召公奭于燕”。武王灭商之后将其弟弟召公封于燕地建立诸侯国，《尔雅·释地》中记载“燕曰幽州”。幽州是古九州之一，今河北省北部至辽宁省部分地区，中心在北京地区。依此可知，匽侯盂的作器主是大名鼎鼎的燕国国君。

北洞1号窖藏中出土的6件青铜器中有5件形制相同的小口广肩罍，其中1件罍颈部内壁铸有6字铭文“父丁孤竹亚微”。文献记载，孤竹国是商朝分封的同姓侯国，其领地在今河北卢龙、迁安一带，也有认为包括辽宁西部。

北洞2号窖藏出土有1件方鼎，腹内长壁铸铭文24字，记述作器者受到“执”的赏赐，器底铸有“侯”徽号。这表明北洞村出土的这批青铜器作器主也是当时拥有高等级身份的人。

山湾子窖藏出土了1件甑鬲联体的甗，内壁铸有6字铭文，有“伯矩”之称。目前有传世“伯矩”器13件，器形多样。北京琉璃河出土的“伯矩”鬲记载了伯矩接受匽侯赐贝用来作父戊彝的事情，

伯矩甗

“伯矩”鼎记载了伯矩作宝彝用“言王出内吏人”。这些关于伯矩的铭文表明，伯矩是燕国一个可以直接接受燕侯委派任务的高位之人。也有学者认为伯矩当是燕国的行人之官，负责迎接周王使者。

小波汰沟出土了1件重器——簋，自铭“圉”，内底铸有铭文14字，记录了器主圉参加周王在成周举行的典礼并接受赏赐一事。这件簋是喀左地区所出商周青铜器中唯一一件记有周王与王都的器物，刻铭与北京琉璃河燕国墓地所出圉器完全相同，应为同一族或同一人，也暗示出器主的赫赫地位。

（四）埋藏之谜

古有“藏礼于器”之说，以器物彰显身份，这批青铜器拥有煊赫之主，它们什么时候被埋藏于此？是谁所埋？为什么要埋呢？每个想要透物见人的思考者们迫切想知道这背后的答案。

最初学者们对这批具有商周风格的青铜器为什么会出现在远离商周王畿腹地的大凌河岸边着实费解，推测它们可能是被后来者埋藏于此。可是，随着研究的深入，这些窖藏中的青铜器年代多集中于商到周初，没有后期的器物，因此学者们又认为是当时人埋藏的，本着断代就晚不就早的原则，可定埋葬年代约在西周初年。可是最近有学者考证这批青铜器风格有的与西周中期器物类似，个别的可能属战国时期，关于它们年代的争论又起风云。

埋藏于此的目的是什么呢？有学者认为是周人祭祀用的。理由是商周时期“国之大事，在祀与戎”，当时的祭祀范围之广难以想象，山川大地、天上神灵、人之先祖均在祭祀之列。祭祀之时有严格的祭祀仪式和用器规范。有学者据北洞窖藏的挖坑特点即依器高度将穴坑挖成斜坡状，器口铺盖石板，推测这些器物是商周先民用来祭祀山川林泽的用器，祭祀之后埋藏于此，以便下次使用。有学者持不同意见，认为藏礼于器的商周时期，必须用成套的器物和特定的数量来彰显祭祀主的身份地位，而这批不成套、不定数的器物不足以支撑这种推测。还有学者依据个别青铜器疑似战国器物，推测它们是燕王喜退保辽东时匆匆掩埋的，可备一说。

比较主流的观点是，这批器物是魏营子文化居民匆匆埋葬的。因为从这批青铜器出土的地点和大致的埋藏时间看，它们应为魏营子文化所有。佐证是其中还包含土著青铜器出土，这批青铜器中有相当多的东北商代族徽，如文献明确记载的“孤竹”、商代巨族“亚㠱侯”等。从文化渊源看，魏营子文化居民中确有一部分与商王朝有密切关系，有的还可能是商的遗民，他们在西周时受到周王的赏赐，故拥有了这批跨不同朝代的青铜器。考虑到魏营子文化在周初不久就消亡了，可能战乱导致，在战乱中，他们不得不将传国重器埋藏于此。虽一些学者认为个别器物为战国时期，但并无实据。

二、郑家洼子墓地

喀左青铜器窖藏与魏营子文化有关，但魏营子文化的影响远不止辽西，辽河平原地区的郑家洼子文化前身老虎冲类型就有其文化因素。根源于老虎冲类型的郑家洼子文化，吸收前人影响的同时又发展出自身特色。

（一）堪配沈阳城的墓地

郑家洼子墓地位于沈阳市于洪区杨士街郑家三委青铜东巷附近，现属于洪新城腹地，周围高楼鳞次栉比。60 年前，这里低洼积水几乎成为沼泽，故名郑家洼子。遗址就位于洼子边上的一块高地之上。这块孤悬在外的高地是当时人的生活根据地，农民在上耕作，砖厂在此取土。

1958 年，此地兴建农场，一名村民在挖地的时候挖出了一根“铁条”，当时并未感觉到特别，但后来总感觉这根“铁条”有点不一样，好像一把剑。经考古专家鉴定，这根“铁条”确实是一把青铜短剑。这把青铜短剑出土地点便被命名为郑家洼子遗址第一地点。

无独有偶，1962 年，在郑家洼子生产大队的后院又挖出来一把青铜短剑。这里距离第一地点仅 500 米，命名为第二地点。这么小的范围内接连出现青铜短剑，引起了文物部门的重视。中国社会科学院考古研究所东北工作队随后对郑家洼子展开了小规模的考古调查，发现了不同时期的古代遗存，并于 1965 年 5 月进行小规模的发掘。8 月，沈阳故宫博物馆等单位进行了大规模的发掘，此次发掘地点被命名为第三地点。两次发掘共清理墓葬 16 座，发现文物 2000 余件。

（二）四驾之车的 M6512

郑家洼子墓地的墓葬以竖穴土坑墓为主，与辽东、辽西同期的石质墓葬不同，葬式多为仰身直肢葬。其中发现了一座同期在东北地区前所未见的大墓，编号 M6512，即 1965 年发掘的第 12 号墓，年代为春秋晚期。

6512 号墓葬墓穴为不规则的长方形，长 5 米，宽 3 米，口略大于底。内有殓装尸体的木棺，棺外还有木椁。木棺置于椁室内偏北部区，棺底铺席。死者系 50—60 岁的老年男性，头向西，仰身直肢葬式。随葬器物置于棺椁之间及棺内，有铜、陶、石、骨器 42 种共达 797 件。

墓主人装束极具特色，头上戴有铜簪、骨簪各 2 支，还有一些小串珠，颈下佩戴的长长的石串珠，垂至胸前，串珠质地都为蓝绿

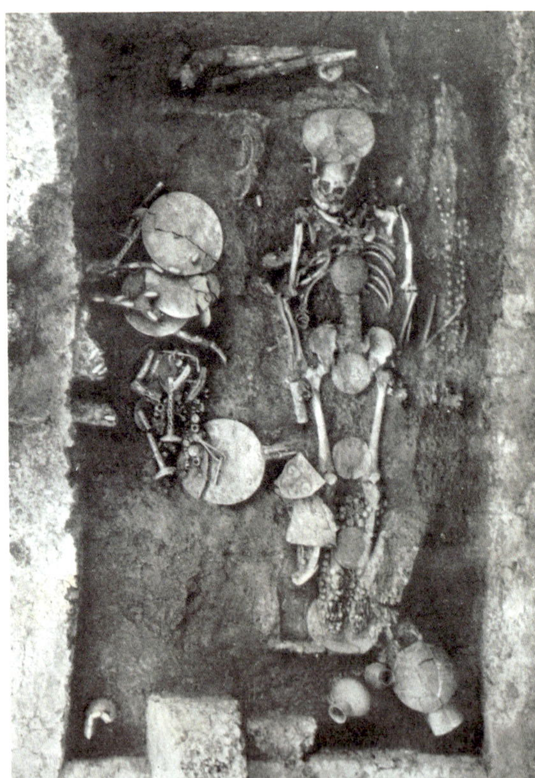

郑家洼子6512号墓葬全景

色天河石。右侧腰部佩“辽宁式铜剑”1柄，木剑鞘外套铜镖。剑身因长期使用而磨损明显，剑柄以杂有铁、石粉之类的混合材料黏固而成。墓主人右膝盖旁有刀囊和斧囊，刀囊内插有骨柄弧背铜刀、铜锥各1件，斧囊旁放置铜斧与铜凿，墓主人穿一双满钉铜饰的靴子，证据是小腿四周有成排大铜泡，应该是靴子主体腐烂后留下的饰物，铜泡共124枚，脚掌骨上小铜泡56枚。此外，在墓主人头上和脚下各立有一面大型铜镜形饰，身体上等距离放置四面稍微小一点的铜镜形饰，从铜镜形饰上锈结的麻布痕迹看，它们曾用麻布包裹或戴在衣物上。

串饰

棺椁之间的随葬品引人注目：棺的西侧即墓主人头上部有2柄带木鞘的“辽宁式铜剑”，放置于剑椟中。铜镜1面，也置于剑椟中；棺的北侧即墓主人左侧是放置弓箭的地方，有以成排铜泡作饰物的弓囊，内有弓箭，其中弓2张，箭一束共71支，脚骨左侧还有一束箭，共98支。棺的南侧即墓主人右侧，放置马具，有4匹马的马头饰件，包括铜马衔2对，蛇形铜、骨镳各8件，还有虾形节约和用途不明的喇叭形器、大小成对的圆形饰件。陶器放置在棺的南端墓主人足下，共3件，都为泥质灰陶壶，经轮修，器表磨光，造型规整，火候较高。此外，在墓的东侧边圹处出土有牛骨。

青铜短剑

铜马镳

（三）辽东之主

西周至战国早期，以医巫闾山为界的辽宁东部广大区域内各新兴考古学文化中有很多共性的文化因素，比如普遍使用扇形铜斧、曲刃铜矛、“辽宁式铜剑”等工具及武器，随葬品中多见独具特征的陶器——钵口弦纹壶，以至于有学者将这一时期这一区域的遗存统称为一种考古学文化。对此，有学者提出了“辽东青铜文化圈”这一概念，认为辽东地区该时期的诸文化遗存各具特点，分布范围、文化来源也各不相同，应系不同的部落集团留下来的。而它们的共同文化因素表明，各部落集团之间有着较密切联系，或许已结为部族联盟，属一个大的文化系统，与史书记载的春秋战国时期东北亚地区古代民族分布区域相比，当是东夷系诸族遗存。

在这个文化圈内，M6512 时期的郑家洼子文化最为发达。从各遗存的共性遗物看，“辽宁式铜剑”可能就产生于辽河平原区。从“辽宁式铜剑”的功能看，不是实用兵器，而是一种特殊的礼器，为圈内各文化所认同。由此推知，郑家洼子文化应为各族群之主。

就 M6512 墓主人来说，拥有多柄“辽宁式铜剑”，陪葬至少 4 匹马的马具，象征四驾之车，按周礼说，墓主人是当时相当于诸侯等级的人物。佩戴多面铜镜，与萨满宗教有关。这两大典型特征表明当时社会的最高统治者族群可能集行政、宗教权力于一体。从郑家洼子小型墓无木质葬具且随葬品较少的情形看，当时社会分化程度较深。

三、辽东半岛大石棚

在辽东半岛有一种特殊的遗迹，其下三面立石板，一面开口，上有宽大而厚重的盖石，状如石房，远远便可以见到，以盖州石棚山石棚最具典型性。

盖州石棚山石棚

这类遗迹很早就有记载，最为明确的是金人王寂的《鸭江行部志》："己酉游西山，石室上一石纵横可三丈，厚二尺许，端平莹滑，状如棋局，其下壁，立三石，高广丈余，深亦如之，无瑕隙，亦无斧凿痕，非神功鬼巧不能为也。土人谓之石棚。"可见石棚之称，最晚在金代就已经出现。

类似规格与形态的石棚现存9处，都在现今界定的辽东半岛范围内。海城析木石棚是其分布的北界，岫岩兴隆石棚、庄河大荒地石棚、庄河白店子石棚邻近黄海一侧，大石桥石棚峪石棚、盖州石棚山石棚、普兰店石棚沟石棚、瓦房店台子石棚偏于渤海一侧，金州小关屯石棚是最南部的一处。这些石棚规模都较大，室内空间较高，属于石棚的一个特殊类型，因多裸露于地表，故对其功能有争议。

（一）独立居高望远

上述石棚所处地势都较高，但不能笼统地认为分布在山上，而是多在一处相对高度为20米—40米的台地上或山坡平坦处，台地下部有河流，这些是它的环境特点。除地势外，其下部还多发现有较高的台基，以凸显其居高临下之势。

日本学者八木奘三郎很早便对辽东半岛石棚做过调查，在他的记录中，已倒塌的金州小关屯石棚石室建造在一个土石混杂的台上，当时仍可看到其下部有约10平方米的土台。大石桥石棚峪石棚也是如此，土台范围约8米 ×6米，高0.5米左右，底部有石砌的痕迹。普兰店石棚沟大石棚四壁外原来也有大量碎石堆积，推测是台基被破坏所致。在海城析木石棚的南壁石前面0.5米处有一条挡石，称“阶条石”，其长度与北壁石的底宽相等。在岫岩兴隆大石棚周围宽度约1米左右的地带，也发现铺垫碎石迹象。上两座石棚虽未查明有台基，但相关遗迹无疑与石室下部及外部的结构有关系。

有学者曾认为，石棚应该称为姑嫂石，特点是一大一小，一上一下成组合分布，大的在高处、小的在低处，大的制作精良、小的制作粗糙，可能是原始社会居民进行宗教祭祀的场所，象征天地日月，大者是日，小者是月。

实际上，上述石棚绝大多数是独立的，在一处地点发现2座石棚的距离都比较远。如大连小关屯原有2座石棚，相距200余米，海城析木2座石棚相距350米，岫岩兴隆的2座石棚相距更是达500米。距离最近的是庄河白店子石棚，2座石棚距离20米。而普兰店石棚沟石棚共发现4座，1大3小，小石棚分布在大石棚的周围，最远的距离大石棚25米，最近的仅6米，是成群分布的。

由此可见，大石棚可界定为2个1组，都是建在高处的，并非一上一下。成群分布的虽然也有，可能与其年代较早、社会分化不明显有关。

（二）冠状封闭石室

现见大石棚的石室底部都高出周边地表，不是下挖的。内部空间较大，室内最长的达2.8米，最宽的2.1米，最高的2.3米。后侧壁石较两侧壁石厚，倚靠在两侧壁石之上，对巨大的顶石起支撑作用。顶石厚重，重达数十吨。近门一侧较高，四面出檐。如此高度的石棚，近处是不能看到顶部的。如站在高处远望，其厚重的顶石近门一侧上翘，四壁收束，恰如王冠，所以有学者称之为“冠石”。

现见石棚多空敞一面，原来状态是如何？弄清这一问题不仅关系到结构，更涉及功能。有学者认为它们是祭祀设施，空敞一面就较为合理。有学者认为它们是墓葬，出于保护尸骨的需要，石室就应该封闭起来。

从现存情况看，庄河大荒地石棚四面都是封闭的。其顶石已断，东、西壁石，北侧的后壁石保存完好，南壁石在崩坏的顶石之下，从规格看，宽度大于室宽，高度与室内高度大体相等，据此可知该石棚为南北向，门向南，全封闭；海城析木石棚南侧的壁石仅有下半部，夹在两侧壁石内，较薄。从石材与构造看，应是最初形态，表示这就是入口，也有封闭之意。但门石上半部是否空敞还是采取了另外的封闭措施，尚不好推测。庄河白店子石棚经过发掘，发现有较厚的封门石，门向西；金州小关屯现存小石棚，仅东面的壁石大体完好，其他三面壁石都有残损，门在西侧。稍矮一点，与顶石间有空隙；大石桥石棚峪石棚东面没有壁石，一般以为这一面是门。实际上，从北壁石的东端尚留有镶嵌东壁石的沟槽看，这面的壁石原来是有的。值得注意的是其南壁石较其他三壁壁石矮 5 厘米，室内铺底石南部短缺，与东壁石之间有空隙，中间夹一长石条。表明该石棚并非东西向，而是南北向，后壁石倚靠在两侧壁石上，门在南侧；瓦房店台子石棚南部有一个低矮的门石，因为很长时间都当作寺庙使用，可能是后来加较高的“门槛”，不足为据。

由此可见，大石棚大多数原是封闭的。正如有学者指出，只是因为某面壁石被破坏才形成今天这个样子。也正是因为空其一面，内部一览无余，才消除了许多好事者的好奇之心，它们得以保存至今。

（三）丘状贵族墓葬

室状石棚是干什么用的？民间传说有神话色彩。

如析木石棚，民间有几个版本的传说，其中之一是古代有姑嫂二人学道，各修石棚一座。小姑心诚一夜修成，登石羽化成仙。嫂子修好石棚后，因舍不得离开家又跑回去看孩子，回来后石棚已倒塌，气死后化作一只布谷鸟；另一种传说是昔姑嫂二人共居一处，姑常虐待嫂，嫂不堪其苦，遂奔至丘上，化为石棚，姑见此情景甚悔之，亦在丘下化为石棚；流行最广的一种是姑嫂采药治疗瘟疫，小姑采到了仙丹妙药灵芝草后被心生歹意的嫂子推下了山涧，不过嫂子自己也摔死了。村民们建造了石棚，把小姑的尸体放在山上石棚，嫂子的尸体放在山下石棚里，把灵芝草熬成汤药，给全村病人和姑嫂喝，病人好了，小姑复活了乘着风雨向天上飞去，嫂子却变成了一只鸟。盖州石棚山、榆树房、仰山村石棚传说是三位神女为登天所建造的，其中在石棚山上建石棚的神女心地纯洁善良，一夜便将石棚修好，飞升天界，而榆树房和仰山村的两位神女，心地不够纯洁善良，最终未能建成石棚，含恨化作了一种小鸟。盖州石棚山石棚还有一传说，在很久以前，这里连年遭受山洪和其他自然灾害的袭击，民不聊生。有一天突然下起大雾，下了一天一夜，第二天凌晨云开雾散，见山上出现了这座石棚，从此这里年年风调雨顺。

海城析木城石棚

上述传说表达了好人好报、石棚可保佑地方平安的美好愿望，但显然不能真正解决石棚的来源和功能问题。

考古学家认为它们是贵族墓葬，主要理由如下。

第一，发现有人骨或随葬品。如经过发掘的庄河白店子石棚，在铺底石缝隙中出土了石纺轮和人骨。据实地调研得知，村民曾在石棚里挖出过石碗。庄河大荒地石棚内也出土过火烧过的人骨；第二，现见石室外还应该有封土或封石。从理论上说，作为墓葬首先考虑的是封护问题。从目前所见室状石棚看，有的有“侧门”或“半门”，墓室不可能裸露在外。从考古调查的情况看，石室或石棺完全裸露于地表之上的石棚在整个东北亚地区都极为少见，绝大多数都保留有封土或积石。截至目前，经过科学考古发掘的石棚，无一例外地均见有积石，只是积石保存高度不同而已。著名考古学家李文信先生早就认为石棚原应有封土，后因水土流失才露出地面。至于其封石形状，通过台基为方形推测，呈“覆斗型”的可能性最大，只有顶石暴露于地表，集安将军坟陪葬冢的形态可做参考。

叠唇罐

（四）石棚与双房文化

自旧石器时代起，辽东半岛就是东北乃至东北亚地区人类活动中心，文化具有先进性与独特性。新石器时代以后至秦统一，这里既是东北文化的前沿又是中原文化的窗口，是多种创新文化的策源

地。其中，以大石棚等遗存为标志的双房文化就是其典型的一支，对东北亚地区同期文化产生过很大的影响。

前述大石棚与其称谓是吻合的，还有一些与之结构类似的石构墓葬是否也可以称作石棚呢？考古界已经初步达成了一致意见：石棚是中国境内以整块巨石作为顶石的一类墓葬和相关祭祀设施的统称，流行于青铜时代，分布于中国的东北地区东南部、山东半岛东端，以及浙江南部的沿海地带。与之类似的遗迹在朝鲜半岛、日本的九州地区也有发现，被统称为“支石”或“支石墓”。从功能上看，石棚可以分为两类，一类与祭祀相关，可称之为石棚；另一类为墓葬，可称之为石棚墓。依据墓室所处位置及结构的不同，石棚墓又可分为两大类：墓室高出地表者可称之为石棚墓，墓室建于地下者可称之为盖石墓。

对石棚术语进行有效界定，使得同时期相关祭祀与墓葬遗存有了一个规范的名称。它们是何人、何时创造的呢，需要从考古学文化的角度去考察。

1980年，考古工作者在普兰店市安波镇德胜村双房西山上发现了一处墓地，既有石棚墓又有盖石墓。其中2号石棚墓保存相对完整，有封土。在底石堆土及其与壁石的缝隙中，发现有烧过的人骨碎片和夹砂红陶鼓腹圈足壶、石纺轮各1件。该墓非常重要，再次证实了石棚是墓葬。该石墓中6号墓保存最好。暴露于地面上的是一个巨大石板，呈圆形，直径约1.7米，已移位。其下有一个石棺，棺内填满了黄沙土，不见人骨，出土有叠唇罐、弦纹壶、辽宁式铜剑等。因为这处墓地的遗物具有很强的代表性，学者们据此命名了一种新的考古学文化——双房文化。在这一文化中，最具特色的陶器是叠唇罐，仅见于辽东半岛的石棚墓与盖石墓葬中，两者的分布区域是相同的。

对双房文化的年代，一般认为是周初至战国中期燕文化到来之前。

（五）石棚与朝鲜半岛支石的关系

在中国，与辽东半岛石棚类似的遗迹主要见于辽北吉南、浙江瑞安两个区域，与辽东半岛石棚都有关系，虽然属不同的文化，但其墓葬形式是一致的，表明不同区域间文化有交流。

与辽东半岛石棚类似的遗迹普遍见于朝鲜半岛，被称为支石墓，是其青铜时代最具代表性的墓葬形式，数量极多。据我们能见到的材料，仅朝鲜平壤一带就有 14000 余座，整个韩国有 50000 余座。

所谓支石墓，在结构上具有的共同特征是“裸露于地表之上的巨石”，可分为三大类：第一类被称为“桌子型”，如同辽东半岛的大石棚一样；第二类为“棋盘型”，以石块支撑顶石，墓葬在地下；第三类为“盖石型”，地表见巨大顶石，无支撑石，类似辽东半岛的盖石墓。学术界对三类墓葬早晚关系的认识，多倾向于“桌子型支石墓”年代早，“棋盘型支石墓”年代晚些。“盖石型支石墓”出现的年代尚有争议。

对石棚与支石墓的关系，许多学者认为其各类型可以对应，但也有不同的地域特点。在盖石型支石墓没有被发现之前，考古学界倾向认为主要分布于朝鲜半岛北部的“桌子型支石墓”是受辽东半岛石棚影响产生的，而后发展成为主要分布于朝鲜半岛南部的“棋盘形支石墓”。有学者认为盖石形支石墓年代最早，可惜能够断代的材料太少，无法定论。

四、东大杖子战国墓地

中原地区进入战国时代以后，便有燕人进入辽宁。辽河流域一些含“辽宁式铜剑”的族群也开始接受燕文化，甚至完全采用中原文化的礼制，东大杖子墓地所代表的族群就是其中之一。

（一）“重案”发现“重器”

东大杖子战国墓地位于葫芦岛市建昌县碱厂乡东大杖子村。这是一个拥有百余户村民的普通村庄，不寻常的是它整体建筑在一处

东大杖子战国墓地全景

大型战国墓地之上。这片墓地早已深深地湮没在历史中，无人知晓。村民在建房、打井、挖菜窖等深度作业时会发现一些小件古物，但并未引起世人的注意。

1995 年，一位村民中的“能人”将出土文物拿到北京潘家园古玩市场变卖赚了“一大笔”之后，一些不法村民开始特别“留心”古物，盗墓者也闻风而至。之后的 5 年时间里，内外勾结，东大杖子村笼罩在盗墓尘嚣之中，大量珍贵文物被倒卖甚至流失海外，令人扼腕叹息。

1999 年葫芦岛市公安局、博物馆接到举报得知东大杖子村有一群人聚集盗墓。经周密侦查，探得村民郭某盗挖文物，经过公安侦查人员的精密筹划，以放长线钓大鱼的手法将郭氏父子一举抓获，在郭家炕洞中搜获盗挖的文物。根据郭某提供的线索将唐山市一伙盗墓分子 12 人一举抓获。

追缴回的文物中，有两件燕式铜壶堪称精品。查阅盗墓分子交代案卷以及绘制的草图发现，许多文物以往从来没有在辽河流域出

青铜短剑

土过，也不似本地应有的文物。这个发现引起了考古工作者的高度重视。辽宁省文物考古研究所当即派员对东大杖子村进行考古调查、勘探，并进行抢救性的发掘工作。至此，这一具有浓郁燕文化色彩的土著文化墓地开始向世人展示出她神秘的面貌。

（二）韩日细形戈之源

东大杖子战国墓地墓葬分布密集、排列有序。规模上可分大、中、小型三种，其中大型墓集中位于墓葬区的中南部，中、小型墓在其周围间杂分布。按照埋葬习俗不同可分为封石墓和填土墓两种。封石墓是指在圹口与生土二层台之间封盖大河卵石者，多为中小型墓，随葬品皆较丰富，但似乎富而不贵。

这些墓葬中出土了大量的青铜器，除种类繁多、制作精美的燕式铜礼器外，最引人注目的是带有金质剑格和柄端枕状器嵌框的“辽宁式铜剑”、双胡戈等东北系青铜武器。

以往，“辽宁式铜剑”都是零散发现，东大杖子墓地出土数量最大，尤其是带有金剑格者，加上被盗卖的计有3柄，前所未见。这类剑分布范围极广，在造型、结构、铸造工艺及使用方式等各方面均较为独特，而且与朝鲜半岛、日本列岛的早期金属文化关系密切，故长期以来一直为中、朝、韩、日学者所关注。因这类剑的剑身有连接剑脊的短茎，故有学者称之为“短茎柱脊剑”。剑刃部多弧曲，据此朝鲜研究者称为“琵琶形剑”，我国也有“双侧曲刃短剑”之称。组装后的剑体如“T”字，亦有人称为“丁字形剑”。因其分布地域以辽宁为中心，日本学者最初称之为“辽宁式铜剑”。考虑到这类剑源于东北地区，故又有学者称之为“东北系铜剑”。

这类剑年代较早者，采用的是木柄。年代稍晚者，多有铜质柄，由竹节状柄筒、横长内空的柄盘连铸而成，制作时将剑身插于柄筒内固定。剑柄的柄盘内嵌一个单独的物体，多为比重较大的铁矿石类，通体磨制，漆黑光亮，形如枕而称枕状器。也有兽乳、瓜棱、蘑菇、橄榄等多种形态，可统称为加重器。其制作如此复杂，反映了使用者拥有一种根深蒂固的文化传统及制作者对这种传统的珍视，属古代特定族群的“非遗”范畴。嵌金铜剑的出土表明，在战国时期东大杖子墓地所属族群是所有相关族群中最显赫、具有统治地位的一支。

双胡戈的援部平直，锋部锐利，较长，有血槽；柱脊粗壮，脊棱线明显；阑部基本与脊棱线垂直，阑上有两个相对规整的纵向矩形穿；内部呈矩形，较短，内上无穿。锋部可观察到断续的开刃痕迹。这类遗物以往在国内没有发现过，与广泛见于日本列岛的所谓“细形戈”有异曲同工之处。以往日本学者认为弥生时代突然出现的细形戈来源于中国东北，与燕文化有关。东大杖子墓地发现的这件双胡较长，与细形剑形态有些差距。但恰巧在辽东发现了一件戈，属两者之间的过渡形态，由此可知其祖型源自辽西，历辽东、朝鲜半岛伴随铁器、稻作农业传播至日本，促使其社会产生了飞跃式发展。

双胡戈

（三）土著身份的燕辖诸侯

东大杖子战国墓地的另一类墓葬是填土墓，即仅填土，上部封土形成坟丘，规格较大，但随葬品较少，多随葬燕式陶器，显得“贵而不奢”。而第 40 号墓葬是个例外。

M40全景

M40的墓圹平面近方形，南北壁长9米，东西壁宽8米左右，西侧有墓道。墓壁呈阶梯状，圹壁及阶面上局部抹有掺杂白石子的白灰或细黄泥。二椁一棺，外椁底、壁及顶皆由宽大木方制成。内椁位于外椁中间偏西部位，四角有立柱。棺位于内椁中部，梯形。尸骨仅存朽腐的牙齿，头向东。其棺、椁所用木板上部皆抹膏泥，然后铺席。墓葬填土至最上层阶面平齐的高度时，在东侧阶面中部放置了大量的动物头骨，种类有马、牛、羊、猪、狗，总计74个个体。随葬品多数位于内、外椁东部之间的头厢部位，以仿青铜彩绘陶礼器为主，有鼎、豆、壶、盘等数十件，规格较大，各种动物造型逼真，彩绘鲜艳。另在外椁底板上普遍放置制作精美的滑石镂空饰件和陶串珠等。棺内随葬品有铜带钩、环首刀、玛瑙环、绿松石珠等。

这座墓的规制和随葬品特征与燕贵族大墓完全相同，单墓道，随葬7鼎、6簋，在燕墓中属诸侯级别，低于燕王。需要说明的是，战国早期以后，礼崩乐坏，直至战国晚期仍保留周礼规制的只有燕国。M40有大量的殉牲，在燕墓中则不见，此外墓葬呈东西向，也有别于燕人墓葬。也许这群人不隶属燕国，但他们认同中原礼制，这是毫无异议的。

（四）重负之下古人难眠

东大杖子战国墓地背倚燕山余脉，面对大凌河川，地处华北通往东北的交通要道之上，墓葬数量超过200座。鉴于长宽近10米的高等级墓葬、随葬成套精美燕礼器及金柄铜剑等因素，在辽宁乃至东北亚地区前所未见，具有极高的文化价值与社会政治意义，被评为2011年度全国十大考古新发现。

自东大杖子墓地发现以来，为了更好地保护好地下文物，考古工作者一直努力做发掘工作，但阻力很大，资料信息获取困难，不能全面了解墓地的情况。

墓地被全部压在村子之下，其上为村民的房屋及附属建筑，此外院里中间及乡村道路上都有水泥等硬化材料。在考古勘探发掘时，凡是涉及村民的院墙、水井、窖穴、院落时，都需要对村民进行合理的赔偿，但部分村民索要的补偿费用极为高昂，难以承受的经济压力致使每次考古工作开展不久就被迫停止。

铜盖鼎

建昌县长期以来作为国家级贫困县存在，尤其是东大杖子村居于山区中间，交通不便，经济落后，难以有外来资金注入。因此，个别乡、村领导将考古发掘工作经费认为是国家投资，考古部门有义务对村镇进行扶贫。在涉及公共设施补偿时，不仅索要超额费用还附加不合理条件，甚至要求为村里筑公路购买健身器材等。这些因素致使考古工作举步维艰，不得不经历一次次政府协调，大部分结果还不尽如人意。

尽管考古工作步步艰难，但是考古工作者们还是顶着压力，自2006年至今，进行了6次发掘，发掘了47座墓葬，出土各类文物2000余件。历次勘探在村内发现墓葬百余座，由于房屋内部、院落地面等无法勘探，推测墓葬总数在200座以上。这些墓葬至今仍旧深埋于地下，难释重负，不能以真面示人。对如此重要的墓地，应整体予以保护，并展示给世人，发挥文化遗产的价值引导作用。

第三节　统一帝国的见证

春秋战国是中国历史上一个大动荡、大融合、大发展的历史时期，彼时，分裂的表象下孕育着大统一的主流力量。各国在内变法强实力，外斗诸侯并四海之时，面向东北的燕国也日趋强大，却东胡，修长城，置五郡，确保一方安定。至秦始皇履至尊而制六合之后，天下一统。

在绥中止锚湾，发现了中国境内现存最好、规模最大的秦汉宫殿遗址群，考古界将其与阿房宫、秦兵马俑并称为秦始皇三大工程，推测其为“秦国门”所在。它是秦汉帝国大统一的象征与见证，是对辽河流域以至东北先秦史的总结与定论。

一、燕秦长城

巍巍长城亘山川，铮铮铁骨铸中华。长城不仅仅是一项伟大的古代军事防御工程，还是中华民族的脊梁、中华民族的象征。那么，何为长城？长城为何？

（一）长城是一个立体防御体系

通俗来讲，长城是从战国中期开始，由不同时代政治实体在边境修建的，以土、石、砖材料构建的，以墙体为主、由点及线再到面的立体军事防御体系。言外之意，战国中期的长城已经是较为成熟的军事防御体系了，那它是横空出世的吗？

从新石器早期开始，人们就以血缘关系为纽带的氏族群体居住在周围有防御壕沟的聚落中。聚落后来发展为城，高大的城墙既可以作界又可以作防御工事。经过三代的发展、春秋时的争霸，中国社会终于在战国时期发生了巨变，以地缘为基础的大一统成为不可阻挡的发展洪流。战争也由之前的攻城变成了以略地为主。新的防御方式由此产生，打开封闭式的围墙，以长长的墙体来防御的军事工事相继在边境出现。

最初的长城并非是连续性的高墙，它的修建经历了从简单到复杂的发展过程。初期是片段的墙体，后来逐渐演变成连绵不断的、人工修筑的、以土石砖为材料的连续性墙体。再到后来尤其是明代，长城最后演变成为由烽火台、墙壕、营堡、交通供给线等组成的点、线、面纵深立体的军事防御体系。

各诸侯国修建长城的目的有的是为了国与国之间的防范，也有的是为了阻止北方游牧民族的南下进攻，例如我们辽宁境内的燕、秦长城。

（二）燕秦长城为固土非拓疆

战国晚期，燕国挥师北进，结束了北方及东北诸侯混战的局面，确保了一方平安。

《史记·匈奴列传》："燕有贤将秦开，为质于胡，胡甚信之。归而袭破走东胡，东胡却千余里。"《山海经·海内西经》："貊国在汉水东北。地近于燕，灭之。"《三国志·乌丸鲜卑东夷传》注引《魏略》曰："昔箕子之后朝鲜侯，见周衰，燕自尊为王，欲东略地，朝鲜侯亦自称王，欲兴兵逆击燕以尊周室。其大夫礼谏之，乃止。使礼西说燕，燕止之，不攻。后子孙稍骄虐，燕乃遣将秦开攻其西方，取地二千余里，至满番汗为界，朝鲜遂弱。"这三段文字，记载了燕筑长城前所做的三件大事。

文献记载中未提这三件史事发生于什么年代，一般认为是国力蒸蒸日上的燕昭王时期，也有学者认为是燕武成王时期。

据上述文献记载，20世纪60年代初，有人提出含"辽宁式铜剑"遗存是东胡留下的，这种观点并不正确。因为这类遗存从未在长城以外发现过，其与辽东的相关族群更为密切，且人种鉴定结果也有相当大的矛盾。从东大杖子墓地看，本地族群是认同中原文化的，且与燕保持良好的往来关系，非经常骚扰燕国的游牧族群。有学者推测，燕置辽西郡取地于貊国，辽东郡主要是从朝鲜侯那里接收过来的。

而东胡，应该到西拉木伦河流域去寻找。2002年，在内蒙古林西县双井店乡井沟子发现了一处墓地，从文化面貌看，该墓地与本地区夏家店上层文化、东大杖子类型存在本质的区别，从墓葬所反映的经济形态看，与东胡族吻合，是探讨东胡遗存的新线索。

上述研究表明，燕逐朝鲜侯、灭貊，与秦灭燕是同样的道理，并非拓疆。建长城，防备东胡的目的是固土。

3. 辽宁的燕秦长城

燕国动员军民大修障塞，形成体系庞大的军事防御工程。长达 2000 多公里的燕国北长城依旧存在于今天的河北、内蒙古、辽宁境内。

辽宁省内燕秦长城共经由 8 个市及 10 余个县（市、区）。辽东地区长城经过沈阳市、铁岭市、抚顺市、本溪市、丹东市直达鸭绿江西岸。在辽西地区，长城分布在阜新市、锦州市、朝阳市的区县内。长城墙体走向为东南—西北。另外还有敌台、哨所、烽火台等单体建筑 67 座，关堡 19 座，其他相关遗存 9 处。燕秦长城防御体系由墙体、敌台、烽火台、障塞等组成。它基本上是利用山川形势险要而建，在山口与平原地区，都建筑高厚的城墙，截断外敌进出

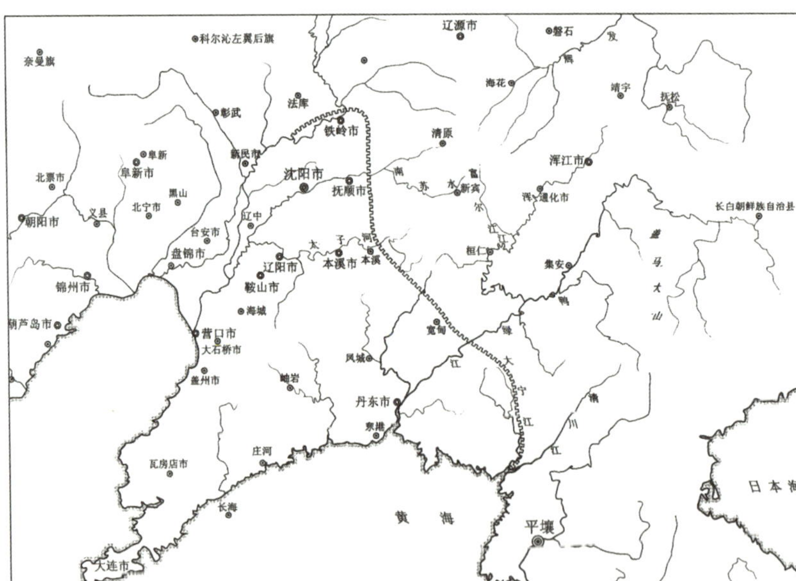

辽东燕秦长城走向

之路。除了长城墙体之外，内外制高点还建有烽火台，进行侦察敌情和传递消息。在交通路口和谷口都建筑障城，派军驻守，以加强长城的防御能力。在长城以内，每隔一段距离，都修建驻军的大城，形成纵深的防御体系。

燕北长城是冷兵器时代最为重要的军事防御设施，最初是为了防御游牧民族的侵袭，将辽宁甚至东北纳入中原行政体系之内。随着秦帝国统一，辽宁境内的长城也与其他地域的长城成为一体，长城地带也成为农耕与游牧政权的缓冲区域。围绕长城开展的农耕与游牧民族的互动，将各民族连接在一起，成为中华民族实体形成中的一部分。长城见证了这一伟大的历史进程。

二、姜女石遗址

在葫芦岛市绥中县万家镇南部沿海地区有一处规模宏大的秦汉时期建筑群，其前方海中高耸矗立着三块自然礁石，俗称“姜女坟”。一处遗址、一组礁石，解决了一个极为重要的历史悬案。

蛤蟆沟脑长城1段

（一）揭开碣石千古谜

“东临碣石，以观沧海。水何澹澹，山岛竦峙。树木丛生，百草丰茂。秋风萧瑟，洪波涌起。日月之行，若出其中；星汉灿烂，若出其里。幸甚至哉，歌以咏志。”当一代枭雄曹操北征乌桓，稳固后方，大胜而归，剑指天下的时候，踌躇满志，路过碣石，面对大好河山，豪情冲霄，挥笔写就的《观沧海》至今仍能让人感受其中的澎湃。如此壮景当在碣石可观，可碣石何在？

“碣石”这一地名最早见于《尚书·禹贡》，据称大禹治水“至于碣石入于海”。而史书中提到去碣石最有名的人物是秦始皇，《史记·秦始皇本纪》载：“三十二年（公元前 215 年）始皇之碣石，使燕人卢生求羡门、高誓，刻碣石门。”秦始皇之后百年左右，汉武帝也来到了碣石，《汉书·武帝纪》载：元封二年“行自泰山，复东巡海上，至碣石”。

碣石如此有名，其地何处？历代学者的考证从未停止过，众说纷纭，清代尤甚，对其所在地点有了十几种说法，甚至对碣石指的是山还是一个独立的石头都有争议。考据大家胡渭更是依据《水经注·濡水》对碣石的描述，指出碣石这个特立之石已沉沦于海，再无踪迹。

随着毛泽东《浪淘沙·北戴河》“东临碣石有遗篇”的发表，碣石又成了热门话题，并逐渐将其所在地引至今河北东南部沿海地区。谭其骧先生认为，今河北昌黎大碣石山即古之“碣石山”，山前还有一个独立的碣石因地质原因“没于陆”而非“沦于海”。

绥中秦始皇行宫遗址的发现，一锤定音，姜女石就是碣石。

（二）毁、留之争

20 世纪 80 年代初，辽宁省开始进行第二次文物普查。锦州市文物普查队在绥中县万家镇墙子里村前大地中发现有大量的瓦件，周围还有大面积的红烧土，推测这可能是一处汉代的陶窑。

省文物考古部门前往复查，结果令人震惊。在墙子里村南端一处叫石碑地的高台上发现3块夔纹大瓦当，这不是普通的建筑构件，此前只在秦始皇陵出现过。随后进行了细致的调查，在这块地南端掘土造肥的断面处发现了夯土，体量庞大，清晰可辨，自上而下的夯土层层叠叠，均是用干净的黄土夯就，在这个大夯土台的周围还散布着大型的础石。中国古代的建筑以木材砖瓦为建筑材料，自地下起高台，梁柱之下设础石。这里发现了大夯土台和础石，无疑是一处大型建筑遗址，加之发现夔纹大瓦当，考古工作者们意识到这是一处秦代的皇家级建筑遗址。遗址对面海中兀立两块巨大的礁石，立即和“碣石”联系到了一起。

再次在周围详查后发现，此处并非唯一一处建筑址，在石碑地东侧的止锚湾、西侧的黑山头这两处近海的高台之上，北侧的瓦子地，更北的周家南山、金丝屯都有同期遗物与建筑构件。考古工作者随即将这6处地点统称为一个建筑群，命名为姜女石建筑群。

然而，考古工作者们还来不及庆祝，就开始忧心忡忡了——黑山头遗址已被某国防单位征地，并计划从止锚湾经石碑地通往黑山头挖一条输水管线，几处遗址都面临被破坏的危险。考古工作者当即协调地方政府，请他们告知建设单位保护遗址。

不幸的事还是发生了，1984年初春，黑山头遗址几乎在一夜之间被摧毁。接到报告后，文物部门立即会同锦州市政府领导赶赴现场，境况触目惊心。被大型机械破坏的大片瓦砾、压碎的空心砖踏步、井窖、掀翻的础石满目皆是，现场一片狼藉，令人心痛。他们勒令建设单位停止施工，派考古工作者第一时间进驻抢救发掘，树立“辽宁省姜女坟黑山头遗址第二发掘工地”指示标。为防止石碑地遗址发生不测，也树立标志警示牌，并向省委、省政府及国家文物局紧急报告，说明遗址的价值及破坏程度；省委、省政府对此事件高度重视，指派新闻单位进行跟踪报道，特别强调其学术价值；国家文物局提出“责任在身、当仁不让”“主动联系、提供资料”的工作要求，坚决保护好遗址。

一波还未平息又起一波。1986年5月，该单位在施工时将黑山头西侧一处青铜遗址彻底摧毁。5月下旬，在修建公路时，又将瓦子地遗址破坏。辽宁省政府、文化厅分别致函要求停止一切施工。6月，国内新闻动态披露了事件过程。罗哲文等人向政协六届四次会议提交了1504号关于保护辽宁绥中秦汉遗址的提案。上下协同一心，多方努力，经过多次交涉，1987年终于和占地单位就黑山头遗址达成协议：遗址所在区域无偿交给文物部门管理，建设单位将工程移到保护区外。遗址被公布为国保单位以后，1990年双方终于达成保护初步建议书。

现今，地处滨海旅游地区的姜女石遗址，仍然有被蚕食的危险，取土挖沙、深耕种树、开发民居等都对遗址造成伤害，对它的保护仍然任重而道远。

（三）布局构思宏大

经历两千多年的沧桑，宏伟的秦行宫已不复当年模样，但考古人用一铲一铲的执着拨开了历史的尘封，将姜女石遗址的精巧布局呈现于世人面前，使人们从中感受到她所负载着的古人智慧。

姜女石遗址所属的6处遗址点中除了大金丝屯为窑址外，其余均为建筑址，他们共同构成一个规格有别、功能齐全、布局合理有序的建筑群体。

石碑地遗址规模最大，在南部面居中位置，它南端的主体建筑高大宏伟，可观沧海洪波，各类建筑设施齐全，是遗址群中规格等级最高者。黑山头、止锚湾分列石碑地东西两侧，整体规模较小，应是次级建筑。三处遗址建于岸边的高台地上，皆面向大海，以石碑地为中心，止锚湾、黑山头为两翼，恰如一宫两阙，俯瞰大海，似张开臂膀与大海相拥。遗址前海中耸立的自然礁石构成了门阙。遗址与海洋融为一体，雄伟壮观。

瓦子地在石碑地北侧，面积较小且多见生活用品，可能是一临时居住址。周家南山仅发现一处用纯净的紫红色黏土夯筑成的建筑

石碑地遗址全景

基址（有别于其他遗址的黄褐色的夯土）。其位置特殊，处于遗址群南北轴线的最北端，地势较高，视野开阔，向南可俯瞰其他遗址，应有祭祀功能。

（四）设计构思精巧

在姜女石遗址群的各遗址中，石碑遗址保存最好，发掘面积最大，可窥见其建筑设计之严谨、构思之精巧、功能之完备。

该遗址由十个相对独立的建筑区域组成，各区建筑布局、形态均有所不同，且功能各异，有机结合为一个整体。主体建筑位于东南部，由此构成整个建筑群的中路，主轴线东西两侧分列的各区建筑亦有次轴线；建筑有同向、反向、对角等对称方式，可谓无处不在的对称使得整个城址外观极为协调。

城址内、外的地面经过人工铺垫，整体高出周围地表。城内南侧主体建筑为最高点，各区域的地面也有一定的高差，形成了“三步阶梯状”的建筑台面。采用不同的建筑层面体现不同的建筑等级，

石碑地遗址发掘现场

使得整个城址从外观看高低错落有致，更衬托出中心建筑的宏伟与庄重。墙基、房基、高台建筑台基等不同遗迹的建筑基础规格不同，严谨规范。

遗址修建时充分考虑到排水的要求，因水源与水质不同采取不同的方式：雨水多利用宫城设计地面高差逐区通过管道排至城外，因排水量不同，各类管道粗细不等、直曲有别，以加速或减缓水流。此外，院落地面均由红板砂与细海沙相间铺垫而成，有较强的自渗排水功能。污水多通过排水管排往室内或室外的渗水井处理，在排污的管道中使用了“弯头”和“三通”等管件，一些污水井以空心砖为井盖，封盖后掩埋于地下，井边地面上设有通风孔。

各类建筑设施齐全，有专门的水井，发掘后仍然有大量淡水涌出；居住宫殿中有厨房类设施，内有储水窖、洗涮池等；有沐浴间，以方砖铺砌而成，留有仰躺泡澡头枕的设计，确保舒适；个别房屋经过了防潮处理，在地面以下放置了厚度达 0.3 米以木条烧成的木炭层，具有极强的吸水功能。

建筑构件气势恢宏，板瓦长度一般达 0.6 米以上，宽 0.5 米左右。

排水管及陶盆

一般建筑用瓦当直径 0.2 米左右，特殊部位用夔纹大瓦当，直径 0.54 米，高 0.37 米，长 0.68 米，是秦代皇家建筑的专用材料，这类瓦当为前后历代所不见，是宣示与强化大一统帝国意识的实物载体。

夔纹大瓦当

（五）国门性质

始皇建造的这处庞大的建筑群屹立于渤海湾西岸，东起辽宁绥中止锚湾，西至河北北戴河一带，连绵40余公里。以姜女石、河北金山嘴遗址保存最好，在山海关、秦皇岛也有零星发现。从地域上看，上述建筑也应该是一个整体，是始皇的离宫，更具有国门性质。

离宫是始皇出巡到各地的临时住所，后世称为行宫。始皇在位短短的十几年中，为自己建造了无数的寝宫与离宫，据《史记·秦始皇本纪》记载，在关中有300个，函谷关外400余个。当然，始皇出巡次数也很多，光东巡就有五次。东巡所到各地都留有刻石，通篇都是讲统一的合法性以及安居乐业的重要性，这是巩固政权的重要政治措施。因为秦虽统一，但天下并不太平，尤其是最后战胜的东方，那里文化发达、传统思想根深蒂固。始皇可以在北方通过修建长城以防边患，但难以用武力统一统治区内人民的思想，又因为他的政治核心在西边，所以就要时时安抚东边，树碑立威。

始皇东巡碣石，还有更重要的事情。文献不止一次记载秦始皇有建国门的设想，如“始皇表河以为秦东门”“秦始皇立石海上以为东门阙”等。上述记载并没有具体说明秦东门在哪里。许多学者认为当时的秦东门在江苏一带，理由是那才是秦的正东方向。其实，碣石本来就是秦东门，渤海原来也称作东海、北海，始皇表河以为秦东门，当时的黄河就是入渤海的。即使这里与上述的诸“门”都无关的话，至少还有始皇令人刻“碣石门”的记载。

从地图看，从山东半岛的蓬莱到辽东半岛的长岛，是渤海最窄的地方，即渤海口，距离也是40公里。这处庞大的建筑所处的位置，正是西北、东南45°角，直望渤海口。反过来，从渤海口弧看这里，恰恰就是从北戴河海滨到绥中止锚湾的这个地区，其方向也恰恰是45°角，秦始皇也知道这个地理方位。古人云：“普天之下，莫非王土，率土之滨，莫非王臣。”海滨，就是“率土之滨”，始皇认为这就是他的国家边境，需要设一个门。中国的海岸线很长，唯独在这里有个缺口，属天造地设的位置。可以想见，在始皇意识里，进入渤海口，就是进了其国家的门庭，辽东湾是它广阔的门庭，辽东半岛、胶东半岛就是它的两扇屏风，屏风后边要有房子，即碣石宫。综上，姜女石遗址具有国门性质，是统一大帝国的象征。

这处规模宏大的遗址随着秦亡而被毁，汉代经过重建，规模与之不可同日而语。

参考文献

[1] 北京大学考古文博学院、辽宁省文物考古研究院：《金牛山古人类遗址》，文物出版社，2020 年。

[2] 辽宁省文物考古研究所：《小孤山——辽宁海城史前洞穴遗址综合研究》，科学出版社，2009 年。

[3] 辽宁省文物考古研究所：《查海新石器时代聚落遗址发掘报告》，文物出版社，2012 年。

[4] 辽宁省文物考古研究所：《牛河梁红山文化遗址发掘报告（1986—2003）》，文物出版社，2012 年。

[5] 辛岩、李维宇：《辽宁北票康家屯城址发掘简报》，《考古》2001 年第 8 期。

[6] 李维宇：《北票康家屯石城址及其相关问题》，吉林大学硕士论文，2006 年。

[7] 辽宁省文物考古研究所：《马城子——太子河上游洞穴遗存》，文物出版社，1994 年。

[8] 陈国庆、华玉冰、刘俊勇：《辽宁大连市大嘴子青铜时代遗址的发现》，《考古》，1996 年第 2 期。

[9] 沈阳故宫博物馆、沈阳市文物管理办公室：《沈阳郑家洼子的两座青铜时代墓葬》，《考古学报》，1975 年第 1 期。

[10] 辽宁省文物考古研究所：《辽东半岛石棚》，辽宁科学技术出版社，1994 年。

[11] 华玉冰：《中国东北地区石棚研究》，科学出版社，2011 年。

[12] 赵宾福：《中国东北地区夏至战国时期的考古学文化研究》，科

学出版社，2009 年。

[13] 辽宁省文物考古研究所:《辽宁建昌东大杖子墓地 2003 年发掘简报》,《边疆考古研究（第 22 辑）》，科学出版社，2015 年。

[14] 辽宁省文物考古研究所:《姜女石——秦行宫遗址发掘报告》，文物出版社，2010 年。

[15] 辽宁省文物考古研究所:《辽海记忆》，辽宁人民出版社，2016 年。

[16] 辽宁省文化厅:《辽宁文化记忆——物质文化遗产》，辽宁人民出版社，2014 年。

第三章　多民族国家形成的活化场景

历史上，中国东北存在若干民族，共融共生，在中华民族及中华文化形成过程中发挥了重要作用。早期东北族群见于文献，多为春秋战国以后的人们对此前发生的某些事件的追溯，仅提供了有关族名的线索。

汉代以后，有关东北民族的大致位置关系、社会习俗、政治活动等才有了相对较为明确的记载，考古工作则活化了相关族群活动的场景，包括文化特征和多民族及其文化融合的历程等。

契丹建立了辽朝，考古确认了其在辽宁重修与兴建的若干城市，现今辽宁省的城镇体系基本格局由此奠定；多年来的考古工作确认了辽代王族、后族、汉族重臣墓葬所在，以及显陵、乾陵的大体位置。大量出土文物为解决辽史的若干重大问题提供了新资料，同时也纠正了《辽史》的若干舛误。

明清时期的考古工作，仍发挥着重大的历史研究、

文化传承、公众教育等作用。诸如：经过考古发掘的新宾赫图阿拉老城，已成为满族文化的重要标志；绥中九门口的发掘，展示出了长城的宏伟壮阔，及“一片石关”这一著名战场的原貌，被列入世界文化遗产名录。

第一节　民族交融

汉、唐是中国历史上前后相继的两大盛世，它们之间历经了漫长四百年乱世的板荡。中原王朝更迭与边疆各民族的崛起共铸了中国古代波澜壮阔的大融合时代。

秦汉帝国的建立结束了春秋战国数百年的列国割据，强化中央集权，在地方设置郡县。但在东北地区仍存在若干民族，据记载，涉及辽宁的就有匈奴、乌桓、高句丽、夫余、鲜卑等，各民族间的融合需要过程。

自汉代起，中原每有战乱，便有汉族士庶避乱迁徙到辽宁地区，与东北土著居民交错杂居。东晋十六国时期是南北分裂、政权频繁更迭的时代。中原政权无暇抚绥边疆，此消彼长中，北方的少数民族日益强大，相继建立地方政权，包括高句丽、慕容鲜卑等。前燕、后燕、北燕政权据庙堂而称制，甚至一度与中原王朝分庭抗礼。

直至隋唐时期，中原地区才进入了全盛时代，对边疆少数民族的统治力空前强大，并以“海纳百川”的气魄包容、接纳杂居着的室韦、靺鞨、契丹等民族以及粟特、突厥等胡人。唐王朝对边陲地区实行羁縻制度，加强了对各民族的统治。边疆的汉人和其他民族居民和谐相处，开启了民族大融合的全新局面。

考古发现生动地记录了这一历程，诸如：西丰西岔沟西汉墓地见有匈奴、夫余及大量的中原文化因素，其族群却可能与东胡后裔乌桓有关；北票喇嘛洞墓地所在地区为鲜卑政权辖域，埋葬的却可能为夫余人；桓仁五女山应为高句丽地方政权的第一个都城所在，从辽东诸多相关城址与墓地看，自身文化特色鲜明；辽阳魏晋时期壁画墓群的发现表明，公孙氏尽管割据辽东，但却延续了中原文化之风；在辽西地区已发现多处三燕（前燕、后燕、北燕）遗存，如朝阳市区发掘出的“龙城”南门遗址、疑似慕容氏祖庙的大板金岭寺建筑址等，其礼制规制与传统中原文化一脉相承。属营州的朝阳初唐时期墓葬，其葬制与随葬品，包括胡人俑在内的陶泥俑种类、组合完全是唐代特征，却使用具有仿北方民族毡帐的砖砌圆形墓室。

一、西岔沟墓地

西岔沟墓地位于铁岭市西丰县县城西北的执中村。墓地所在地是南临一条东西向的小河谷、北依群山的小山岗，当地俗名“西岔沟”。山岗尽头向阳的山脊台地上分布着上百座墓葬。经抢救性发掘，收回大量珍贵文物，其中不乏罕见的精品。文物展示了一段尘封的历史，但反映的文化因素却非常复杂，族属难辨。

（一）抢救被毁的“金山”

新中国成立之前，当地村民就发现了西岔沟山中的“地下宝藏”，小规模的盗墓行为持续猖獗，进而逐步发展为村民集体盗墓。因盗掘中常有金器出现，当地居民将西岔沟墓地所在的山岗称作“金山”。直到 1955 年，东北博物馆文物工作队对西岔沟墓地进行了发掘，深藏地下的古代文化遗产才得以保全并重现于世。同时从村民手中征集了一批墓地中的随葬品，多达 14000 余件。

西岔沟墓地占地面积 12000 平方米，长期的盗掘致使墓葬保存情况很差，墓葬的墓圹不明，人骨和随葬品位移、遗失。清理西岔沟墓地，对于新中国成立之初田野考古方法尚处于初级阶段的考古人来说，无疑是严峻的挑战。

为恢复这座文化“金山”，考古工作者做了大量的前期准备工作，首先为确定墓地范围对墓地进行了测绘、拍照、局部勘探，发掘探沟多达600余条。正式发掘之前，将墓地划分为94个清理区，选中其中之一进行试掘。因破坏严重，清理区中的堆积绝大部分都被扰动过，因此不能判断具体墓葬的位置，只能按照堆积清理出土器物，给每个清理的坑进行编号。

与此同时，在西岔沟周边的10个村屯进行走访，回收被盗掘的文物。在回收文物的过程中，上交者不仅上交文物，还要到现场指认文物出土的位置以及出土时的状况、与其他文物的位置关系。文物工作者对上交者的口述进行详细的记录，尽最大可能还原文物的出土信息。

通过细碎的比对，最终确认西岔沟墓地中保存较好的墓葬还有63座。另一方面，通过文物征集与对比，确认墓地中还有562个清理坑，有可能每个清理坑就是一座墓葬。

（二）罕见的文物

保存下来的63座墓葬保存状态也很差，只残存了墓底部分。根据残存的墓葬底部和随葬品判断，均为土坑竖穴墓，墓圹平面呈长方形，墓葬方向为西北—东南向。规格相近，长度在1.8米左右。因破坏严重，骨骼保存极差，只能推测多数为单人葬。

耳饰

墓地出土的随葬品数量众多、种类丰富，有武器、车马具、生产工具、陶质容器、金银玉石质地的装饰品、铜镜、钱币等。

武器中有多件大型铁剑、铁矛等，其中铁剑长逾1米，青铜手柄，装饰双鸟回首造型，精美华贵。

装饰品更是种类繁多，异彩纷呈，有金银质地的首饰、铜质的牌饰、带具、铜扣等，其中最具特色的是浅浮雕动物纹铜牌饰和拧丝金耳饰。此外，墓地还出土了大量的玻璃、滑石、天河石等质地的珠饰，大多出土于墓主人的颈部，显然西岔沟墓地居民普遍装饰项链。

墓地出土了大量车马具，但种类相对单一，只有衔、镳等简单的功能性马具和节约、铃等装饰性车马具。

铜镜有蟠螭纹镜、花叶纹镜、星云纹镜、日光镜等，从种类和风格上看，属于西汉中期，出土的五铢钱、半两钱等也属同时期，由此判定墓地整体年代大致跨越整个西汉时期。

星云纹镜

（三）复杂的人群

墓葬破坏严重，不能深入研究墓葬性质和丧葬习俗，是极大的缺憾，只能从出土的随葬品中观察到丰富、复杂的文化因素。因此，墓地的文化性质难以判定。

西汉时期，辽宁北部虽然地处塞外，但中原文化的影响早已深入至此。西岔沟墓地中出土的铜镜、钱币、车马具、部分铁剑、环首长刀等，皆来自中原地区。但是，来自中原的器物数量远少于其他种类器物，并且在最能体现一个人群文化传统的陶器上，不见中原文化因素。

陶器

出土的陶器，无论从形制还是制法，都与中原地区和辽宁本地的陶器迥异。最常见的陶器为折腹敞口壶、斜颈壶和陶鬲，普遍装饰珍珠纹。这类陶器来自北方松嫩平原，另有一种常见器物亚腰形铜牌饰，也来自该地。由此可推测，这是战国至西汉时期自松嫩平原南迁者随身携带过来的。

动物纹铜牌饰

墓地还出土了一批东北地区少见的透雕动物纹铜牌饰。多为长方形，少数牌饰的外形因循纹饰造型，长度不超过15厘米，造型生动写实。牌饰的动物纹种类很多，有牛、骆驼、马、鸟等，多采用对向布局。这种透雕动物纹铜牌饰是匈奴人典型的腰带装饰，在南西伯利亚、贝加尔湖地区的汉代匈奴墓葬中常见。可见，西岔沟墓地的墓主人在衣服装饰方面受到匈奴文化的影响。

此外，还有一部分随葬器物具备明显的夫余文化特征，最典型的是有横耳的陶壶，这是辽宁北部的首次发现。横耳陶器是夫余人制造和使用的陶器，吉林的汉代夫余墓地中常见。除了这些陶器外，丧葬习俗也和夫余人有相似之处。墓地中有58个清理坑里发现了马的牙齿，最多的出土18颗马牙。陶器和葬俗的相似性，说明西岔沟墓地可能与夫余人有密切关系。

墓地复杂的文化因素来源北及西伯利亚，南抵中原，背后反映的是人群背景与文化背景的复杂，是战国至西汉辽北地区民族迁徙时代背景的真实反映，是不断交错融合的民族铸就的特殊历史现象。

（四）“保塞”的乌桓

如此多样文化因素并存的西岔沟墓地，究竟属于哪一个古代民族呢？因墓葬中人骨保存极差，不能从体质人类学的角度探索墓葬人群的族属，但族属问题一直是学术界讨论的焦点，从20世纪60年代至今，众说纷纭，未有定论。

墓地发掘之初，发掘者便提出墓地为匈奴人遗存的观点。不久之后，其他学者又提出墓地族属“乌桓说”和“夫余说”。还有学者认为，虽然墓地的族属不能确定，但这群居民应来自北方的嫩江流域。

以上种种说法的依据，都是基于对墓葬中出土器物的比较研究。然而，器物体现的也只是人群生活的一部分，管中窥豹，不见全貌。判断一个少数民族墓地的族属，应当把考古遗存还原到历史中去，结合时代背景分析推测。

西岔沟墓地的年代为西汉时期，此后，辽宁地区再没发现相似的遗存。从墓地中出土的兵器判断，居民具有武装性质，是一支军事实力强大的族群。

根据文献记载，墓地所在的铁岭北部在西汉时期被称为辽东塞外，生活在五郡之北的两个主要民族是乌桓和夫余。但根据考古发现来看，夫余人主要活动在第二松花江流域，与辽宁北部相距甚远。文献记载中也不见夫余族在辽东塞外有军事行动，与墓地的地理位置和文化性质不符合。同时，文献又有汉昭帝时期，乌桓在辽东塞外为汉朝“保塞”的记载，以抵御西方的匈奴。

有关乌桓的历史记录始于西汉，史载是东胡的后裔分支，“俗善

骑射，随水草放牧，居无常处。”乌桓东邻匈奴，汉武帝时期臣属于汉朝，被遣往五郡（上谷、渔阳、右北平、辽东、辽西）塞外守边。汉昭帝和汉宣帝时期乌桓与匈奴发生了大规模军事冲突，同时乌桓又因侵扰汉朝边塞，被汉朝出兵讨伐，导致腹背受敌，受到重创。两汉时期，乌桓两度南迁。在这个过程中，乌桓人不断与汉族及其他民族融合，至东汉晚期，接连遭受曹操、司马懿两次打击，终于领土尽失，逐渐走向没落。而西岔沟墓地所承载的，或许正是乌桓最鼎盛时期的物质文化。这一重大发现与研究，重现了湮没于漫长历史诸多民族中的那一个远去的身影。

二、五女山山城

辽宁东部的桓仁满族自治县地属长白山支脉，其地山峦起伏，江河穿流，既有连绵峻峰之险峭，更多急川秀水之瑰美，春有十里翠屏群峰衔黛，秋有万树红枫静水流深。在这风景如画、地势险要的边疆小镇群山中，巍然屹立着一座建在险峰之巅的城址——五女山山城，其被认为是高句丽地方政权早期都城所在地。山城位于桓仁县城东北 8.5 公里处的浑江右岸，坐落在桓仁盆地东北部的群山之间。

据考证，高句丽地方政权建立之时选定了这处地点作为都城，从山上出土的两汉时期遗物看，确有典型的高句丽文化遗物，但城墙则是到魏晋时期才建成的。

（一）山险河固之地

五女山是一座独山，山峰四壁料峭，壁立千仞，自山腰处突兀而起，四壁悬崖如同刀削，直立而起，高逾百米，可谓天险。山下是汇入哈达河、六道河、雅河等支流的浑江冲积平原，地势相对平整，土地肥沃。

山顶则是大片的平坦空地，平面呈南北狭长的弧形，长宽均约 600 米。自新石器时代起就有人群在此居住，历经青铜时代，两汉、魏晋时期直至金代，留下了许多人类活动的遗迹、遗物。

五女山山城远眺

山顶的平地处发现两汉时期的 1 个大型建筑址和 4 个半地穴式建筑。大型建筑址有 6 个开间，遗迹内分布大型柱础，柱础为天然石块，基本未经加工。这种天然浑朴的建筑方式，与高句丽地方政权中期都城集安的丸都山城宫殿址一样。从规模和建筑方式来看，此处也是一座高等级建筑，显然并非平民居住址，应为宫殿。

大型建筑址之外的其他建筑，规模则小了很多，皆为半地穴式建筑，内有灶，与普通平民居住址无异，应是守城人的居住地。

建筑址中出土西汉五铢钱和“大泉五十”货币，以及壶、罐、盆、杯等生活用具，其中竖耳罐数量最多，特色鲜明，是高句丽文化中典型陶器。

据《三国史记·高句丽本纪》记载：“朱蒙行至毛屯谷，遇三人……与之俱至卒本川。观其土壤肥美，山河险固，遂欲都焉。”结合考古发现，有学者认为五女山就是高句丽早期拟建都城的地方。

一号大型建筑址

（二）高句丽往事

“高句丽”既是一个民族，也是一个中国东北少数民族地方政权的名称，主要活动在公元前1世纪至7世纪的今辽宁省、吉林省和朝鲜半岛北部。

有关于高句丽最早的中国文献记载见于《汉书》。汉武帝在灭卫氏朝鲜之后，在鸭绿江上游地区、朝鲜半岛北部设四郡，分别为乐浪、玄菟、临屯、真番，其中玄菟郡下设有高句丽县，这是历史上最早出现的“高句丽”名称。当时的玄菟、乐浪郡居民成分较复杂，“皆朝鲜、秽貊、句骊胡”。

高句丽作为民族的记载，最早出现在西汉晚期，活动中心在今天的浑江和鸭绿江流域，主要是辽宁的桓仁和吉林的集安地区。公元前37年，朱蒙称王，建立高句丽地方政权，《三国史记》中记载“国号高句丽，因以高为氏”。东汉时期，高句丽快速发展，势力范围向北发展到第二松花江流域和辉发河流域，南至清川江，向西占据了辽宁新宾一带，向东扩张到延边地区。贯穿高句丽早期，桓仁地区都是高句丽民族和政权的中心，直到三国时期曹魏大将毌丘俭征高句丽，才遏制住其向西扩张的步伐。于是高句丽改变方向，继续向南方扩张领土，占领了朝鲜半岛的大同江、载宁江流域，势力范围接近朝鲜半岛的新罗、百济。

4世纪中叶，与高句丽西相毗邻的鲜卑族逐渐壮大，两个民族的争锋中，高句丽屡次受挫。前燕慕容皝东征高句丽，史载“焚其宫室，毁丸都而归”，高句丽被迫放弃辽东地区，直到5世纪初，才再度占领辽东。此后，高句丽政治中心南移，427年迁都平壤，高句丽扩张版图的矛头指向朝鲜半岛南部的百济、新罗和伽耶。475年，攻破百济都城汉城，迫使百济迁都，高句丽势力范围到达汉江流域。

高句丽从建立政权之初，便与中原地区密切联系，不断与中原政权和周边其他民族政权发生战争，政治、经济、文化等方面深受中原文化影响。

（三）高句丽早期都城

高句丽民族活动于山地之间，他们的城址绝大部分是山城。文献记载，高句丽的城址依山而筑，“高丽城雉依山”，遇到战事，山下种田的百姓便退到山城中战斗保土，“耕夫释耒，并皆入堡”，因此大型高句丽山城之下的平原上，一般也有城址，用于人们生活。与平原地区人口繁多、增修损毁频繁、遗迹不易保留不同，山城一般只用作军事防御，又因山城均为石块修筑，因此遗迹容易保留。

五女山山城就是高句丽人最早建成的山城之一。城墙从山腰而起，平面呈靴形，南北长1540米、东西宽350米—550米，周长4754米，面积约60万平方米。城的四周占据五女山的绝壁天险，只在山势平缓之处修筑石城墙。城墙的石块以大型石材打磨而成，墙基选用条形的大规格石材，上用楔形石块错缝垒砌，壁面整齐，最高处可达8米。

山城有三个城门，东南、东侧、西侧各有一个。作为早期的城址，五女山山城的城门结构比较简单，只是两段城墙中间的一个空垛，宽 2 米—4 米。城门内有 1—2 个哨所，为看守城门人所用。

城东南端有瞭望台。此处为五女山的最高点，海拔 806.32 米。登高俯视，凛然群山之上，脚下山峦浮动，视野开阔，监察范围可达远处的浑江两岸，山城周围必经之路尽在眼底。瞭望台天然的石台上有一个人工雕琢的圆形坑，当为柱坑，说明瞭望台上曾经有亭。

上述构造完美体现了高句丽山城的特色，具备城墙、城门、瞭望台、哨所、屯兵驻地等防御设施。有内、外两道防线，外防线是环绕在整个山城外的城墙，内防线是山城内高台周边的城墙。

据史书记载，高句丽的创始王朱蒙初到五女山“未遑作宫室，但结庐于沸流水上居之”。高句丽最早的碑刻好太王碑上也记载“于沸流谷忽本西城山上而建都焉”。这段记载中提到的“沸流水”，学术界普遍认为是辽东的浑江。而浑江流域的早期大型高句丽山城，只有五女山山城，建成年代为魏晋时期。有学者认为，朱蒙最初的都城可能只是山上的部分，山腰以下是后建的，考古发现还原了历史的真实。

山城西门

此外，考古发现高句丽往往在山城下设置平地城。也许是因为山城位于险峻的山峰之上，运送物资困难，并不适宜长期生活的缘故，因此大型山城周边，往往配有与之规模相适配的平地城，供平时生活之用。五女山山城西南 10 余公里，也有一座平地土城，名为下古城子城，出土的陶器与五女山山城同期。部分学者认为这座古城就是高句丽初期的平原都城，与山上的五女山山城遥相呼应，守望相护，共同组成了高句丽早期的都城群。

五女山上居住了一代又一代的先民，作为一个民族的中心、一个地方政权的都城，在 2000 年前曾大放异彩。

三、燕州城山城

高句丽民族以修建山城见长，山城是他们留下的最具标志性的遗存。目前，我国境内已发现 100 余座高句丽山城，朝鲜半岛共发现 30 余座。在辽宁著名的除桓仁五女山山城外，还有盖州青石岭山城，沈阳塔山山城、石台子山城，辽阳燕州城山城，丹东凤凰山山

燕州城山城全景

城等。这些山城规模大小不一，最大的凤凰山山城周长超过 1 万米，小的不过几百米。大小山城参差星布，形成严密的防御体系。

山城选址在依山傍水之处，挑选地形险要的山顶，利用山脊、山崖等天然屏障，再按照山势的走向修筑城墙，将大自然的鬼斧神工和人工结合起来，将山顶合围成易守难攻的军事据点。山城结构大致相同，一般有多个城门，城门位于山势平坦之处，重要的城门一般会修筑瓮城加强防御，大型城址中往往在地势较高的台地上修建建筑，利用天然地势修建蓄水池，城中最高点修建瞭望台。作为防守型军事设施，城内可供大量人长期生活，保证石城的据守。

不同时期的山城又有其不同的特点，随建筑技术进步功能不断完善，因国力盛衰精简不一。

隋唐时期，高句丽达到了鼎盛。6 世纪末，隋炀帝征高句丽未果。645 年，唐太宗亲征高句丽，收复辽东，高句丽由盛转衰，668 年，唐兵攻克平壤，结束了高句丽长达 700 余年的政权。位于辽宁省辽阳市太子河畔的燕州城山城见证了太宗大战“白岩城”这段历史。

5号马面

（一）辽东锁钥

燕州城位于辽宁省灯塔市西大窑镇官屯村东南一座海拔196米的山上，衔山临水。山峰虽不高绝险峻，但远眺俯瞰，却能将周边数公里山水阡陌尽收眼底。

这是一座始建于高句丽晚期的山城，辽金两代沿用。山城依山而建，其山东高西低，西面山坡平缓，山体呈簸箕状，符合高句丽山城典型的选址标准。东、北、西三面随山势走向，环山筑墙，南面以临河的悬崖峭壁为天然屏障，形成围合之势。城址南北长480米、东西宽440米，周长2500米，面积22万平方米。城墙以水成岩打制的石块垒砌而成，石块大小均匀、形状规整，每一块石都打制出一端锐角的形状，石块之间彼此插入咬合，虽然没有膏泥填充缝隙，却十分牢固。

燕州城有两座城门，一座位于西南角，山城的最低处，也是最便于进城的地方；一座位于山城东北角，金代弃用，并用石块封堵住。西南城门的北侧城墙呈曲面形，与城门一体，形成了一个瓮城。

蓄水池

瓮城是古代重要的防御工事，既可位于城门外，也可位于城门之内。燕州城的瓮城属于城门外的瓮城。在门外修建一道墙体，呈弧形，与城门连为一体。敌人突破城门时必然先经过瓮城，进入瓮城后，瓮城与城墙构成合围式防御，对敌人形成“瓮中捉鳖”式的打击。

城墙外大致等距离修建了马面。马面是指修建在城墙外侧的突出墙体，它是城墙向外延伸的一部分，当敌军攻城时，守城的一方将一部分防守兵力安排在马面上，与城墙上的防御互相配合，形成立体防御模式。马面是古代杰出的军事发明，极大地增强了城墙的防御功能。考古工作者在发掘燕州城的过程中，共清理出 9 个马面，均位于西城墙，也就是山城低矮平缓的一侧，以增加防御功能弥补地利不足。

高句丽山城的最高点通常都会修建一座瞭望台。燕州城的瞭望台由石块垒砌而成，长约 8 米，残高 5 米，站在台上不仅可俯瞰全城，也能眺望山峦河流，居高临下观察目力所及的远方，了解敌情。

城内东侧有一个直接开凿在山体基岩上的长方形凹坑，长 8 米、宽 7 米、深 1 米。这个凹坑俗称蓄水池，是山城的重要水源，保证戍防和战时的用水。此外，城内还有完善的排水设施，在西南角城门处发现两处排水涵洞，及时排出城内积水。

燕州城舟车不能入，行人难攀爬，地理形势易守难攻。山城之上更是修筑了瓮城、马面、瞭望台等强化型防御工事，以及蓄水池等用于持久战的物资储备设施。这些无不证明燕州城的军事属性。

（二）千年军事重镇

燕州城是有文献记载的，旧称白崖城，唐代初年改名岩州城。辽代称为岩州，作为行政区隶属沈州（沈阳）管辖，后衍称为燕州城。

史料记载，唐贞观十七年（643），高句丽联合百济攻打新罗，新罗求救于唐，唐太宗于贞观十八年（644）兴师征高句丽，名将薛仁贵应募从军，随军征辽东。这场战争长达 14 个月，最终因天气寒冷、后勤补给难以持续等问题，唐军久攻不下而退兵。尽管如此，唐军还是攻下了位于今天营口、辽阳、大连等地的10余座高句丽城池，其中就包括著名的白崖城，并改“白崖”为“岩州”，划其隶属营州都督府。辽代沿用了唐制，《辽史·地理志》中记载，“岩州，白岩军，下，刺史。本渤海白岩城，太宗拨属沈州。初隶长宁宫。后属敦睦宫。”至金代，废州置县，燕州城的军事地位开始下降，金代城墙虽然有增修，但马面、瓮城等防御工事没有增加，正说明它受重视程度已不如前代。至元代，燕州城的防御设施再未修补。

从城内出土的遗物判断，燕州城延续了1000余年，从隋唐时期的高句丽，到辽金，再到明清时期，都有遗物出土。数量最多的遗物是高句丽和辽金时期的铁镞，达上百件，说明这两个时期燕州城作为军事壁垒频经战火。此外，城内还出土了多件高句丽时期的莲花纹瓦当。古代只有具备一定级别的建筑才允许使用瓦当，莲花纹瓦当的发现说明燕州城在高句丽时期是具有一定地位的重要军事壁垒。随着国家安定，明清时期的燕州城逐渐成为普通的石城居址，再不复当年辉煌。

筒瓦

四、辽阳汉魏壁画墓

辽阳的城市历史至少可追溯到战国时期，是燕、秦、汉辽东郡治襄平所在地。

东汉中平六年（189），辽东太守公孙度自立为辽东侯。这一时期，辽阳是辽东的政治中心、军事要塞和交通枢纽，直到曹魏景初二年（238）司马懿讨公孙渊，才结束了50年的割据历史。曹魏在辽东地区设平州，先后以昌黎、襄平为治所，辽阳在东北的政治地位不再独一无二。东晋元兴三年（404），高句丽占领了辽东，改襄平为“辽东城”，辽阳的政治地位逐渐下降。

汉魏时期的辽东，政治相对宽松，环境较为稳定，文化繁荣，在辽阳发现的大量壁画墓充分展现了当时的社会生活状况。

（一）豪华茔冢

辽阳作为辽东的政治、经济、文化中心长达数百年，一度成为东北地区人口最密集的地区。辽阳旧城外分布着数千座汉魏晋时期墓葬，这些墓葬所体现的丧葬制度、墓葬形制和规格深受中原地区影响，又因特殊的历史进程，形成相对独特的文化面貌。

辽阳地区汉魏晋墓葬一般由长斜坡墓道和墓室组成。墓室仿造生者住宅，可分为前室、中室、后室、耳室等多个空间，有的墓葬内部高度达一人余高，成年人可以在墓中自由行走。大型墓葬有近十米的高大封土，规模仅次于中原地区的王侯墓葬。

与中原地区的砖石墓不同，墓葬营造风格独具特色，多以大石板为材质，将大石材打磨成石板、石条、石柱，或横铺，或立支，修建出墓门、门楣、立柱、横梁、墓壁、墓底和墓顶。进门处有模仿生前会客的前廊，中部是代表卧房的主室，用来放置棺，后部是用来储藏、放置随葬品的。此外，多数墓葬两侧也有放置随葬品的耳室。墓室的整体布局复杂，设计合理有序。

这些墓葬中出土了大量种类繁多的随葬品。与中原地区相同，数量最多的是陶质的明器，以明器仿制了当时人们生活的各种场景，如阁楼、仓、灶、井，以及各种陶俑。

两汉时期，中原开始出现壁画墓，辽东地区受之影响，也于东汉时期开始流行，并成为著名的古代壁画墓群之一。

墓葬壁画以绘画的形式表现葬仪，描绘墓主人的世俗生活和精神世界。汉代以来，厚葬之风盛行，墓葬模仿生前住宅，形制复杂，墓室众多，装饰繁复，即便如此，也不能满足贵族的厚葬追求，于是才有了在墓壁上彩绘的这种更丰富的象征形式。由于绘画极大地拓宽了表现空间，所以一经出现，便经久流传，千年不衰。

辽阳地区出现的壁画墓在东北地区是最早的，数量极多。其中经考古调查、发掘的壁画墓有 30 余座。重要的有北园 1 号墓、棒台子 1 号墓、三道壕车骑墓、三道壕令支令墓、三道壕 1 号墓、三道壕 2 号墓、南雪梅村墓、上王家村墓、南郊街壁画墓、河东新城壁画墓等。从地域分布看大致可分为 4 个墓群，即北园壁画墓群、棒台子壁画墓群、三道壕壁画墓群、鹅房壁画墓群。除鹅房壁画墓群位于辽阳旧城南郊外，其余皆分布于旧城北郊。

进入三国时期，曹魏开薄葬之先河，辽阳地区的墓葬规模也逐渐变小，随葬品数量和种类也随之变少，壁画墓走向衰落。

（二）壁上风华

辽阳汉魏壁画墓一般直接在墓壁的石板上作画，以墨线白描的手法勾勒出人物的轮廓和衣服纹饰，再以白粉、朱砂、赭石、石绿、石黄等颜料填充。晚期的部分墓葬会在石壁上先涂一层白灰，再在白灰上作画，这样的壁画色彩鲜明，形象清晰，但白灰层往往因水分、盐分等带来的病害而脱落。

壁画是一种形象具体的丧葬行为，以绘画的形式体现了人们的精神世界。辽阳壁画墓中缺少中原地区墓葬壁画中的羽化飞升、神话传说题材，在精神世界的领域中只有体现宇宙观的日月星辰，更多的是体现世俗生活的现世画面。辽阳壁画明晰地刻画了两汉魏晋时期士大夫的生活场景，复原了这个地区2000年前的贵族生活。以棒台子1号墓为代表，这是一座外有回廊，回廊环绕了3个棺室，回廊之外另有3个耳室的石室墓。墓室的内壁满饰壁画，墓门两侧绘有看守宅门的门吏和守门犬，前廊绘日月星云，左右两侧的回廊绘墓主人外出时的车马出行图，代表内宅的后廊和后耳室则绘有亭台楼阁和水井，其余耳室中的壁画则反映墓主人的日常生活，如乐舞百戏、斗鸡、骑射等。

进入魏晋时期，辽阳壁画墓的墓葬形制有少许变化。环绕棺室的回廊消失不见了，仅保留了前廊，耳室的数量也有所减少，一般不超过2个。壁画题材也由围绕男性墓主人的创作转为男女墓主人皆有表现，也更注重对生活细节的描绘。如上王家村晋墓，墓葬仅有前廊、两个棺室和一个耳室。

墓主人的日常生活方面，常见的壁画内容有车骑出行、骑马射猎、家居宴饮、墓主人居家、庖厨、百戏、日月星辰、祥瑞等。

出行图是最常见的壁画题材，出行队伍往往车驾如云，浩浩荡荡。车马是秦汉时期贵族的出行交通工具，代表了高规格的出行仪仗，彰显了墓主人身份，应以贵族为主。此外，壁画中车的种类很

出行图

多，不同场合、不同阶层用车也有所不同。壁画中详尽地展示了汉魏晋时期马车的结构和装饰，生动地体现了古代车舆制度。

另一常见的题材是宴饮图。有的为墓主人独坐，有的为夫妻对坐。图中的墓主人端坐在枰上，枰前有小几或案，枰后有屏风，头上有帷幄，墓主人身后往往站着持扇的仆从，有的还会在小几前绘出为主人奉上饮食的仆人。寥寥数笔，便勾勒出汉代贵族的家居宴饮场景，再现了当时的服饰和家具。

宴饮图

通过墓葬壁画，我们还可以看到丰富多彩的娱乐生活。壁画墓中往往绘有百戏图，汉代百戏样式丰富、所涉庞杂，包括多种体育和音乐活动。如角觝、倒立、弄丸、舞剑、鼓吹、舞盘、舞蹈，以及琵琶、筑、箫等乐器表演，令人目不暇接。

而最能展示古代人日常生活的，则是庖厨图。对墓主人生前生活场景的描绘十分具体翔实，如棒台子 1 号墓中的庖厨图中有 20 余名庖役，每人分工各有不同，有负责宰杀牲口的，有负责切肉的，有负责烧灶的，有负责蒸煮的，使用食材也有猪、鹅、鸡、鱼、兔、鳖等多种。至于炊具、餐具更是琳琅满目，为后人生动地重现了汉魏晋时期贵族的饮食文化。

（三）中原文化背景

辽阳汉魏晋壁画墓画面写实，画工大多精致，细节考究，描绘栩栩如生。根据这些壁画的细节，我们可寻觅到这些绘画背后的历史。

中原地区的壁画墓最早出现在西汉中晚期，而辽阳地区则在东汉中期方始出现，晚了100余年。从时间上说是受前者影响产生的，从历史背景上说则是大量中原人涌入辽阳地区。

汉代以来，辽宁就是中原士庶战乱时期的避难所，辽东是最好的落脚点。东汉末年公孙氏割据以来，更有大批中原人士为避汉末战乱迁徙而来，其中不乏太史慈、管宁等名士。因此辽阳地区的墓葬无论葬俗、随葬品都与中原地区相似，壁画中也表现出浓厚的人文气息，大量描绘安逸的生活场景。随着辽东地区割据时代的结束，辽阳地区令随中原，薄葬之风盛行，壁画墓逐渐衰落。之后的十六国时期，辽阳先后被鲜卑、高句丽等民族占领，频繁的战争和人口迁徙最终导致盛极200多年的石室壁画墓走向消亡。

古代壁画保存不易，壁画墓堪称生动翔实的立体史书，是我国古代不可多得的宝贵财富。辽阳的兴衰以一幅幅画作的形式埋藏在地底千年，即便千年岁月也不能尘封繁华遗存的历史记忆。

五、三燕龙城宫城遗址

自古以来辽西便是各民族频繁活动的地区，是中华文化的根系所在。燕、秦、汉在此设置辽西郡，正式纳入中原王朝管辖范围。东汉晚期，因中原群雄混战，鲜卑势力逐渐渗入辽西，开始了新一轮民族融合过程。

鲜卑是东胡族系的一支，史载“国有大鲜卑山因以为号”。汉武帝时鲜卑游牧于西拉木伦河流域，“其地东接辽水，西当西城……鲜卑自为冒顿所破，远窜辽东塞外”，直到东汉殇帝时入塞。

进入曹魏时期，鲜卑的分支之一——慕容鲜卑日益强大，势力深入大凌河流域，以辽西为中心，建立了前燕、后燕两个政权。此后，鲜卑化的汉人冯氏因袭前朝，建立北燕政权。三燕政权一脉相承，势力最鼎盛时，版图囊括中原的河北、山东、河南等地，一度称雄北方，不可一世。

三燕政权相继以龙城为都，开创了朝阳长达数百年作为东北地区政治、经济、文化中心，交通枢纽的时代，三燕龙城遗址见证了这段绚烂的历史。

（一）“老城”下的“古城”

据文献记载，曾经作为三朝之都的古城龙城，始建于4世纪十六国时期的前燕，历经北朝、隋、唐、辽、金、元、明，直至清代。循古迹访古，学者们判断今天朝阳市的“老城区”就是当年含有龙城在内的“古城”位置所在，现今居民仍旧生活在其旧址之上。南塔、北塔、佑顺寺、关帝庙，朝阳古城各个时期的遗迹，见证了千年的传承和延续。

这种历经朝代更迭，不废前制，流传至今的城市并不多见，是名实相符的历史文化名城。由于被现代城市所叠压，朝阳古城的城门、城墙、街道等遗迹很难被发现，因此，其准确范围、城内布局及其城市发展与演变许久不为人所知。

三燕龙城宫城南门遗址全景

2003年，为了配合朝阳老城区北大街及其周边进行的大规模拆迁改造工程，考古工作者进行了考古勘探和发掘，工作持续了整整五年。在老旧的街道和建筑之下，发现了星罗散布的古城城墙、古建筑等遗迹，朝阳古城终于重现于世。

朝阳古城的范围基本与今天的朝阳市老城重合。城内北部发现了城门，2003年，考古工作者对城门遗址进行了发掘。

城门遗址位于朝阳市双塔区北大街与营州路的交叉口（俗称大什字）东北 220 米，东侧紧邻北大街。这座城门坐北朝南，共有东、中、西三个门道，相邻两个门道之间筑有夯土隔墙。两侧的东、西两门道规格和结构相同，左右对称，两门道的东西两侧分别为延伸的夯土城墙。中间门道压在晚期的门道之下，情况不明。每个门道长 12 米，宽约 4.5 米。门道内的地面上发现了两列柱洞，每列 6 个，共 12 个。

“太平十三年”款陶瓮残片

城门出土的遗物多为砖、板瓦、筒瓦等建筑构件。根据出土的遗物判断，这座门址始建于十六国前燕时期，先后历经后燕、北魏、唐代、辽代和金元五个时期的改建，彻底废弃于明初，沿用了千年之久。

（二）蹑踪龙城

北大街的城门遗址有三个门道，按照古代严格的等级制度，只有都城才能使用这样的城门。于是进一步证实，朝阳老城区覆盖的是一座千年古都。据文献记载，辽西地区只有十六国时期的前燕、后燕和北燕三代立宗庙开创政权并以此为都城。结合北大街城门在朝阳老城城内的位置，确定城门门址就是三燕龙城宫城的南门，文献记载中的“弘光门”。

龙城也称和龙城、黄龙城。341 年，前燕慕容皝称燕王后，派阳裕、唐柱于柳城之北、龙山之西这处“福德之地”，“筑龙城、构宫庙”，城市布局参考了中原地区曹魏都城邺城。慕容皝改柳城县为龙城，翌年迁都，345 年，又修筑新宫“和龙宫”，自此开创了朝阳的千年建城之始。

然而，龙城作为前燕的都城仅有短短数年时光。350 年，前燕慕容儁率军南伐冉魏，迁都蓟城（今北京西南）。前燕势力空前壮大，鲜卑铁骑问鼎中原，河北、河南、山东等地陆续被划归前燕版图。352 年，燕王慕容儁称帝，迁都邺城（今河北临漳西南），前燕成为当时北方最强盛的少数民族政权。慕容暐即位后，前燕由盛转衰，370 年，前燕的都城邺城被前秦苻坚攻陷，前燕灭亡。著名的淝水之战后，鲜卑贵族慕容垂趁机复国，建立后燕，定都中山（今河北定县）。慕容宝即位后，后燕还都龙城。此后，后燕历经数年，最终在 409 年，被汉人冯跋建立的北燕取代。冯跋建立的北燕政权依前燕、后燕旧制，仍以龙城为都城，直到 436 年北燕亡国。

前燕、后燕、北燕三个政权一脉相承，因此，龙城所在地朝阳被后人称为“三燕故都”。

436 年，北燕灭亡之前曾求助于高句丽，高句丽大军遂进驻龙城，大肆焚烧，大火一旬不灭，龙城经历了一场浩劫。

然而，这座东北地区的第一座都城并未湮没，此后的北魏、隋唐时期，龙城作为辽西地区最重要的城市和军事重镇延绵发展，不断修缮，原本的城墙衙署沿用了 400 多年，主导着辽西乃至整个东北亚地区的局势。比之战国时期燕设五郡后修建的城池，朝阳的建城相对较晚，但它却走过了 1000 余年的沧桑历程，始终生生不息，见证了东北地区政治、经济、文化的发展，各个少数民族的兴起与衰落。

六、喇嘛洞墓地

喇嘛洞墓地位于辽宁省北票市南八家乡四家板村下属的喇嘛洞村，西南距朝阳市 25 公里，地处辽西丘陵，大凌河横贯东西，北侧为努鲁尔虎山山脉，南侧为松岭山脉，四季分明，少雨多风，属于半干旱地区。魏晋时期这里被称为“徒河之青山”，是前燕早期的政治中心，北距喇嘛洞墓地5公里、大凌河南岸的三官营子遗址，被学者们认为是三燕的第一个都城大棘城。3世纪初，慕容鲜卑入居辽西，238年，定居棘城之北。之后，慕容部曾向辽之东北迁徙。289年，鲜卑首领慕容廆再度带领族人迁回徒河之青山，并于5年后移居大棘城。大凌河流域中游地区发现了大批三燕时期的墓葬，喇嘛洞墓地是其中规模最大、随葬品最丰富、文化因素最复杂的一处。

（一）耕战一体的墓主

喇嘛洞墓地地处大凌河谷地的向阳缓坡上，坡中有一条顺山势的冲沟，破坏了一部分墓葬。考古工作者们清理了墓地中的416座三燕时期墓葬。这些墓葬排列密集，成排分布，大致可分为24排。墓葬方向一致，间隔距离相近，显然下葬之前经过精心规划。绝大多数墓葬为土坑竖穴木椁墓，仅有少量墓葬为石椁墓。

喇嘛洞墓地中的墓葬，虽然长度多在2米—4米之间，规模远不及同时期汉族人的石室墓和砖石墓，但墓中往往有多达上百件的随葬

喇嘛洞墓地全景

器物，种类繁多、做工精致，琳琅满目，美不胜收。不同于汉族墓葬随葬器物以明器为主，本墓地的随葬器物多为实用器，每个墓葬只随葬数件陶明器，最多的不过10件。

最具特色的随葬品是成套的铜鎏金镂空马具装饰。鲜卑的马具，除了实用的衔、镳、镫之外，还有鞍鞯包片、銮铃、摇叶等装饰品。高等级墓葬中的马具往往采用镂空、錾刻工艺，将马具装饰得美轮美奂，宛如艺术品。喇嘛洞墓地的装饰马具多为铜质，通体鎏金，璀璨夺目。

铜鎏金镂空鞍桥包片

墓地中还出土了大量黄金装饰品，金步摇、金钗、金镯、金指环等，其中最与众不同的是缀摇叶分层拧丝耳饰，造型夸张，摇曳绮丽。大型墓葬往往还随葬实用的青铜容器，有草原民族随身携带的炊煮器鍑，也有中原地区汉族常用的盆、魁、钵等。从这些随葬器物推断，喇嘛洞墓地的居民富有，掌握当时稀缺的资源，身份等级较高，大型墓葬的墓主人应为贵族。

铜鍑

最实用的随葬品为兵器和农具，且这两类代表不同身份的随葬品常常出自同一墓葬。男性贵族墓葬一般出土刀、剑等大型兵器，5 号和 17 号两座大墓各随葬了一副人和马全副铁甲胄的甲骑具装。甲骑具装只见于文献记载和随葬陶俑的塑造，考古出土的实物目前仅有 3 副，不仅珍贵，且具有极高的研究价值。此外，男性墓葬大多随葬农具，种类有镰、锸、耒、犁铧等，包含了从垦荒、翻土、中耕到收割等农业生产各个环节的用具，这种现象意味着墓地居民在从事农业生产的同时，还肩负保卫家园对外作战的职能，和平时耕作生产，有战事时披甲上阵。

陶壶

根据随葬品的种类和形制，喇嘛洞墓地的年代为 3 世纪末至 4 世纪初的前燕时期。

（二）南迁夫余族群

从成排分布、有序布局的情况来看，喇嘛洞墓地中数百座墓葬应属于同一族群。

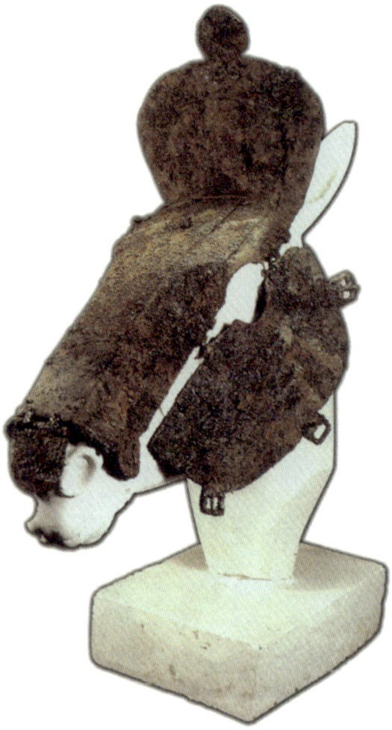

马胄

墓地位于前燕政权第一个都城棘城附近，随葬器物也多具备鲜明的慕容鲜卑特色，如饰磨光暗纹和压印纹饰的壶、骨质的弓弭和镞、各式或实用或装饰马具等等，都是其特有的器物。即便如此，也不能将墓地的墓主人身份简单地视为鲜卑人。体质人类学家对墓葬中骸骨进行了分析研究，发现其体质特征与鲜卑人差异很大，很显然不是同一种族。

那么喇嘛洞墓地人群究竟来自何方？

判断墓葬的族属，最重要的是墓葬体现的文化因素。一个墓地具备多种文化因素是考古学中常见的现象，但喇嘛洞墓地文化因素之复杂，体现族属之多样，即便在少数民族崛起的十六国时代也不多见。墓地展示的文化因素除了鲜卑文化之外，还包含了中原地区的汉文化、东北地区的夫余文化、高句丽文化，以及来自草原的匈奴文化等，几乎涵盖了3世纪末4世纪初辽宁地区可见的所有少数民族。

考古学中最能体现墓葬文化本质的并不是随葬品，而是墓葬形制和丧葬习俗，如墓葬方向、葬具的使用、随葬品摆放习惯、随身服饰等，这些根植于人们意识中的观念受其他文化影响相对较小，是判断墓主人族属更有力的依据。喇嘛洞墓地的墓葬平面呈长方形，底部有二层台，葬具为长方形木椁，不同于辽西地区平面多为梯形，葬具为梯形木棺的鲜卑人墓主。与周围其他民族比较，墓葬形制更接近来自北方的夫余文化。此外，墓主人们佩戴的分层拧丝缀摇叶的金耳饰，也是东汉夫余人常常佩戴的，从未见于鲜卑人墓葬。

另外，几乎所有男性墓葬都或多或少随葬农具，说明墓主人普遍从事农业生产，而慕容鲜卑的墓葬却很少见农具，他们的生业以畜牧业为主，渔猎为辅。文献记载与鲜卑同俗的乌桓，“不作曲蘖，米常仰中国”，说明鲜卑人并不擅长农业，而夫余则“多山陵、广泽，于东夷之域最平敞，土地宜五谷”。显然喇嘛洞人的生业模式与文献中记载的夫余更吻合。

夫余地处“玄菟北千余里，南接鲜卑”，自慕容鲜卑崛起之后，夫余与之征战不断，屡次受创，伴随战争发生了两次大规模的人口迁徙。第一次发生在慕容廆时期，西晋武帝太康六年（285年），慕容廆“率众东伐夫余，夫余王依虑自杀，廆夷其国城，驱万余人而归”，“尔后每为廆掠其种人，卖于中国”，夫余国一度被灭。太康十年（289 年）慕容廆率众迁回辽西，定居棘城，这些先前被掠的夫余人也一并迁入辽西。第二次发生在慕容皝时期，东晋永和二年（346 年），夫余人五万余户被劫掠至辽西。

考古发现和文献记载都指向喇嘛洞墓地墓主人可能是这两批迁徙的夫余人，从丰厚的随葬品看，并未受到太多的“虐待”。

（三）人群迁徙与人口掠夺

从喇嘛洞墓地的随葬品看，作为“客居”在慕容鲜卑势力范围内的夫余人，吸收了多种文化因素，不仅限于鲜卑和夫余两种。如墓地中出土了大量工艺领先于时代的釉陶器、漆器、铜质的容器、铁工具，以及钗、带具等装饰品，这些器物来自中原地区。部分陶器的装饰和马具的造型，也可见高句丽文化的缩影。

前燕的疆域北接夫余，东临高句丽，南及东晋，西濒代、宇文鲜卑等，与这些相邻的民族、政权之间交往频繁，人群互往不断。史有明载，三燕时期，辽西地区的居民成分复杂，包括慕容鲜卑、汉族、夫余、高句丽、丁零及鲜卑其他部。

喇嘛洞墓地所处的年代是三燕政权最强大的时期，大规模人群迁徙有两种情况，一是通过战争被掠夺过来的。前燕建国前后几次大规模的战争导致了大量周边地区人口被迫迁徙到辽西地区。文献记载除上述两次强迁夫余人外，一次迁辽东汉族大姓，一次迁高句丽五万余户。另一种是躲避战乱自愿迁徙的。两晋时期战争频繁，尤其是西晋永嘉之乱，“时二京倾覆，幽冀沦陷，廆刑政修明，虚怀引纳，流亡士庶多襁负归之”，于是大批中原人涌向辽西地区。前燕的规模性汉化始于第一代君主慕容廆时期。慕容廆和他的继任者慕容皝非常重视汉族人才，重用中原流亡而来的士族，或为谋主股肱，他们极大地推进了前燕政权的汉化。从此，前燕开始在官制上效仿西晋，并采用了魏晋的赋税制度。中原地区的精美物品更是在贵族间广为流传，被奉为珍品。

基于上述背景，不难解释喇嘛洞墓地丰富多彩的各类文化现象，也可理解在诸多文化因素中，为什么中原汉文化因素最多、最浓重。

作为东北地区目前发掘的规模最大的十六国时期的墓地，喇嘛洞墓地宛如一面镜子，映照了那个战火纷飞、少数民族政权更迭的动乱年代，以及不见于史书记载的多民族融合的史实。

七、冯素弗墓

1965 年，在地处努鲁尔虎山丘陵地带的北票市西官营子村，当地村民无意间在村东将军山的山沟里发现了一座以大石条砌筑的古墓，并将之盗掘。很快东窗事发，当地政府追缴了被盗掘的文物。之后，辽宁省博物馆的工作人员对墓葬进行了抢救性发掘，发现了 400 余件珍贵文物。

这座墓就是丝绸之路上见证了东西方文化交流的北燕冯素弗墓。

（一）身兼四职的墓主

冯素弗墓又被称为西官营子一号墓，其东南 0.2 米处还有一座同时期形制相同的墓葬，被称为西官营子二号墓。

这两座墓葬均未发现明确记录墓主人身份的墓表，但一号墓中出土了 4 枚鎏金铜印，印文分别为“范阳公”“车骑大将军”“大司马”“辽西公”，是探寻墓主人身份的关键线索。沈阳著名考古学家李文信先生听到这一消息后，脱口而出：“非冯素弗莫属”。

现场发掘者根据墓葬形制、出土遗物的特点，初步判断这两座墓的年代为三燕时期。再查史料，这一时期曾任“范阳公”“车骑大将军”“大司马”“辽西公”这四个职位的唯有北燕燕王冯跋之弟冯素弗。《晋书·冯跋载记》记载，冯素弗在冯跋称王之前已为范阳公。冯跋称王后，“署弟素弗为侍中、车骑大将军、录尚书事。”又在即位第二年“署素弗为大司马，改封辽西公”。由此，西官营子一号墓的主人被确定。

鎏金铜质印章

北燕的建立者冯跋是长乐信都（今河北省冀县）人，虽为汉人，但冯氏几代人与慕容鲜卑人生活在一起，祖父出仕西燕，西燕灭亡后，冯氏举家迁往昌黎（后燕都城龙城）。后燕慕容熙时期，冯跋和诸弟避祸于山泽。始建元年（407），冯跋与高云等人阻杀慕容熙，拥立高云为王，北燕建国。409 年，北燕国主高云被刺，冯跋被众人推举，继承王位。

冯素弗的生平记录在《晋书・冯跋载记》中，他是冯跋最年长的弟弟，少年有大志，被称为“拨乱之才”，在冯跋称王建业，建立北燕的过程中起到至关重要的作用，同时又擅长治理，“百姓歌之”，因此冯跋称王后对冯素弗授以高官显爵。冯素弗卒于冯跋称王后的第七年，即 415 年，壮年而逝。

西官营子二号墓毗邻一号墓，共在一个封土之中，规模、性质与一号墓相似，墓主人为一名青年女性。这种“同坟异葬”的埋葬方式是夫妻合葬中常见的方式，因此推测这座墓的墓主人是冯素弗的妻属。

经过多年的考古调查和勘探，西官营子一带发现多座形制相似的石墓。据史书记载，北燕王冯跋葬于长谷陵，长谷陵是冯氏的家族墓地，冯素弗作为冯氏家族成员，他所葬之处，应当就是长谷陵。

（二）不同流俗的精神世界

冯素弗出身中原，墓葬却与中原地区的贵族墓葬大不相同。魏晋时期中原地区贵族墓葬多为砖室墓，墓葬平面多为长方形。而冯素弗墓为石椁墓，梯形的墓圹中以大型的石条作为建材搭建椁室。工匠们将灰白色的砂岩制成薄厚不一的长条状，先以略厚的石条平砌四壁，再以薄石板纵铺椁底。椁室顶的石条最厚，边缘被加工出楔形齿，牢固地固定椁室顶。椁室之内放置了一个前大后小楔形的木棺，这种木棺是鲜卑民族特有的葬具，从东汉沿用至十六国时期。木棺的外壁髹了红漆，在红漆上画了彩绘。椁室内壁也涂了白灰，白灰上也有彩绘。壁画中有金乌、玉兔代表的星云图、羽人飞升等神话内容，也有堂式建筑、头戴二梁冠的人物等世俗图案。这些画面无一不是中原地区汉族流行的图样，显示出其不同流俗的精神世界。

冯素弗墓中出土了470余件珍贵文物，这些遗物种类纷杂，有生活用具、兵器马具、仪仗车器、文具服章等，呈现出兼容并蓄、绚丽多彩的文化特征。其中漆器、石砚、铜印、带有佛教元素的器物等是东晋汉人墓葬常见的随葬品，更多的是具有鲜卑特色的器物。

陶罐

冯素弗墓中出土了40件陶罐，有普通的泥质陶，也有当时工艺高水平代表的釉陶，这种罐是慕容鲜卑的典型陶器。有的罐上还装饰了其最具代表性的纹饰——用河卵石一类的工具，在陶器的坯上画出网格状的装饰图案。

陶器之外，墓中还出土了6件带提梁的铜鍑。鍑是春秋到魏晋时期北方草原流行已久的炊煮器，便于随时迁徙的骑马民族使用，也是鲜卑族常见的器物。

马镫

慕容鲜卑最具特色的遗物当属发达的马具。马具的使用和革新代表驭马技术的进步，鲜卑民族先进的骑术使之在民族大交融的十六国时期纵横北方。冯素弗墓中出土了一副两件木芯鎏金铜马镫。双马镫最早出现于前燕的慕容鲜卑墓葬。双马镫可以令乘马者的双腿有效地控制马，极大地增加了乘马者在马背上的活动幅度，是驭马技术的革命性进步。

此外还出土了一件金步摇冠饰、一件金珰和一件山形金片饰。这几件金饰均以金片为主体，主体上穿了若干小孔，穿孔中穿入细金丝扭成的小环，再在环中穿入小金片。步摇冠饰穿缀的金片是桃叶形，金珰和山形金饰片上穿缀了圆形的小金片。这种缀摇叶的装饰品除了作为冠饰外，更多地见于耳饰，此外也可以装饰在马具上，是鲜卑民族的典型器物。朝阳、北票地区的多座鲜卑墓葬都随葬了缀摇叶金饰。这种金饰起源于西方，早在公元前1世纪，阿富汗北部的席巴尔干金丘4号大月氏墓中就埋葬了穿缀圆形金片的冠饰等装饰品。战国时期，缀摇叶金饰传入了中国。我国境内最早使用缀摇叶金饰的是匈奴，战国时期内蒙古地区的匈奴墓葬中就出土了类似的金耳饰。中原地区的汉族人钟爱玉，北方的少数民族则更偏爱黄金饰品。继匈奴之后纵横北方的鲜卑族把这种黄金饰品发扬光大，并将之从西方传播到东方，在东北亚地区大放异彩。

金步摇冠饰

三燕政权一脉相承，前燕和后燕的建立者均为慕容氏，北燕的统治者冯氏虽然是汉人，却在习俗、制度等方面继承了前燕和后燕，冯素弗作为君主的兄弟、北燕的高官，真实展现了北燕统治阶层的鲜卑化，映射了双向的民族文化交融。

（三）西联域外 东结相邻

冯素弗墓中出土了 5 件玻璃器，包括 4 件玻璃容器和 1 件鸭形玻璃水注。其中鸭形玻璃注质薄透明，表面微见银绿色锈沁，以吹管法成型。体横长，形如鸭状，流如大张之鸭嘴，长颈鼓腹，拖一细长尾，尾尖微残。成型后，用粘贴玻璃条组成细部图案。颈部饰一周锯齿纹带，象征鸭颈的花羽，背上则装饰以玻璃液引长的细条粘出的一对雏鸭式的三角形翅膀，腹下两侧又各粘一段波状的折线纹以拟双足，腹底贴一平整的饼状圆玻璃。此器重心在前，只有腹部充水至半时才得以放稳。如此奇特而罕见的早期玻璃器全世界也为数不多，经研究推测，应该是域外传入的，是研究草原丝绸之路的重要物证。

鸭形玻璃注

公元前 138 年，汉武帝派遣张骞出使西域，开辟了丝绸之路，开通了东西方贸易与文化的交流。这条丝绸之路始自中亚的伊朗，穿越葱岭，经由河西走廊，到达终点长安。而东西交通之路却不止这一条，在文化交流与碰撞中，欧亚大陆上形成了新的丝绸之路。十六国到北朝时期，草原上的东西交通日益频繁，逐渐发展出一条以北魏平城和三燕龙城为中心的草原丝绸之路。

玻璃最早出现在公元前 25 至公元前 23 世纪的两河流域，后来发展到罗马、伊朗、萨珊、威尼斯等地。我国最早的玻璃器出现在春秋时期，是西方的舶来品。文献记载，魏晋南北朝时期的玻璃器为珍贵的宝物，中国境内不能生产，皆来自西域，它们越过了帕米尔高原和沙漠，被传到了中国，考古发现了这些透光度高的玻璃容器。冯素弗墓的玻璃器从制作工艺来看，为罗马玻璃，这几件价值高昂的器物见证了长达数百年，跨越数千公里的东西方文化交流。

这种交流并未停留在中国的东方，而是向东延伸到了朝鲜半岛，再到日本列岛。5 世纪后，来自西方的玻璃器和缀摇叶的金饰以辽西为中转，继续向东传播。韩国庆州、日本都出土了形制相似的玻璃杯。缀摇叶金饰更是在新罗、百济、伽耶等国和日本列岛繁荣发展。尤其是位于韩国庆州地区的新罗贵族大墓，皇南大冢、金冠冢、天马冢、金铃冢等都出土了大量做工精美、装饰繁复的缀摇叶金冠、金耳饰、鎏金马具等。

冯素弗墓代表的三燕文化是 4—6 世纪东西方文化交流带上最重要的环节之一，连结东西方文明，体现了辽西地区在东北亚地区政治、文化的核心地位，也见证了魏晋南北朝时期民族大交融和不同文化之间的深度交流。

八、营州唐墓

隋朝建立，延续千年的古城朝阳改称柳城，为柳城郡治所在。唐代改柳城郡为营州总管府，之后又改为都督府。此时的营州是东北地区的政治、经济、文化中心，依旧是东西方文化沟通的桥梁、民族融合的中心。

唐代开创了羁縻州制度，将中原的郡县制度推广到边境地区，以少数民族首领为都督、刺史，统领羁縻州，并可世袭，有一定自主权力。据文献记载，营州都督府下有多个羁縻州，分别是靺鞨州、突厥州、奚州府、契丹州、降胡州。

今天的朝阳老城周边发现了 200 余座隋唐时期墓葬，它们所反映的文化面貌就是那段历史的缩影。

（一）衣冠驳杂

朝阳地区隋唐墓有显著的地方特色，流行砖室墓，尤其是圆形墓室的砖室墓。既有单人葬，也有夫妻合葬墓。另有一类土坑墓，数量相对较少。墓葬中随葬器物多为陶俑、仿生活用具的明器等几

骆驼俑

类，陶俑大多表面施釉，种类丰富。这些墓葬折射了唐代营州丰富的物质文化生活和唐王朝统治时期宏大的时代背景。多座墓葬出土了满载货物的骆驼俑，骆驼为胡商的重要交通工具，象征了东西方文化交流。

黄河路唐墓中出土的行叉手礼结发辫的俑为靺鞨人，同时，多座墓葬中出土了胡人俑。这些不同民族，甚至不同人种的陶俑生动地展示着唐代营州多民族聚居、汉胡杂糅的历史。

不仅是随葬器物，墓葬中出土的墓志更明确地记录了这段历史。北朝之后规模较大的墓葬多有墓志，记录墓主人生平，这为考古研究墓葬及墓葬背后的历史提供了珍贵的参考资料。朝阳地区发现了20余座有墓志的墓葬，如蔡泽墓、蔡须达墓、张秀墓、韩贞墓、高英淑墓、骆英墓、黄河路唐墓等。根据墓志记载，墓主人中有北朝之后的原居民、来自中原地区的汉族人、归附的各少数民族居民。

隋唐时期东北的少数民族与前代有所不同，辽宁地区仍以汉族人为主体，同时也生活着大批高句丽人，北部分散着室韦人，西部有契丹人，东部聚居着靺鞨人，粟特、突厥等胡人也大量流入隋唐的州府，交错而居。复杂的文化因素构成了营州特殊的文化面貌。

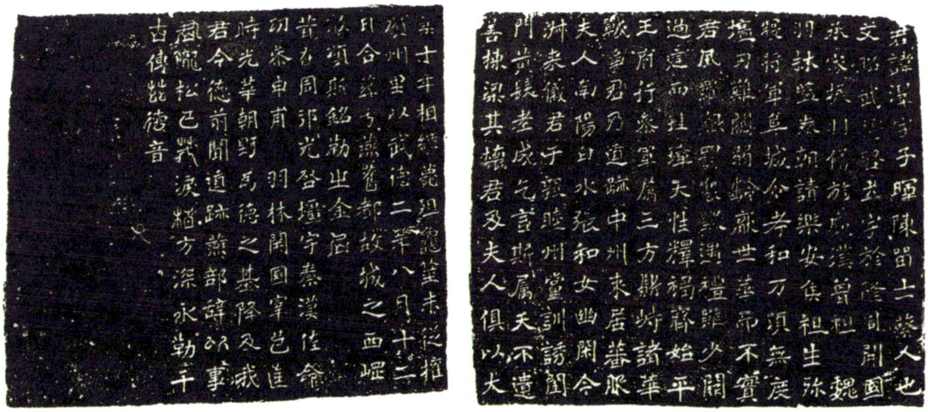

蔡泽墓志拓片

以朝阳隋唐墓为代表的遗存投射出隋唐时期营州复杂的人口构成和深度的民族交流，少数民族墓葬的形制和随葬品几乎与汉族墓葬相同，如非释读墓志，很难判断墓主人是少数民族还是汉族，这些墓葬诠释着唐代少数民族的汉化。羁縻统治之下，营州各民族不断深入的汉化，从物质文化再到政治制度。

（二）车书一家

除了以少数民族首领为都督、刺史统领羁縻州外，唐王朝对边疆的统治还有另外一种方式——对已经建立政权的少数民族敕封，从而强化对边疆的控制。

在辽宁旅顺港口的黄金山下，有两口唐代的古井，为唐代鸿胪卿崔忻所造，因而名为“鸿胪井”。井上有刻石一块，正面宽 300 厘米，最高处高 180 厘米。石刻上书写“敕持节宣劳靺鞨使鸿胪卿崔忻井两口永为记验开元二年五月十八日”。此刻石历经一千余年风雨，未曾湮没。与文献相互印证，记载了渤海政权的建立、定名，渤海王接受唐王朝册封，制度、文化全方位师法中原，实现与唐王朝车同轨、书同文。

鸿胪井刻石

刻石拓片

第二节 突破长城壁垒

一部中国史就是一部各民族交往、交流、交融汇聚成多元一体的中华民族历史。在北方，游牧民族与中原农耕民族在长城穿过的农牧交错带进行了长期的碰撞、融合，以及各民族之间统治地位的变化与更替。

从辽代开始，北方游牧民族实现了对长城的突破。契丹建国，在草原建都筑城，因俗而治，在融合中不断发展，实现了长城南北的沟连，文献记载在辽宁的医巫闾山有两处辽代帝陵。颇有作为的辽代使“契丹”一词对今天的中国仍有深远的影响。历经金、元两代而后兴起的明王朝，为防蒙古骑兵卷土重来，极度重视北部边疆的军事防御，终明二百余年，一直修筑九镇长城，辽宁境内的辽东边墙和京东首关便是那个时代的见证。长城工事纵是坚固，但防不住边墙内外族群交融的意愿。抚顺关外的女真在努尔哈赤的带领之下再度崛起，在抚顺新宾建立了后金的都城，并乘李自成灭明、新生的大顺政权立足未稳之机，与之在一片石关发生激战并获全胜。考古发掘再现了这场大战发生的地点，弄清了所谓“一片石”的由来。

此后，清王朝兵不血刃占领北京紫禁城，正式入主中原，宣称天下一家，从此不再有长城防御。

从中华民族形成的历史看，各民族都是其组成部分，她们创造出的灿烂物质文化和精神文明，为构筑各民族共有精神家园、铸牢中华民族共同体意识作出了不可磨灭的贡献。

一、医巫闾山辽代帝陵

建立辽代的契丹族有古老的历史，传说其先祖兴起之地在西拉木伦河和老哈河一带。据文献考证，契丹族为东胡族系鲜卑族宇文部的后裔分支，曾内附北魏，迁至辽宁境内的大凌河流域以东，逐渐发展起来。

916 年，阿保机称帝，建立契丹国，四处征伐。先征服同族别种奚族，后灭渤海，设东丹国，命其子耶律倍入主东丹，因渤海旧制治理。

辽宁境内保留有大量的辽代遗存，其中最引人注目的就是与耶律倍相关的辽代显、乾二陵。

（一）耶律倍的跌宕人生

阿保机与其皇后述律平生有三位皇子，长子耶律倍，次子耶律德光，三子耶律李胡。耶律倍自幼聪明好学，不仅善于骑射和谋略，而且文化修养极高，精通汉文和契丹文，在绘画、医学、音律、阴阳学等方面都有很深的造诣，推崇儒学文化、提倡汉化。阿保机虽器重耶律倍，但不同意他全面汉化的主张，耶律倍也受到了包括皇后在内的一些权贵的反对。尽管如此，在灭渤海设东丹国后，还是封耶律倍为人皇王，主东丹，并给予其政治经济军事上的最大独立性。

926 年，阿保机病逝。耶律倍从东丹仓皇赴上京奔丧，在述律平等旧势力的强压之下，不得不放弃继承皇位，让位于耶律德光。但他并未因此安稳地度过余生，先是被软禁于上京城内，后又被迫将东丹国都迁至辽阳城，并时时受到监视和控制，举步维艰，抑郁愤懑之下浮海适唐，虽然受到后唐礼待，但始终难舍故土情怀，经常派使至契丹国内问候。936年，多才不得志的耶律倍被后唐废帝李从珂杀害，人生至此落幕，仅38岁。

严肃的历史总有兜兜转转的事情发生，耶律倍被迫让位于耶律德光，20年后，其长子耶律阮却承继大统，是为辽世宗。大同元年（947），耶律阮亲扶父亲耶律倍的灵柩驾归至汴京，将其葬于生前最爱的医巫闾山，是为显陵。世宗驾崩，祔葬于显陵。耶律倍的孙子辽景宗与他赫赫有名的皇后萧绰也归葬医巫闾山，名为乾陵。天祚帝耶律延禧亦葬于广宁府闾阳县乾陵旁。

（二）寻踪显、乾二陵

医巫闾山位于锦州市北镇市境内，历史悠久，《周礼·夏官·职方氏》明确记载“东北曰幽州。其山镇曰医无闾”，是我国古代的五大镇山之一，主峰望海峰。

文献记载，山水奇秀的医巫闾山里藏有两座辽代皇陵，沉睡四位帝王，但具体位置却由于史料不详、凿山为穴、金人大肆破坏等原因，一直都是“只在此山中，云深不知处”。寻找显、乾二陵的所在，成为历史研究者的一大心愿。

20世纪30年代，著名的史学家金毓黻先生曾两次深入医巫闾山实地踏察，撰写的《东丹王陵考察记》为后代寻找辽代二陵提供了线索。他认为琉璃寺遗址就是辽东丹王陵墓。

琉璃寺距离望海峰不远，《辽史》中有记载“人皇王性好读书，不喜射猎，购书数万卷，置医巫闾山绝顶，筑堂曰望海。”1970年，北镇富屯乡龙岗子村村民在挖防空洞时，意外发现两座大型砖室墓，墓主人分别为魏王耶律宗政和郑王耶律宗允，墓志明确指出它们是乾陵的陪葬墓。1980年，在富屯乡新立村和龙岗子村及其附近又发现了一批重要的辽代遗址，其中就有距离望海峰仅1公里左右的琉璃寺西山遗址和大型建筑址新立遗址。1991年，在北镇县鲍家乡高起堡村又发现了辽广陵郡王耶律宗教墓，墓志称“祔葬于乾陵之西麓”。这些重要建筑址及皇族贵戚陪葬墓的发现，使得显、乾二陵具体位置呼之欲出。

为了进一步确定显、乾二陵的准确位置和陵区范围，弄清陵区的基本构成与布局，更好地保护和利用这些珍贵的文化遗产，考古工作者们从 2012 年开始对医巫闾山展开了新一轮的调查与发掘，获得了重要的发现。

（三）初步确定了两陵位置

截至 2018 年，考古发现医巫闾山有一个由 20 余处遗址和墓地组成的规模宏大的帝陵遗址群。通过对琉璃寺遗址、新立遗址、洪家街及小河北墓地进行发掘，进一步证实了显、乾二陵陵园分别位于医巫闾山的两道山沟——二道沟和三道沟。

琉璃寺遗址位于龙岗子村西北约 3 公里的山谷中，距离望海峰约 1.8 公里，地属于医巫闾山中段东麓的“二道沟”。遗址四周筑有石围墙，平面呈不规则形，门址位于东南。是以石筑护坡墙为间隔

琉璃寺遗址南门

分成阶梯式的五进院落，除了位置最低的院落，其他院落均发现有建筑台基，方向朝向东南，前后上下排列，呈前、后殿式布局。出土大量的棕红色琉璃质、绿琉璃质、三彩质、灰陶质建筑构件及栏板、螭首和狮首等石构件。螭首和狮首为台基上缘的装饰构件，造型各异。石栏板为双面高浮雕，题材广泛，有的饱含生活气息，有的富有神秘色彩。

新立遗址位于新立村樱桃沟村民组西北约 100 米的黄土台地上，地属医巫闾山中段东麓的“三道沟”。遗址背倚骆驼山，东、西两侧各有一条季节性小河，周围群山环抱，风景殊绝。遗址北部有一组大型建筑址，南部为规模较小的附属建筑。建筑址的西南侧有一座全长 84 米的巨型墓葬，北侧有一座全长 44 米的大型墓葬。建筑址为一组较完整的辽代廊院建筑基址，朝向东南。由正殿、殿门和四周廊庑围合而成，建筑外部环绕一周露明的排水通道。出土瓦件绝大多数为绿色琉璃质，正殿周围出土了大量铺地花斑石残块，还出土契丹小字和汉字的玉册残块，东侧的坡地上出土大型石螭首。

新立建筑遗址全景

洪家街及小河北墓地位于洪家街村民组西北，两者间隔600米，这里地属三道沟沟口，距新立遗址约2.8公里。两处墓地共发现10座墓葬，发掘了其中的9座。但早年已被盗掘，所幸存有4个较完整的墓志，从而证实了洪家街墓地是辽代丞相耶律隆运（韩德让）的家族墓地，小河北墓地是齐国王耶律隆裕的家族墓地。此外，墓地还出土了陶瓷器、金属器、木器、玉石器等一批珍贵文物。

小河北墓地一号墓全景

综合考察琉璃寺、新立建筑址的规制，出土遗物规格，可确定此两者为帝王陵前建筑。结合韩德让、耶律隆裕为乾陵陪葬家族墓地的墓志记载，通过与内蒙古巴林右旗辽庆陵前主要殿址的比较，可以确定新立遗址就是乾陵陵前祭殿，琉璃寺遗址为显陵的陵寝建筑址。相信不久之后，随着研究工作的不断深入，这两处帝陵的玄宫将会被点印上详细的地理坐标。

医巫闾山辽代帝陵承继祖陵之制又开启了辽代中晚期陵园布局的新规制。其中乾陵首创了以一组满铺琉璃瓦的廊院建筑作为帝陵玄宫前祭祀建筑的模式，并且被明、清两代帝陵充分继承和发展，成为中国古代陵寝制度转型的关键节点，体现了辽代文化对中华文明作出的重要贡献。

（四）魂归黑山聚族而葬

要全面认识一个历史现象，必须要透“物”见“人”，理解“物”背后所表达出的人之精神世界。作为最具民族性和传承性的丧葬习俗就是最佳切入点，但是这种习俗受到现实因素的影响，在发展过程中总会多多少少产生一些变化。契丹这个草原游牧民族经历了东征西伐，建立了北方统一政权之后，融纳各族，因俗而治，受强大汉文化的影响，丧葬习俗在因袭传承中有所变化。

文献中记载契丹建国前，族人死后不入墓不作冢，马驾车送入大山，将尸体置于树上，三年之后才收骨焚烧。树葬实质为风葬，是野葬习俗之一，在北方草原民族中颇为流行。契丹的这种先树葬后火葬的丧葬方式是与其复杂的民族起源有关系。至契丹建国之际，筑墓入殓逐渐兴起，随着统一政权的建立，在强调等级差别的统治观念之下，辽朝统治者仿效汉制建立了一整套完整的丧葬礼仪制度，但是魂归深山这种精神表达却稳定地传承下来。

山川崇拜是古代民族的一项重要信仰。在草原游牧或者渔猎的契丹族由于受到生业方式的影响，有着浓郁的崇拜山岳思想，祭山成为了契丹人最重要的祭祀大礼，他们相信族人死后魂归黑山。“冬至日，……天子望拜黑山。黑山在境北，俗谓国人魂魄，其神司之，犹中国之岱宗云。”体现在丧葬中就是死者归山，即灵魂通过所寄放之山最终归入黑山。考古发现的契丹墓葬，不管是帝陵抑或贵族墓，大多位于山谷或山坡，这是他们对魂归黑山古老习俗的固守。

长期生活在大凌河流域的契丹与唐王朝的营州关系密切，因此也受到了此地汉文化的深远影响，在丧葬方式上也采取了聚族而葬、归葬先茔的做法。医巫闾山辽代帝陵中葬有耶律倍、耶律阮、耶律景及其子孙大家族，是最直白的表现。在辽宁地区考古中发现的契丹贵族墓葬，大都是家族墓地，少则三五座多则几十座，成群埋葬于一片墓地之中。如法库叶茂台墓地共发掘了 24 座墓，为辽代北府宰相萧义家族墓地。阜新关山辽墓为萧和家族墓地，4 代 9 人聚族而葬。阜新乌兰木图山辽墓共清理 12 座墓葬，为萧仅家族墓地，显示出了兄弟和父子的家族关系。北票莲花山辽墓为耶律仁先家族墓地，为兄弟、父子同葬于一个墓园之内。

辽代墓葬多被盗掘，但是墓志大多存留，其上保留丰富的信息，为后人研究辽代历史提供了可靠的文字记载。

（五）辽代腹心

契丹强势横扫北方草原，纵横东北，南下跨过长城，夺取燕云十六州，至辽太宗耶律德光时版图已基本固定，号称“东西三千里”“幅员万里”，在历史上第一次将北方如此辽阔之地直接统辖于一个政权之下。为了更好地管理域内不同的族群，自阿保机始建筑城郭，仿汉制建都上京，以唐州县置城。实行两面官制，形成了不同的地方行政体系。

地方行政建制分成京府、州和县三级，全国分成五道，共辖 156 个州、209 个县、52 部族、60 个属国。除上述地方行政建制外，还实行特殊的政治制度：一种为斡鲁朵，为皇帝的私产，有些皇后或权臣也有，总计 13 个；另一种为头下军州，具有依附领主和隶属朝廷的二重性，后逐步被中央管理，计 42 个。

截至目前，考古工作者已在辽宁境内发现了 130 多座辽代城址，较大的城址周长 3 公里—4 公里，较小的城址周长 1 公里左右。据考证，很多城址可以与辽代府、州、县城对应。按城市属性分为中央所辖的京府州县城、斡鲁朵所辖的州县城和头下军州三类。属性虽不同，但是城市结构基本无异。

辽宁境内最大的城址当属东京辽阳府（辽阳地区）和兴中府（朝阳地区），城市布局基本相同，“外城谓之汉城，分南北市，中为看楼；晨集南市，夕集北市”。可惜的是大部分较大的城被今天的城市所覆盖或破坏，反而一些较小的州县城保存较好。这些辽代古城，很多成为现代辽宁城市的直接源头，如辽银州即铁岭、辽咸州即开原、辽开州即凤城、辽利州即喀左、辽锦州即锦州、辽显州即北镇、辽辰州即盖州、辽卢州即熊岳、辽海州即海城、辽复州即复州、辽苏州即金州等。此外，一些乡镇也是由辽代始建的古城发展而来，如昌图县八面城镇即辽代韩州。

上述建制，一方面将辽宁地域纳入中央政权的直接管辖之下，另一方面安置了大量的农业人口促进了地域经济的发展。后历经各朝，虽名字几经更改，但设置未曾大变，延续至今，奠定了辽宁城市体系的基本格局。

二、赫图阿拉古城

辽代之后，以女真人为主体的金朝也曾建立起一个庞大的国家，奈何蒙古铁骑狼烟席卷，一切归入尘土。随着女真于明代末年再度兴起，东北民族又在辽宁开启了逐鹿中原的进程。

女真之名最早见于宋辽史籍，《三朝北盟会编》曰："女真，古肃慎国也"。而肃慎为东北先秦时期就早已存在的古老民族，汉魏晋称挹娄，南北朝称勿吉，隋唐称靺鞨，辽金元明称女真。

元朝统一之后，一部分女真人内迁汉化，另一部分女真则据守白山黑水继续繁衍生息。明代中期以后，辽东边墙外的女真人重新形成比较稳定的分布格局，其中抚顺关以东为建州女真部落，北部边墙外为海西女真。由于距明朝汉族居住区较近，接触频繁，逐渐从"惟知涉猎，本不知耕稿"走向"屋居耕食，不专射猎"，通过马市贸易，获取的耕牛、农具、种子等生产资料，促进了女真族农耕经济的迅速发展。战争频繁，女真族对铁器的需求大增，由于明政府的限制，使其不得不重熔农具冶铸兵器，客观上促进了女真手工业技术的发展。

明政府对辽东女真各部实行了"分其枝离其势，互令争长仇杀"的分化政策，激化了民族矛盾，造成了建州女真王杲等人的寇边作乱。明政府兵灭建州左右两卫后，建州女真式微，遂将关注重点放置在铁岭、开原以北的海西女真。趁此关口，抚顺关东的建州女真在努尔哈赤的带领下迅速雄起。

（一）努尔哈赤十三遗甲起事

爱新觉罗·努尔哈赤出生于赫图阿拉城。其六世祖猛哥帖木儿应明成祖朱棣的招抚，入京朝贡，封授建州卫指挥使，后掌建州左卫。之后的家族几代人因忠顺朝廷，被明封授建州诸卫官职。努尔哈赤出生之时，祖父觉昌安和父亲塔克世仍然有着建州左卫指挥使头衔。

努尔哈赤雕像

努尔哈赤成长之时，称雄一时的著名酋长王杲被明朝捕杀，建州女真各部蜂起，皆争王称长，骨肉相残，强凌弱众暴寡。1583年，明政府为剿杀建州酋长阿台，将阿台驻地的古勒寨城内女真人全部杀害以泄愤，努尔哈赤父亲和祖父因入城解救族人，也在城破后死于明军刀下，史称“古勒寨事件”，这成为努尔哈赤起兵复仇的导火索。

努尔哈赤因祖父和父亲无辜被害悲愤难抑，但又无力直接与明军抗衡，遂以父亲遗留的十三副甲胄起事，率众攻打为明军劝降带路的图伦城寨主尼堪外兰，攻克城寨，初战告捷。

战后，努尔哈赤将佛阿拉山城重新加修，筑城三层、营建宫室，以此为中心自立为“公辖建州女真之主”。一面“替天朝把守边境”，缓和与明政府的矛盾，一面逐步统一女真各部扩充实力，经“古勒山之战”，雄视建州诸部，随后征服除叶赫部的海西女真、并将东海女真置于自己麾下，完成了女真民族的基本统一。

努尔哈赤并非只有弓马骑射开疆拓土的匹夫之勇，他不仅利用军事、政治、外交手段扩充实力，还注重依靠发展文化、创新制度推动统一大业。其中创制的满文和军政合一的“八旗制度”对女真民族文化认同和民族共同体形成产生了深远影响。

经过艰苦创业，内部纷争不断的女真人，基本聚合在努尔哈赤的统一旗帜下，辽东浑河上游为中心的区域内聚集了近十万精于骑射的八旗兵丁连同家属约 30 万人，这股强大的民族势力蕴含着巨大的拓展张力，呼唤更具号召力的新兴民族政权。

1616 年正月初一，努尔哈赤正式登基即位，重树“大金”国号，定年号为“天命”，历史上称为“后金”，自称“覆育列国英明汗”，定都赫图阿拉城。

（二）龙兴之地

赫图阿拉城位于抚顺市新宾满族自治县永陵镇苏子河南岸的一处山岗上，分为内城和外城两部分。

内城建于自然形成的山岗上，南北长 512 米，东西宽 551 米，城周长 2027 米，占地面积近 25 万平方米。设立南北城门两处。城墙墙基宽近 10 米，墙高 4 米—6 米，墙顶宽约 2 米。城墙筑于平均高度近 10 米的陡崖上，这种崖上加筑墙的方法充分利用了自然地势，更增强了防御功能。其内城城墙以片状石块全砌内外壁，再以黏土勾缝，至一定高度后填土于内并夯实，然后垂直方向平铺木椽，重复以上步骤，直达所需高度。这种石砌夯土夹木椽逐层接筑的墙体砌筑方法，只有在修筑赫图阿拉城这种重要城池时才使用。

赫图阿拉外城城墙也充分利用自然地理优势砌筑而成，两面濒河，一面靠山，周长10里有余。

明末去过赫图阿拉城的人曾言“内城居其亲戚，外城居其精悍武卒”，“北门外则铁匠居之，专制铠甲；南门外弓箭人居之，专制弧矢”，通过这简单的描述可知城分区明确，各部功能不同、内外有别、有机统一。考古工作者对内城的汗宫大衙门和外城的驸马府进行了发掘，并探明了赫图阿拉城各建筑遗迹的分布。目前，除了复建的汗宫大衙门和寝宫外，还有正白旗衙门、关帝庙以及协领衙门、启运书院、文庙等建筑旧址。最引人注目的是城内保存的“汗王井”，当地人俗称为“千军万马饮不干”的神泉，是努尔哈赤时期内

汗宫大衙门

驸马府

城唯一的饮用水源，四百年过去至今井水仍甘冽充盈。在外城，不仅有驸马府、铠甲弧矢制造场等遗址，东侧山岗上还有道教观宇显佑宫与不远处在原址复建的地藏寺，东南有堂子，西北有点将台与校军场遗址，共同见证着当年后金第一都城的繁盛。

赫图阿拉故城首创布椽筑城法并开创了大清建都之制。迁都

辽阳之前，这里一直是新生女真政权的统治中心。直到清代后期，都享有开国创业龙兴之地的美誉，受到清朝历代皇帝的特殊重视。1634 年，皇太极将此城命名为“天眷盛京”。

三、九门口长城

自明成祖迁都北京，赫赫明王朝走上强盛之路，但是北移的政治重心面临三面近塞的防守形势。正统以后，敌患日多，边防甚重。明政府为了防御逃往塞外元朝残余势力的袭击，极为重视北疆的防御，在东起鸭绿江，西至嘉峪关的万里防线上，先后设置了九座都指挥使司到边镇分守各地。逐渐形成了以北京为中心的北方军事防线，蓟镇从边镇升级为护卫京师的“天下第一重镇”。

蓟镇长城边墙及关隘、城堡总体呈西高东低沿着燕山入渤海走势分布，关隘大多在强调与边墙结合的基础上，依山就势，依险成防，扼守要冲之地，通常而言蓟镇长城“守关”即为“守险”。

位于葫芦岛市绥中县李家乡新台子村境内、西南距山海关 15 公里的九门口关城即为蓟镇长城的京东首关。

（一）京东首关九门口

九门口长城南端起于危峰绝壁间，与山海关方向而来的长城相接，沿山脊向北一直延伸到九江河南岸，在宽达百米的九江河上，筑起规模巨大的过河城桥后，又继续向北逶迤于群山之间。它是由城墙、敌楼、城台、过河城桥、关城、烽火台、拦马沟、拦马墙、哨楼、营盘、炮台等一系列军事防御工事以及其他附属设施构成，形成了一个攻可前进、退可防守，纵深达十余里的完整的巨大的防御体系。

九门口长城基本上为砖筑，城墙两侧底部以花岗岩条石为基础，上砌青砖，内以三合土混石充填夯实，城墙顶部以方形青砖铺面，墙体之坚固在冷兵器时代简直坚不可摧。这段长城由于修筑坚固，又位于人烟稀少的崇山峻岭之中，所以，保存基本完好，至今墙体仍高达3米—5米，墙体底宽4米—6米，顶宽3米—5米，在个别处，还保留垛口、女墙、滴水、铺面砖等。长城内侧建有南北长185米，东西宽135米，面积2.5万平方米的关城，是驻戍兵丁和制造兵器的场所。关城的建筑结构基本上与长城墙体相同，至今保存相当完好。而关门有九，故称“九门口”。

九门口发掘现场

作为进出中原的咽喉要道，九门口历来是兵家必争之地，明王朝也将其赋予至高战略地位并给予重视，200余年来不断对九门口长城进行增建和维修，所用砖不仅多种多样，如铺顶砖、射孔砖等，型号也有由大逐步变小的趋势。现在发现的型号竟多达20余种。大型砖重达25公斤，小型砖仅几公斤。

（二）一片石之战

作为京东首关的九门口长城战略地位之重毋庸置疑，但真正使它扬名天下的事件则是发生在此地的一场著名的古战役——“一片石之战”。

经过努尔哈赤十多年殚精竭虑的经营，新生的后金政权蓬勃发展，至皇太极之时逐鹿中原之翼日益丰满。1636年，皇太极在沈阳“参汉酌金”改元称帝，正式以大清帝国与明朝分庭抗礼，争夺天下。

清朝统治者采取人边袭扰、围攻重镇的策略，不断蚕食山海关外明军势力。至皇太极去世之前，明朝在关外仅有吴三桂所据守的宁远城及山海关前的中前所、中后所、前屯卫(均在今绥中境内)等少数几城。

1644年，李自成农民军攻克北京，崇祯皇帝自尽，明朝灭亡。山海关外虎视中原的大清君臣，以此为天赐良机，派摄政王多尔衮率领满蒙汉八旗十余万大军的空前兵力，出兵北京。此时，李自成农民军近10万人亦逼近山海关。由于吴三桂与清军勾结，在一片石内外夹击李自成的农民军，农民军伤亡数万人，大败而逃，历史由此改写。

多尔衮率清军进入北京城，五个月后，由沈阳进京的大清顺治皇帝爱新觉罗·福临，以华夏大地新主人的身份在紫禁城举行第二次登基大典，君临天下。而“一片石之战”也被视为清王朝入主中原的开山之战，载入历史史册。

至此，在辽宁大地孕育成长60余年的清朝，依靠自身实力，借助历史良机，终于实现太祖、太宗两代汗王夙愿，跨越长城，入主中原。

（三）世界文化遗产—水上长城

一片石之战后，古战场竟神奇地不见踪迹，留下的只有史籍中互相矛盾的记载，有的说在关外，有的说在关内，无人指明它的确切地点，仿佛与尘埃落定的战火一同湮没。一片石到底在何处？成了困扰后人的百年之谜。

1986年6月，辽宁省文物考古研究所的专业人员在对九江河明代长城城桥遗址进行发掘时，先后发现了刻有“一片石”字样的墓碑、庙碑、记事碑，从明人许论绘制的《九边图》上看，一片石不仅从九江河上通过，而且与九门口同为一地。面对即将解开的百年之谜，考古人员异常兴奋，执着地寻找蛛丝马迹，终于在地表下 1.5 米—5 米的深处，发现了人工铺砌的连片条石，原来这就是一片石。

为了早日揭开一片石的全貌，考古工作者进行了长达 4 年的考古发掘，清除了上万立方米土方，在地下沉睡了上百年的一片石古战场清晰地显露在世人面前。所谓一片石，原来是九江河上长城跨河城桥巨大桥墩四周及其上下游铺砌的花岗岩连片条石。石面光滑，铺工精细。面积近 7000 平方米，用条石 12000 余块，石与石间用铁腰咬合，形成规整的石铺河床，望去犹如一片石。

一片石铺石

在九门口长城遗址的发掘过程中，还出土了上千件文物。有铁炮、石炮、铁剑、铁铁、铁弹丸等各种兵器。还出土了各种青花瓷器、白釉黑花罐等生活用品，全面反映了明代军事防御情况和军士驻守长城的生活。

经历过沧桑历史的洗礼，九门口长城已残破不堪，为了响应邓小平同志“爱我中华、修我长城”的号召，1985 年，辽宁省内广泛开展了修复九门口长城的社会赞助活动，后在国家及辽宁省文物部门的支持下，前后几次修复，历时6年半完成了九门口长城西段、9个泄水的城门及一片石的修复工作。9座雄伟壮观的城门坐落在九江河之上，恢复了昔日长城原貌，再现了“城在水上走，水在城下流”的“水上长城”盛景。

九门口长城

九门口长城所在之地山势险要，风景优美。群峰连绵，九江河绕谷闯关，蜿蜒流出，巍巍长城势若游龙，登顶“望海楼”的烽火台，在晴朗之时极目南眺，可望见浩渺无际的渤海。仰蓝天白云、眺茫茫大海，长城、山水，构成一幅瑰奇旖旎的大美画卷。明代诗人王致中有诗云：“东望峦青列堠峰，秦城汉壁几重重。增无日午三家市，空有风涛万壑松。桥隐断虹秋水涨，拆沈斜日石门封。疆场此日还多事，好向天山豫挽弓”。

九门口长城是明代长城建筑中的突出典范，是中华民族历史文化遗产中的璀璨明珠。2002年10月，被联合国教科文组织列入世界文化遗产名录。

参考文献

[1] 潘玲等《西丰西岔沟——西汉时期东北民族墓地》，文物出版社，2021 年。

[2] 辽宁省文物考古研究所:《五女山城》，文物出版社，2004 年。

[3] 辽宁省博物馆:《北燕冯素弗墓》，文物出版社，2017 年。

[4] 李新全、于俊玉《辽宁朝阳黄河路唐墓的清理》，《考古》2001 年第 8 期。

[5] 李新全《朝阳双塔区唐墓》，《文物》1997 年第 11 期。

[6]【宋】欧阳修《新唐书》，中华书局，1975 年。

[7]【元】脱脱《辽史》，中华书局，2003 年。

[8] 赵展《赫图阿拉城的兴废与历史意义》，中央民族大学学报，2004 年第 1 期。

[9] 辽宁省文化厅:《辽宁文化记忆——物质文化遗产》，辽宁人民出版社，2014 年。

[10] 辽宁省文物考古研究所:《关山辽墓》，文物出版社

[11] 辽宁省文物考古研究所:《凌源小喇嘛沟》，文物出版社

[12] 辽宁省文物考古研究所:《辽海记忆》，辽宁人民出版社，2016 年。

小 结

辽河纵贯沃土，渤海环绕其中，辽宁在内有水域，外向海洋的环境中，形成了特有的文化面貌和相对独立的文明进程。

考古发现表明，辽宁不是文化荒芜之地：这里是东北亚古代人类最早活动的地区，是旧石器时代晚期之后代表先进文化的沃土，是中华文化的直根系；这里是有史以来华夏民族记忆中的北土，历代王朝苦心经营之所，又是若干东北民族的龙兴之地。这里是历代各民族的聚集区，东西方文化的交汇点，中土的文化潜修所，东北亚众多新兴文化的策源地。

辽宁诸多考古新发现，促进了中国特色的考古学理论的产生。例如，依据辽西地区古代文化的特点和发展途径提出的“区系类型”理论，中国国家起源与发展道路理论，即：“从氏族公社向国家转变的典型道路——古文化、古城、古国”；国家发展的三部曲——“古国、方国、帝国”；国家形成的三模式——“北方原生型、中原次生型、北方草原续生型”等。

步入新时代，建设有中国特色、中国风格、中国气派的考古学仍是考古工作者的重要任务。辽宁考古工作有辉煌的历史，得益于祖先在这片土地上的惊人创造，更期待有所作为的未来，肩负文化使命，再现辽宁历史。

后　记

本书是合作的成果。

由辽宁大学考古文博学院华玉冰教授，辽宁省文物考古研究院李霞、王宇，沈阳新乐遗址博物馆任重重、仲蕾洁共同编写完成。上篇具体分工如下：第一章由任重重、王宇执笔；第二章、第三章第二节由仲蕾洁执笔；第三章第一节由李霞执笔。下篇具体分工如下：第一章第一节、第二章、第三章第二节由李霞执笔；第一章第二节、第三章第一节由王宇执笔。

初稿完成后，由华玉冰教授对各章节的引言与小结部分进行了补充修改，对部分文字进行了调整，统一风格与体例。图片部分由各章作者提供，李霞、王宇做了统一拣选；全书校对、最后定稿由李霞、王宇完成。

本书各部分内容参考了诸多论文及相关著作，也有我们自己以往的研究成果。考虑到本书属于科普读物，涉及的内容较多且具有通识性，故没有在文中插入注释，仅在章后标注了主要参考书目。感谢辽宁省文物考古研究院对于本书插图的大力支持。文中少量插图来源于网上，各种原因致使无法标注作者，如涉及版权问题，敬请谅解，并与我们联系。

本书得以付梓出版，还要感谢沈阳出版社的领导和编辑的辛勤付出。向为本书出版做出努力的所有人员一并表示谢意！

编者

2023 年 11 月